일본의 국가전략과 안보전략

나남
nanam

나남신서 1135

일본의 국가전략과 안보전략

2006년 3월 5일 발행
2007년 9월 5일 2쇄

저자_ 裵廷鎬
발행자_ 趙相浩
발행처_ (주) 나남
주소_ 413-756 경기도 파주시 교하읍
출판도시 518-4
전화_ (031) 955-4600 (代), FAX : (031) 955-4555
등록_ 제 1-71호(79.5.12)
홈페이지_ http://www.nanam.net
전자우편_ post@nanam.net

ISBN 978-89-300-8135-1
ISBN 978-89-300-8001-9(세트)
책값은 뒤표지에 있습니다.

나남신서 · 1135

일본의 국가전략과 안보전략

배 정 호

나남
nanam

Japan's Security Strategy within its National Strategy

by

Bae Jung Ho

nanam

발간사

저희 자유기업원은 자유시장경제 발전을 위해 연구, 저술 및 교육활동을 담당하는 기관입니다.

그동안 경제 및 경영관련 연구에 집중했지만, 세계화시대의 국경 없는 무한경쟁을 맞이하여 국제정치경제, 국제안보, 국제지역정세 등 국제문제에 대한 올바른 이해 역시 대한민국의 자유시장경제 발전을 위한 필수적 지식이라는 사실을 새삼스럽게 인식하고, 지난 2001년부터 국제정치학을 자유기업원의 연구분야 중 하나로 설정하였습니다.

그동안 자유기업원은 국제이슈 해설, 열린사회 아카데미에서의 국제정세 이해를 위한 교육, 한미관계 등 국제문제의 올바른 이해를 위한 세미나 개최 등 국제관계 연구를 위한 제반활동을 진행해왔습니다.

작년부터는 1년에 5권 정도씩 국제관계에 관한 양서발간을 기획하여 외국의 명저들에 대한 번역출간과 국내학자들의 연구결과를 간행하는 사업을 진행하고 있습니다. 지금까지 7권의 국제정치관련 서적들이 출간되었고, 이제 여덟 번째 책인 《일본의 국가전략과 안보전략》이 간행되었습니다.

21세기 탈냉전시대의 전환기적 국제환경의 변화는 우리들로 하여금 새삼스럽게 국가전략과 안보전략의 중요성을 인식케 하고, 아울러 일본에 대해서도 양자적 차원뿐만 아니라, 글로벌 차원, 아시아·태평양 차원 등 다차원적 시각에서 전략적으로 접근하도록 하고 있습니다.

그런데 한일관계는 불우했던 과거사로 이성과 감성이 얽혀있고, 따라서 우리나라 사람들은 일본에 대해 냉철한 전략적 접근보다는 종종 감정적·정서적 접근을 하는 경향이 있습니다.

따라서 저는《일본의 국가전략과 안보전략》이 우리나라 사람들이 전략적 사고를 가지고 일본을 정확하게 이해하는 데 매우 유익하게 기여할 것으로 여기면서, 이 책의 간행을 매우 기쁘게 생각합니다.

《일본의 국가전략과 안보전략》은 국가전략과 안보전략에 대한 이론적 이해를 바탕으로 국제환경의 변화, 일본의 국력 및 국가전략 등의 관점에서 전후 일본의 안보전략을 냉철하고도 전략적으로 이해하는 데 매우 유익한 양서로서 기여할 것입니다.

자유기업원과 나남출판사가 간행하는 이 책이 국제정치와 일본의 안보전략에 관해 새롭고 현실적이며 전략적으로 이해하는 데 도움이 될 것을 믿어 의심치 않으며, 책의 출판을 함께 기뻐하는 바입니다.

2006년 2월

자유기업원 원장 김 정 호

서 문

전후 일본은 미 군정의 점령과 개혁의 제약적 틀 내에서 통상국가로서의 발전을 모색하며 출발하였고, 따라서 안보전략도 미일 안전보장체제를 기반으로 통상형 국가전략의 틀 내에서 추구하였다. 즉, 일본은 국가전략으로서 교역을 통한 부(富)의 획득에 최우선 가치를 두고 경제발전을 지향하는 통상형 전략을 추구하면서 군사적 수단의 취약성을 비군사적 수단으로 보완하려는 종합형 안보전략을 추구하였다. 그러나 그와 같은 일본의 안보전략은 국력의 신장과 그에 따른 국가전략의 전환에 의해 질적 변화를 나타냈다. 예컨대, 일본의 안보전략은, ① 냉전시대→탈냉전시대의 전환이라는 국제환경의 변화, ② 통상국가→경제대국→정치대국을 지향하는 국력의 신장과 국가전략의 전환, ③ 미일동맹의 강화와 일본의 전략적 역할확대 등의 질적 전환과 더불어 전개되고 있다.

일본은 1970년대 후반 국제환경의 신냉전 상황으로의 변화 직후, 대소전략 차원에서 미일동맹의 강화를 기반으로 SEA LANE 방위와 3

해협 봉쇄, 섬나라라는 지정학적 요소에 따른 '일본열도의 비전장화'를 지향하여 해상방공체제의 확립을 도모하였고, 탈냉전시대에 들어와서는 미일동맹의 재정의를 계기로 국제사회에서의 군사적 활동이 확대되면서 원거리 작전능력의 보강, 미사일 방공(MD) 체제의 확립 등을 추구하고 있다.

특히, 부시 행정부가 새로운 군사 변환전략(*transformation*)과 해외주둔 미군 재배치계획(*Global Posture Review*: GPR)을 전개하면서, 미일동맹은 글로벌 수준에서 공통의 전략목표 설정과 함께 유사연합군체제를 지향하며 군사협력 틀의 질적 전환을 추구하고 있다.

요컨대, 미일동맹은 파워분담(*power sharing*)을 추구하며 미영동맹 수준으로 발전을 지향하고 있다. 이에 일본은 국제사회에서의 정치-군사적 활동을 강화·확대하고 있으며, 아울러 이를 위해 군사력의 질적 강화 등 하드파워(*hard power*)의 증강, 법적·제도적 정비 등 소프트 파워(*soft power*)의 강화 등을 추구하고 있다.

저자는 이와 같은 문제의식과 더불어 국제환경의 전환기에 국가전략의 중요성을 인식하면서 전후 일본의 국가전략과 안보전략에 관해 연구하였다. 이 책은 제1부 국가전략과 안보전략, 제2부 냉전시대 일본의 국가전략과 안보전략, 제3부 탈냉전시대 일본의 국가전략과 안보전략 등으로 구성되어 있다.

제1부 국가전략과 안보전략에서는 국가전략과 안보전략에 관한 이론적 고찰과 더불어 전후 일본의 국가전략과 종합안보전략(*comprehensive security*)에 관해 분석하였고, 제2부 냉전시대 일본의 국가전략과

안보전략에서는 전후 일본의 GHQ에 의한 점령과 개혁, 재군비 추진과 국방의 기본방향, 국제환경의 신냉전 상황으로의 전환과 대소 위협의 인식변화, 그에 따른 SEA LANE 방위와 3해협 봉쇄 등 안보전략의 질적 변화 등에 관해 분석하였다. 제 3부 탈냉전시대 일본의 국가전략과 안보전략에서는 탈냉전기 정치변동의 전개 속에서 주도세력으로 등장한 신보수세력의 국가전략관 및 대외전략노선, 미일동맹의 전략적 상호의존의 증대와 미일 안전보장체제의 확대·발전, 안보전략과 안보개혁 등에 관해 분석하였다.

특히, 제 1부 국가전략과 안보전략, 제 2부 냉전시대 일본의 국가전략과 안보전략의 경우, 저자의 동경대학 박사학위 논문인 "국제환경의 변화와 일본의 대응—오히라 정권에서 나카소네 정권까지의 국가전략과 안보전략"(1991)을 요약·가필하면서 집필하였고, 제 3부 탈냉전시대 일본의 국가전략과 안보전략에는 졸저 《일본의 국가전략과 한반도》(통일연구원, 2001) 등을 참조하였다.

저자로서는 이 책이 국가전략과 안보전략에 대한 전략사고를 바탕으로 일본의 국가전략과 안보전략에 대한 정확한 이해를 높이는 데 조금이라도 기여하였으면 하는 것이 소박한 바람이다.

끝으로, 이 책이 출간될 수 있도록 따뜻한 격려를 아끼지 않았던 자유기업원의 金正浩 원장님과 李春根 부원장님께 감사드린다. 특히, 이 부원장님은 평소 저자에게 국제정치와 안보에 관해 학문적 조언을 아끼지 않았는데, 이 자리를 빌어 다시 한번 감사의 뜻을 전한다. 아울러 필자의 동경대학 재학시절 지도교수였던 故 佐藤誠三郎 선생님을 비롯하여 따뜻한 격려와 지도를 해주셨던 渡辺昭夫 선생님, 猪口孝 선생님, 山本吉宣 선생님, 田中明彦 선생님, 松原隆一郎 선생님, 그리고 青山學院大學의 故 阪中友久 선생님께 감사의 예를 올린다.

2006년 2월

배 정 호

나남신서 · 1135

일본의 국가전략과 안보전략

차 례

제 2 부 냉전시대 일본의 국가전략과 안보전략

제 3 부 탈냉전시대 일본의 국가전략과 안보전략

제 1 부

국가전략과 안보전략

제 1 장

국가전략과 안보전략

1. 국가 전략

1) 국가전략의 개념과 정의

(1) 전략의 어원 및 개념 변화

전략은 '기술'(*art*), '학'(*science*) 또는 '학술'(*art and science*)로 정의되기도 하고, 또 '목표달성을 위한 지혜'의 의미로 널리 통용되기도 하는데, 그 본질은 '기계'(奇計), '기략'(奇略)이다.[1)]

그와 같은 전략의 어원은 동양에서는 전쟁의 승리를 위한 지혜 또는 책략(策略)이라는 의미에서 비롯되었고, 서양에서는 그리스어의 '장군'(*strategos*)에서 파생된 '장군의 임무' 또는 '모략이나 계책'에서 유래하였다.

그리고 전략은 프랑스 대혁명 및 나폴레옹 전쟁을 계기로 근대적 군

1) 岡崎久彦, 《戦略的思考とは何か》(東京: 中央公論社, 1983).

사전략으로서 보다 체계적으로 발전하였다. 즉, 군대의 운용 및 군사작전계획 등을 포괄하는 군사전략을 의미하게 되었다.[2)]

그와 같은 전략의 의미는 20세기에 접어들면서 '대전략'(*grand strategy*)이라는 용어의 사용과 함께 한층 확대되기 시작하였다. 제1차 세계대전을 계기로 전쟁의 양상이 크게 변화하고, 그에 따라 안보의 중요성에 대한 인식의 제고와 더불어 국가 총력전의 개념이 등장하면서, 전략은 좁은 의미의 군사전략을 넘어서서 전시 및 평시를 망라한 국가안보전략을 의미하는 대전략의 개념으로 발전하였다.[3)] 즉, 당시의 대전략은 전시 및 평시에 국가의 안보를 확보하기 위하여 대내외의 모든 가용자원을 활용하는 방안을 의미하였는데, 이와 같은 전략의 고도개념인 대전략의 사용과 더불어 전략은 전시 및 평시를 망라한 국가안보전략의 개념으로 확대되기 시작한 것이다.[4)] 리델 하트(Liddel Hart)는 정치전략, 군사전략 등을 광범하게 포괄하는 국가전략(*national strategy*)으로서 대전략을 제시하면서, 전략을 군사전략과 대전략으로 구분하였다.[5)]

---

2) Edward N. Luttwak, *Strategy: The Logic of War and Peace*(Cambridge, Massachusetts: Harvard University, 1987).

3) 국가전략은 군사전략과 구분되어 '대전략' 또는 '고급전략'(*high strategy*)으로 불렸는데, 강대국의 경우 국가전략의 개념으로서 대전략을 사용하였다.

4) Edward Mead Earle, ed., *Makers of Modern Strategy*(Princeton, N. J., 1943), p. viii.

"Strategy is the art of controlling and utilizing the resources of a nation — or a coalition of nations — including its armed forces, to the end that its vital interests shall be effectively promoted and secured against enemies, actual, potential, or merely presumed. The highest type of strategy — sometimes called grand strategy — is that which so integrates the policies and armaments of the nation that the resort to war is either rendered unnecessary or is undertaken with the maximum chance of victory."

이처럼 시대적 특성 및 환경의 변화와 더불어 전략의 개념 및 범위도 변천하고 있다.

(2) 국가전략의 개념

오늘날의 국가전략은 국가의 생존을 확보하기 위한 안보전략 차원을 넘어 국가의 생존을 확보하고 발전을 도모하기 위한 경영차원에서 논의되는 수준까지 발전하고 있다.

그러나 국가전략은 개념 그 자체가 매우 다의적인 면을 내포하고 있기 때문에 여전히 군사전략 또는 안보전략과 혼용되는 경우가 적지 않다. 그러므로 이 책에서는 국가경영을 위한 국가전략에 대해 "한 국가가 전략수행능력을 바탕으로 환경의 동태적 변화(*dynamic change*)에 적응하면서 국가의 생존 및 발전을 위하여 인식되는 국익의 실현을 추구하고, 아울러 국가목표의 효율적 달성을 꾀하는 방안(*design*)이다"[6] 라고 개념정의를 한다.

이와 같은 국가전략의 개념은 광범하고 종합적이며, 다층적 · 다차원적 구성과 함께 실천지향적 특징을 나타내고 있다. 즉, 국가전략은 개별적 정책영역들에서 실천지향적 전략들을 포괄하고 유기적으로 통합하는 종합적 전략이며, 동기적 차원, 인식적 차원, 운영적 및 가동적 차원이 유기적으로 통합된 다층적 · 다차원적 전략이다.[7]

---

5) Basil H. Liddel Hart, *Strategy* (New York: Signet, 1974).

6) 裵廷鎬, "國際環境の變化と日本の對應―大平政權から中曾根政權までにおける日本の總合安全保障と國家戰略"(동경대학 박사학위논문, 1991).

7) 세종연구소, 《21세기를 향한 한국의 국가전략》(세종연구소, 1996). 국가전략은 세 차원, 즉 ① 그 나라가 추구할 목표와 이익의 파악과 우선순위라는 동기적 차원, ② 주위환경에 대한 평가와 위협, 방해물, 또는 문제를 파악하고 우선순위를 정하는 인식적 차원, ③ 주어진 환경 속에서 구체적으로 목적하는 바를 달성하기 위해 가장 적절한 방법을 선택, 동원할 수 있는 운영적 차원에서의 노력이 유기적으로 통합되어 이뤄질 때 효과적으

2) 국가전략의 구상과 추진

국가전략의 구상 및 수립, 그리고 추진에서는, ① 환경변화에 대한 분석, ② 국가이익에 대한 인식과 그에 따른 국가목표의 설정, ③ 국력 및 국가전략의 수행능력에 대한 정확한 평가, ④ 한정된 가용자원을 우선순위가 높은 목표에 집중적이고도 효율적으로 사용할 수 있는 전략적 기획(*strategic planning*), ⑤ 정치지도자들의 국가전략의 중요성에 대한 인식과 전략적 사고(*strategic thinking*) 등이 중요하다.

(1) 환경과 국가전략

① 물적 환경

국가경영과 국가전략에 영향을 주는 영역으로서 물적 환경(*physical environment*), 국제환경(*international environment*) 및 국내환경(*domestic environment*)을 들 수 있다.

물적 환경은 자연과 사회의 관계에 관한 것인데, 끊임없는 과학기술의 혁신을 통하여 인간생활의 토대에 영향을 미치는 것이다.[8] 그러므로 물적 환경은 국제환경이나 국내환경에 적지 않은 영향을 주며, 아울러 국가전략의 수립 및 전개에도 중요한 영향을 미치기도 한다.

특히 물적 환경은 산업혁명기에 그 영향력이 큰데, 오늘날의 첨단기술은 "21세기는 첨단기술의 패권이 곧 세계패권으로 직결된다"고 일컬을 정도로 경제, 군사, 정치외교적 차원에서 그 전략적 가치가 매우 크며, 아울러 새로운 국제질서의 형성에도 직·간접적으로 영향을 미

로 추진되는 것이다.

8) Yasusuke Murakami, "The Japanese Model of Political Economy," Kozo Yamamura & Yasukichi Yasuba, eds., *The Political Economy of Japan* (Stanford: Stanford University Press, 1987).

치고 있다.

첨단기술은 민생용 및 군사용의 양용성(*dual use*)을 그 특징으로 하는데, 하이테크 전쟁의 전개와 더불어 전쟁의 개념을 바꾸어 놓았고, 아울러 새로운 산업혁명인 지식정보혁명을 야기하였다. 지식정보혁명의 전개는 경제영역, 정치영역, 사회영역, 국제관계 영역 등에서 혁명적 변화가 초래될 정도로 급격한 변화를 초래하고 있다.[9]

② 국제환경 및 국내환경

국제환경이나 국내환경은 사회와 사회의 관계에 관한 것이다.[10] 국제사회는 다양한 행위주체로 구성되어 있는데, 행위주체가 국가일 경우 국제환경은 국제역학의 변화와 더불어 국가전략에 커다란 영향을 미친다. 국제환경에 관해서는 정치, 경제, 군사, 문화 등으로 나누어 고찰하기도 하는데, 그와 더불어 각각의 상호작용에 대해서도 고려하여야 한다.

국내환경은 국가의 전략수립과 전략수행에 직접적이고 경우에 따라서는 결정적 영향을 미칠 수 있다. 국가목표의 설정 및 국가전략에 대한 국민적 합의의 형성, 정치지도자의 리더십 발휘, 국민들의 의식 및 가치관, 사회·정치적 결속도 등은 국가전략의 수립 및 전개에 직접적이고 경우에 따라 결정적 영향을 미칠 수 있는 것이다.

그리고 국가전략의 관점에서 환경의 변화에 대하여 인식할 경우, 거시적인 역사의 흐름 속에서 그 변화의 의미를 파악할 필요가 있다. 역사—세계사, 민족사, 문명사—는 국가에 방향성을 제시하고 국가목표에 역사적 의미를 부여하기 때문이다. 이는 국가전략의 수립에 전략

---

9) 배정호, "국가전략과 과학기술력,"《戰略硏究》제 4집(한국전략문제연구소, 1995. 12).

10) Yasusuke Murakami, "The Japanese Model of Political Economy," Kozo Yamamura & Yasukichi Yasuba, eds., *op. cit*.

입안자의 역사의식이 투영될 수 있음을 나타내는 것이기도 하다.

(2) 국가이익과 국가목표, 정치지도자

국가이익과 국가목표에 관하여 살펴보면, 국가이익(*national interest*)은 이상적이면서도 실현지향적인 것인데,[11] 넓은 의미에서 보면 대체로, ① 국가의 자기보존, ② 국가의 번영과 발전, ③ 국위선양, ④ 국민이 소중히 여기는 가치와 체제의 보존 및 신장, ⑤ 호의적 또는 유리한 국제환경의 조성 및 국제질서의 창출 등을 기본적 내용으로 한다.[12]

그리고 그와 같은 국가이익의 우선순위는 일반적으로, ① 존망의 이익(*survival interest*), ② 핵심적 이익(*vital interest*), ③ 중요한 이익(*major interest*), ④ 지엽적 이익(*peripheral interest*) 등으로 분류된다.[13] 또 국가이익에 대한 인식은 단기, 중기, 장기에 따라 달라질 수 있다.

따라서 어느 한 국가이익이 다른 국가이익과 상충될 경우, 정치지도자들은 국가이익의 우선순위, 중·장기적 차원의 국가이익, 국민적 합의에 바탕을 둔 장기적 국가목표 등을 고려하여 어느 쪽이 우선인가를 판단하여야 하고, 또 적정수준에서 조정하여야 한다.

그러므로 정치지도자들의 바람직한 국가이익관의 정립은 국가전략의 수립 및 수행에서 매우 중요한데, 대체로 정치지도자들은 단기적 국가이익에 도취하기보다는 장기적 차원에서 광범한 국가이익을 추구

---

11) 이 국익의 개념은 조셉 프랑켈의 세 수준의 개념 중에서 원망(*aspiration*) 수준의 국익개념에 가깝다. Joseph Frankel, *Contemporary International Theory and Behavior of State* (Oxford: Oxford University Press, 1973), Chapter 5.

12) 구영록, "대외정치의 핵심개념으로서의 국가이익," 《한국과 국제정치》 제10권 제1호(경남대 극동문제연구소, 1994년 봄·여름); 구영록, 《한국의 국가이익》(법문사, 1995).

13) 구영록, "대외정치의 핵심개념으로서의 국가이익," 위의 책.

하는 것이 바람직하다.

그리고 국가목표(*national objective*)는 국가이익을 보장하고 신장하기 위하여 국가가 달성하고자 하는 목표를 의미하는데, 이는 사실상 국가이익 그 자체를 의미하는 것이기도 하다.[14] 국가이익을 구현하기 위하여 선정된 국가목표는 국민의 합의를 바탕으로 형성되므로 국가활동의 가장 폭넓은 기반이 되는데, 이는 국가가 지향해야 하는 바를 나타내며 국가활동의 방향성을 제시한다. 국가목표는 슬로건이나 캐치프레이즈처럼 상징적이며 추상도가 높은 개념 제시적인 것이다.

이와 같은 국가이익이나 국가목표는 국가의 특성이나 입장 등에 따라 달라질 수 있는 주관적인 것이지만, 한 나라의 국가체제가 변화하지 않는 한, 정권교체에 별다른 영향을 받지 않는 지속적 성격을 지닌다.

반면, 국가이익 및 국가목표의 실현을 추구하는 국가전략은 선택의 문제로서 정권의 특성에 따라 또는 정치지도자의 특성에 따라 바뀔 수 있는 가변적인 것이다.[15]

(3) 국가전략의 수행능력과 주요 기반

전략을 구상할 경우 무엇보다도 염두에 두고 고려하여야 할 것은 환경조건의 변화와 더불어 행위주체의 전략수행능력이다. 따라서 국가전략을 구상하는 데는 행위주체인 국가의 전략수행능력을 염두에 두어야 할 것이다. 국가의 전략수행능력은 전략의 행위주체인 국가의 능력을 나타내는 것으로서 여러 가지 요소들로 구성되는 복합체이다. 힘(*power*)이 행위주체가 의도한 효과를 가져다 줄 수 있는 능력이라고 한다면, 국가의 전략수행능력은 국력(*national power*)과 거의 같은 의

---

14) W. Lippmann and C. V. Crabb, Jr., *American Foreign Policy in the Nuclear Age*(New York: Harper and Row, 1972); 임동원, "한국의 국가전략,"《국가전략》제 1권 제 1호(세종연구소, 1995년 봄·여름).

15) 임동원, "한국의 국가전략," 위의 책.

미로 사용될 수 있다. 즉, 국가의 전략수행능력은 다양한 요소로 구성된 복합체로서 국력의 양·질을 나타내는 것이다.

그리고 국력을 국가전략의 수행능력과 관련하여 생각할 경우, 실제로 사용할 수 있는 힘(*actual power*)과 잠재적으로 사용할 수 있는 힘(*latent power*)으로 구분하여 생각할 필요가 있다.

카(E. H. Carr)는 국력의 구체적 구성요소로서 군사력(*military power*), 경제력(*economic power*), 대내외적 여론의 유도 및 형성을 가능케 하는 여론지배력(*power over opinion*)을 들었는데,[16] 이는 국가전략 수행능력의 주요 기반이기도 하다.

오늘날, 국가전략 수행능력의 주요 기반은 군사력, 경제력, 정보력, 여론지배력, 문화력 등인데, 이들은 완전히 별개의 것이 아니고 상당부분 밀접하게 연계되어 있다. 예를 들면, 경제력의 핵심을 이루는 기술개발력이나 투자활동을 받쳐 주는 금융력은 군사력에서도 중요한 의미를 갖는다. 또 정보력, 즉 정보의 수집·분석·유포능력은 군사력, 경제력, 여론지배력, 문화력 모두에게 공통적으로 주요한 요소이다.

그리고 예전에는 국력 및 국가전략 수행능력의 기반으로서 군사력이 가장 중시되었지만, 20세기 말 국제환경의 변화와 더불어 국력 및 국가전략 수행능력의 기반으로서 경제력의 중요성이 한층 더해가고 있다. 세계사의 흐름 속에서 군사력과 경제력에 관해 언급하면, 19세기 제국주의시대에는 군사력을 경제력으로 전화(轉化)시키는 것이 비교적 용이하였지만, 민족주의(*nationalism*)가 고조된 오늘날에는 그러한 것이 매우 어렵다. 오히려 힘의 전화는 경제력을 군사력으로 전화시키는 것이 보다 쉬운 편이다. 즉, 국력의 구성요소로서, 또 국가전략 수

---

16) E. H. Carr는 국력의 구성요소로서 군사력, 경제력, 여론지배력을 들고, 군사력을 가장 중시했다. Edward Hallet Carr, *The Twenty Year's Crisis: 1919~1939*(London: The Macmillan & Co. Ltd., 1939), Chapter 8.

행능력의 기반으로서 경제력의 중요성이 커진 것이다.

그러나 예나 지금이나 군사력은 국력의 구성요소로서, 또 국가전략 수행능력의 기반으로서 군사력만이 할 수 있는 독특한 역할을 수행한다는 점에 유의하여야 한다.

또한 군사력이나 경제력의 어느 한 분야에 일방적으로 특화하는 것은 장기적으로 볼 때 바람직하지 못하다. 즉, 한 분야에 특화시키는 것은 오히려 그 분야의 능력을 약화시킬 수 있다. 군사력에 특화한 소련이 경제적으로 침화되고, 군사력으로도 약화되어 마침내 분열된 것은 좋은 예이다. 반면, 경제력에 너무 일방적으로 특화하면, 군사적 위기관리능력의 부족으로 중대한 군사적 위기가 발생할 경우에 경제적으로도 위기에 직면하게 된다.

따라서 국가는 군사력, 경제력, 정보력, 여론지배력, 문화력 간의 균형이 잡힌 국력과 더불어 이들간의 상호작용을 도모할 수 있는 능력을 갖추어야 한다.

그리고 국가전략의 수행에는 국력뿐만 아니라 정부 및 정치지도자의 리더십, 경제력, 목적의식 및 의지 등도 중요하게 작용한다는 점에 유의하여야 한다. 즉, 행위주체의 실천적 활동능력이라는 관점에서 볼 때, 정부 및 정치지도자의 리더십, 경제력, 목적의식 및 의지 등은 국가전략을 수행하는 데 매우 중요한 요소이다.

(4) 국가전략과 정책

앞에서 언급한 바와 같이 국가전략에 대하여 한 국가가 전략수행능력을 바탕으로 환경의 동태적 변화(*dynamic change*)에 적응하면서 국가의 생존 및 발전을 위하여 인식되는 국익의 실현을 추구하고, 아울러 국가목표의 효율적 달성을 꾀하는 방안(*design*)이라고 개념정의를 한다면, 이와 같은 국가전략에 근거하여 국가행위가 구현되는 실천이 국가정책이다. 즉, 국가전략은 국가정책에 방향성을 제시하는 행위지

〈그림 1-1〉 환경과 국가전략 및 정책

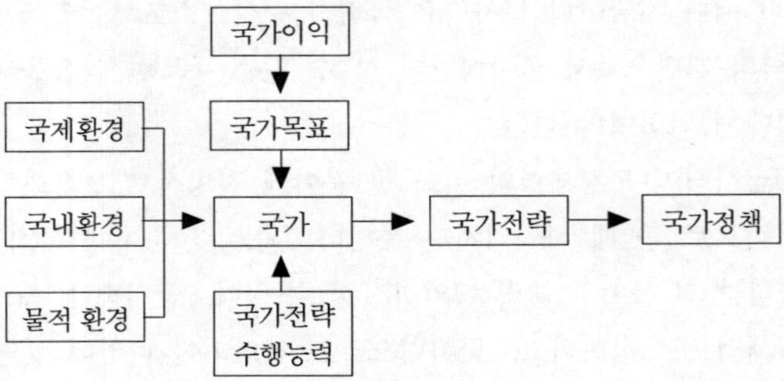

침이다. 달리 말하면 국가전략은 국가정책을 유도하며, 국가정책을 포함하는 것이다.

이상에서 언급한 환경과 국가, 국가이익 및 국가목표와 국가전략, 국가정책 등을 정리하여 그 관계를 살펴보면, 〈그림 1-1〉과 같이 나타낼 수 있다.

3) 국가전략의 유형화

국가전략은 차원과 범위, 기간, 방법, 대응자세 등에 따라 그 유형이 구분될 수 있다.

첫째, 국가전략은 그 차원 및 범위에 따라 대전략과 부문별 전략들로 구분될 수 있다. 대전략은 세계상황의 흐름 및 변화(*global context and change*)에 적극적이고도 능동적으로 참가·대응하면서 국익 및 국가목표의 달성을 효율적으로 꾀하는 방안이다. 따라서 대전략이 대내외적 차원에서 수행될 경우, 대외적 차원에서는 세계 전체를 대상으로 한 세계전략(*global strategy*)과 주요한 특정 지역을 대상으로 하는 지역전략(*regional strategy*)이 전개된다. 국력과 국가전략의 관점에서 볼 때, 대전략은 대체로 세계질서에 능동적으로 참가할 수 있는 강대국(*great power*)의 국가전략에 한정될 수 있다. 대외적 영향력이 비교적 좁게 한정된 중소국가의 경우는 세계질서의 형성능력이 결여되어 있으므로 세계전략을 자주적으로 구상하는 것이 어렵기 때문이다. 그러나 중소국가도 국가능력상 세계질서의 형성 또는 변화에 능동적으로 참여하는 세계전략은 전개하지 못 한다고 하더라도, 환경의 변화 및 그에 따른 상대적 입지의 변화에 따라 제한된 여건 또는 제약의 틀 내에서 자국의 이익 및 목표의 달성을 위하여 제한적 대전략을 추진할 수 있다. 그리고 대전략 또는 종합적 국가전략의 틀 내에서 각 부문별로 전개되는 개별전략은 국가이익 및 국가목표의 달성을 위하여 기능별로 전개되며, 아울러 상승효과(*synergetic effect*)를 위하여 부문별 전략 상호간에 유기적으로 연계되어 추진되기도 한다.

둘째, 전략은 전략이 전개되는 기간에 따라 장기(*long-term*), 중기(*mid-term*), 단기(*short-term*)로 구분될 수 있다. 즉, 국익 및 국가목표가 장기, 중기, 단기로 나뉠 경우, 국가전략도 장기, 중기, 단기로 나뉘는 것이다.

셋째, 전략은 그 접근방법에 따라 직접 접근(*direct approach*)과 간접 접근(*indirect approach*) 전략으로 구분할 수 있다. 국가전략은 이와 같은 접근방법의 구분에 따라 국가주도전략(*state-led strategy*) 또는 국가유도전략(*state-induced strategy*)으로 특징지을 수 있다. 국가주도전략은 국가가 전략수행의 주체로서 리더십을 발휘하면서 직접 전략수행을 하는 것이고, 이에 비해 국가유도전략은 관련이 있는 비정부 주체의 참가를 유도하고, 나아가 참가자의 활동이 원만하게 전개될 수 있도록 환경조성에 중점을 두는 전략이다.

넷째, 전략은 그 대응태세에 따라 수동적 전략(*reactive strategy*)과 능동적 전략(*active strategy*)으로 구분할 수 있다.

다섯째, 전략은 그 기능에 따라 사후 대응적 전략과 사전 예방적 전

〈표 1-1〉 국가전략의 유형구분

기 준	국가전략의 여러 유형
차원 및 범위	대전략, 부문별 전략
기간	장기전략, 중기전략, 단기전략
방법	직접 접근 전략: 국가주도전략 간접 접근 전략: 국가유도전략
대응태세	수동적 전략, 능동적 전략
기능	사후 대응적 전략, 사전 예방적 전략

략으로 구분할 수 있다. 사후 대응적 전략은 환경변화에 대응해야 하는 상황이 일어났을 때, ① 불리한 영향이 미칠 경우에는 그 불리한 영향을 극소화시키고, 아울러 ② 유리한 상황일 경우에는 그 이점을 극대화시키는 전략이다. 사전 예방적 전략은 환경변화와 더불어 상황변화를 예측할 때, ① 그러한 변화로부터 불리한 영향이 미치지 않도록 사전에 방지하고, 아울러 다른 한편에서는, ② 그 변화 자체가 유익한 것이 될 수 있도록 직·간접적으로 접근하는 전략이다.

이와 같이 국가전략은 차원 및 범위, 기간, 방법, 대응태세, 기능 등에 따라 유형구분이 가능하다(〈표 1-1〉 참조).

2. 안보 전략

1) 안보전략의 개념과 특징

안전보장의 구체적 내용은 시대나 상황의 변화에 따라 달라질 수 있는데, 안전보장의 일반적 개념은 가치·목표를 위협으로부터 지키는 것을 의미한다. 따라서 국가안보의 일반적 개념도 "국가가 국내외적 위협으로부터 자신의 가치·목표를 지키고 안전을 도모하는 것"으로 정의할 수 있다.

그리고 안전보장의 개념이 세 가지의 기본적 요소, 즉 ① 가치·목표, ② 위협, ③ 안보수단으로 구성되어 있으므로, 안보전략을 수립할 경우에도, ① 핵심적 가치 및 궁극적 목표에 관한 우선순위를 평가·설정함과 더불어, ② 위협이나 위기의 내용에 관해 인식하고 평가하여야 할 것이며, 아울러 ③ 적절하고도 유효한 안보수단을 모색하여 방안을 강구하여야 한다. 이는 국가안보전략을 수립하는 경우에도 마찬가지이다.

국가안보전략의 개념과 관련, 이 책에서는 "국가가 국내외적 위협으로부터 자신의 생존과 번영을 위한 가치·목표의 안전을 도모하고, 국익 및 국가목표를 추구하는 데 위협이 될 수 있는 것에 대해 총체적으로 대응하는 방안이다"라고 개념정의를 한다.[17]

이와 같은 국가안보전략은 국가의 특성, 국가전략의 양상,[18] 안보

---

17) 裵廷鎬, 앞의 논문(1991).

18) 국가안보전략은 국가전략의 틀 속에서 전개되므로 국가전략의 양상에 따라 달라질 수 있다. 예컨대 '군사'전략, '군사-정치'전략에서는 전통적인 군사안전보장을 중시하지만, '통상'전략이나 '경제-정치'전략에서는 군사안전보장뿐만 아니라 경제안전보장에도 상당히 역점을 두면서, 군사적 수단과 비군사적 수단의 상호작용을 꾀하는 포괄적 안전보장을 지향한다.

〈표 1-2〉 안보전략의 유형구분

기 준	안보전략의 여러 유형
차원 및 범위	대전략, 부문별 안보전략
기간	장기전략, 중기전략, 단기전략
방법	직접 접근의 안보전략, 간접 접근의 안보전략
대응태세	수동적 안보전략, 능동적 안보전략
기능	사전 예방적 안보전략, 사후 대응적 안보전략

환경에 대한 인식·평가, 안보수단의 확보 등에 따라 전략적 특징이 달라질 수 있다.

그리고 〈표 1-2〉에 나타난 바와 같이, 국가안보전략도 국가전략과 마찬가지로 차원 및 범위, 기간, 방법, 대응태세, 기능 등에 따라 유형구분이 가능하다. 특히 국가안보전략은 대응태세에 따라 수동적 안보전략과 능동적 안보전략으로 구분되는데, 수동적 안보전략은 국가의 안전이 위협받는 사태가 일어났을 때 이에 대처하는 사후 대응적 전략이고, 능동적 안보전략은 사전 예방전략으로서 국가의 안전을 위협하는 사태가 일어나지 않도록 미연에 방지하는 전략이다. 즉, 수동적 안보전략은 국가의 안전을 위협하는 사태가 일어났을 경우 그 피해를 극소화하면서 상대편의 피해를 극대화시키는 전략이고, 능동적 안보전략은 평상시에 적극적 외교활동을 통하여 다른 국가들과의 대립관계나 긴장상태가 가능한 한 발생하지 않도록 노력하며, 아울러 우호관계의 유지를 추구하는 전략이다.

2) 탈냉전기 안보환경의 변화와 안보전략의 모색

국제사회의 주요한 행위주체인 국가의 영토적, 주권적, 국민적 성격이 존속하는 한 정치의 속성으로서 전쟁의 본질은 지속될 것이다.

그러나 탈냉전시대의 도래와 더불어 안보환경이 변화하고 있고, 아울러 새로운 안보개념의 등장과 더불어 21세기 국가안보의 새로운 패러다임이 요구되고 있다.

(1) 국제환경의 변화와 안보환경의 변화

① 세계질서의 다원화 및 국제사회의 다극화

미소를 중심으로 한 냉전체제가 소련 및 동구권의 붕괴로 해체되고, 21세기의 새로운 국제질서가 형성되고 있는데, 신국제질서의 형성 및 구축을 주도하는 미국 역시 그 힘에서 한계성을 노출하고 있다.

즉, 세계 GNP의 상당부분을 점유하게 된 일본, 중국, 독일 등이 주요 강대국으로 부상하면서, 국제사회는 상호의존성의 증대, 지역주의의 대두 등과 더불어 다원화되고 있고, 미국 또한 서방국가들의 일정한 군사적·재정적 지원 없이 주요한 문제에 단독으로 개입하여 행동을 펼치는 것이 거의 불가능하게 되었으며, 따라서 유럽, 일본, 러시아, 중국 등과 일정한 협력관계를 유지하면서 국제문제에 대한 균형자로서의 역할을 추구하고 있다.

② 경제력 및 경제관계의 비중 증대

소련 및 동구권의 붕괴에는 경제력의 침하가 주요한 요인으로 작용하였다. 따라서 탈냉전시대의 도래와 더불어 경제력은 국가의 생존기반으로서 그 중요성이 한층 증대되고 있다.

게다가 경제적 자유주의를 추동력으로 하는 세계화의 전개와 더불어 경제적 상호의존이 증대되면서, 국제관계에서는 경제관계의 비중이 한층 커지고 있다. 경제력의 전략적 가치가 제고됨과 더불어 국제사회에서 힘의 개념도 변화하고 있다. 즉, 경제안보의 중요성이 부각됨과 더불어 경제력이 군사력 이상의 효과적 수단으로서 등장하고 있다.

③ 국제적 상호의존의 증대

정보화시대의 도래와 함께 정보·통신의 교류가 비약적으로 확산됨에 따라 국제사회는 다양한 분야에 걸쳐 상호의존성이 증대되고 있다. 즉, 경제, 기술, 환경, 자원, 교육, 문화 등 여러 분야에서 상호의존성이 증대하고 있고, 또 세계질서의 다원화, 지역주의의 대두, 경제적 상호의존의 증대 등은 정치·안보의 상호의존성도 증대시키고 있다.

따라서 국제적 상호의존을 평화적으로 관리하기 위한 국제레짐(*international regime*)의 형성과 구축·유지를 위한 노력의 필요성이 강조되고 있다.

④ 첨단기술의 혁신과 하이테크 전쟁

하이테크 전쟁으로 불렸던 걸프전에서 보여주었듯이 첨단기술은 전쟁의 개념을 바꾸어 놓았는데, 그와 같은 첨단기술은 민생용 및 군사용의 양용성에 의해 경제, 군사, 정치외교적 차원에서 전략적 가치가 매우 높다.

따라서 21세기는 첨단기술의 패권이 곧 세계패권으로 직결된다고 일컬을 정도이고, 첨단기술의 전략적 가치의 중요성 제고와 더불어 기술안전보장의 중요성이 한층 강조되고 있다.

(2) 탈냉전시대의 안보전략 모색

안보의 개념은 시대적 상황, 국내외의 환경변화 등에 따라 변화할 수 있다.

탈냉전시대의 도래에 따른 국제환경의 변화, 즉 앞에서 언급한 바와 같이 세계질서의 다원화 및 국제사회의 다극화, 국제관계에서 경제력의 비중 증대에 따른 힘의 개념변화, 국제적 상호의존의 증대, 첨단기술의 혁신과 하이테크 전쟁의 도래 등의 변화가 나타나고 있고, 이에 따라 안보환경도 안보영역의 확대와 더불어 변화를 나타내고 있다. 즉, 탈냉전시대의 전환기적 상황에서 군사력 게임, 부의 게임, 지식게임 및 정보게임 등이 중첩되어 복잡하게 서로 얽혀 전개되면서 안보위협 요인의 다양화와 더불어 안보영역 및 대상도 군사적 영역뿐만 아니라 경제적 영역, 사회적 영역, 지식 및 정보영역, 환경 등의 생태계 영역 등으로 확산되고 있다. 또 국제적 상호의존의 심화와 더불어 어느 한 국가의 노력만으로 안전보장을 추구하기에 한계가 있는 국제적 성향을 지닌 안보문제들이 증가하고 있다.

따라서 탈냉전시대의 도래와 더불어 새로운 안보환경에 대응할 수 있는 안보의 패러다임 및 전략적 사고, 안보의 개념 등이 모색되는 가운데, 새로운 안보개념으로서 포괄적 안보(*comprehensive security*)를 비롯하여 공동안보(*common security*), 협력안보(*cooperative security*)[19] 등이 제시되고 있고, 다자간 안보협력의 중요성이 강조되고 있다.[20]

---

19) 예방외교는 분쟁의 방지 또는 분쟁의 발생시 확산방지에 관련된 제반 조치를 의미하는 광범위한 개념인데, 이는 분쟁발생 이후 해결을 목적으로 하는 위기관리외교(*crisis management diplomacy*)와 반대되는 개념이다. United Nations, "An Agenda for Peace: Preventive Diplomacy, Peace-making and Peace-keeping"(July 17, 1992).

20) 국가안보전략은 본문에서 언급한 바와 같이 국가의 특성, 국가전략의 양상 등에 따라 달라질 수 있다. 패전 후 일본은 '통상'형 전략을 국가전략으로 선택하고 경제대국으로서의 발전을 도모하였으므로, 이미 냉전시대에 종

3) 안보협력의 유형과 특징

국제사회에서 지역안보를 도모하기 위한 안보협력의 유형에는 동맹, 집단안전보장, 다자간 안보협력 등이 있다.

(1) 동맹

동맹(*alliance*)은 특정한 위협에 대하여 공동으로 대처하기 위해 힘을 규합하는 집단방위로서, 세력균형을 위해 가장 흔히 사용된 방법의 하나이다. 동맹은 지역안보협력의 형태 중 국가간의 관계가 가장 긴밀하고 특별한 형태인데, 동맹의 개념은 공동의 적에 대항하는 공동안보를 위하여 무기한 또는 정해진 기간 동안 국가들이 공식적으로 결속하는 것을 의미한다.

이와 같은 동맹관계는 공동으로 대처해야 하는 위협이 명확하게 존재하고, 동맹자간의 동질성·호혜성·균등성이 높을 때 한층 공고해진다. 즉, 동맹관계는 동맹자가 정치적·경제적·문화적으로 동일하거나 유사하면 더 공고할 가능성이 높고, 또 동맹자간의 상호혜택이 있을 때, 한층 오래 지속될 수 있다. 아울러 세력이 균등한 행위자로 구성된 동맹이 세력이 불균등한 행위자로 구성된 동맹보다 더 공고할 수 있다.

그러므로 강대국과 약소국 간의 동맹관계가 형성될 경우, 약소국은 동맹관계의 공고화를 위하여 강대국의 국익에 중대한 영향을 미칠 수 있는 '전략적 가치가 있는 것'을 가져야 한다.

그렇지 못할 경우 동맹국 내 약소한 참여국들은 안보를 담보로 주도국의 영향력 아래 놓이게 되고, 대외적 자율성을 제약받을 수 있다. 즉, 동맹은 강대국이 약소국을 통제하고 지배하기 위한 전략적 도구가

합안보라는 포괄적 안보전략을 추구하였다. 배정호, 앞의 논문(1995).

되는 것이다.

동맹관계는 둘 이상의 독립국가가 참가함에 따라 이루어지는데, 동맹은 참가자의 수에 따라 양자동맹과 다자동맹으로 구분된다. 양자동맹으로는 한미동맹, 미일동맹 등의 사례를 들 수 있고, 다자동맹으로는 NATO나 바르샤바협정이 대표적 사례이다.

(2) 집단안전보장

동맹이 외부의 특정한 위협에 공동으로 대처하기 위해 힘을 규합하는 안보협력인데 비하여, 집단안전보장(*collective security*)은 가상의 특정한 위협이나 적을 상정하지 않고, 대립관계에 있는 국가들을 포함한 독립국가들이 안보제휴를 통하여 불특정 참여국에 의한 평화파괴 행위에 대처하는 안보협력을 의미한다.

따라서 집단안전보장은 한 국가의 안보를 특정 국가나 국가집단을 겨냥한 동맹조약에 의해 보장하는 것이 아니라, 어느 한 참여국이 무력으로 위협을 받거나 무력공격을 받게 될 경우, 다른 모든 참여국들은 자신이 직접 무력의 위협이나 공격을 받지 않았더라도 자신에 대한 공격으로 간주하고 공동으로 침략자 또는 평화파괴자에 대항함으로써 참여국들의 안전을 보장하는 것이다.

그러므로 집단안전보장과 동맹은 강제력에 의한 제재조치를 강구하는 공통점은 있지만, 집단방위동맹(*collective self-defence alliance*), 즉 양자 및 다자동맹이 특정한 비참여국으로부터 참여국을 보호하는 데 비하여, 집단안전보장은 평화를 파괴하는 모든 국가로부터 참여국들을 보호하는 것이다.

이와 같은 집단안전보장은 제1차 세계대전 이후 창설된 국제연맹(League of Nations)에 의해 처음으로 구현되었고, 현재는 국제연맹의 약점이었던 조직된 강제력을 보완한 국제연합(The United Nations)에 의해 추구되고 있다.

(3) 다자간 안보협력

① 다자간 안보협력과 협력안보

기존의 다자간 안보협력(*multilateral security cooperation*) 레짐을 보면 대체로 협력안보를 바탕으로 결성된 것이 주목된다. 대표적 다자간 안보협력 레짐인 유럽의 유럽안보협력회의(*Conference on Security and Cooperation in Europe*: CSCE)나 유럽안보협력기구(*Conference on Security and Cooperation in Europe*: OSCE)도 협력안보를 바탕으로 결성되었다.[21)]

협력안보는 대립구조가 불명확하고 안보적 불안정성이 잠재하는 지역에서 분쟁의 발생소지 및 불안요인을 비군사적 수단에 의해 사전에 방지·제거하는 예방외교(*preventive diplomacy*)적 성향이 강한 개념이다.

따라서 협력안보는 역내 국가간 안보정책의 다양성에 대한 인정 및 안보대화의 관습화 및 제도화, 신뢰양성조치(*confidence-building measures*), 안전보장에 대한 포괄적 접근 및 비군사적 수단의 전략적 활용, 예방외교 등에 바탕을 두고 있는 안보협력체제의 형성을 추구한다. 말하자면, 협력안보는 특정한 안보위협에 군사적으로 대응하기보다는, ① 불특정 잠재적 위협이 현재화(顯在化)하여 군사적 충돌로 악

---

21) 유럽에서는 1975년에 정치, 경제, 이념이 다른 동·서구 국가들, 즉 미국과 캐나다를 포함한 유럽 35개국이 모여 다자간 안보협력회의인 유럽안보협력회의(CSCE)를 설립하였다. 그리고 탈냉전시대의 도래와 더불어 CSCE는 새롭게 변화하는 안보환경에 대응하기 위해 점차로 기능을 강화하다가 1995년에 미국과 캐나다를 포함한 유럽 55개국이 참여하는 대조직으로 확대·발전되었다. 즉, CSCE는 유럽안보협력기구(OSCE)로 개칭되어 재탄생된 것이다. 김계동, "다자안보기구의 유형별 비교연구: 유럽통합과정에서의 논쟁을 중심으로,"《한국정치학회보》제 28집 1호(1994); 홍기준 "안보레짐의 형성: CSCE/OSCE의 사례연구"《국제정치논총》제 38집 1호(1998).

화되는 것을 정치·군사적 신뢰의 축적 등을 통하여 사전에 예방하고, ② 분쟁의 평화적 해결을 지향하며, ③ 군사적 충돌의 발발시에는 그 규모를 한정시킬 수 있는 틀의 구축을 추구하는 것이다.

이는 협력안보가 군사적 침략이나 분쟁이 발발한 후에 군사적으로 대처하는 데에 취약하다는 것을 시사하는 것이기도 하다. 따라서 협력안보는 분쟁발생 이후에 군사적으로 대처하는 장치로서 동맹이나 집단안전보장을 필요로 한다. 즉, 협력안보는 동맹이나 집단안전보장처럼 강제력에 의한 제재수단을 강구하는 대결안보(*confrontational security*)와 상호보완적으로 작용하면서 전쟁억제의 기능을 한다.[22]

실제로 유럽에서도 집단방위를 꾀하는 다자동맹인 NATO가 핵심적 안전보장 장치이고, 협력안보의 틀인 OSCE는 보완적 안전보장 장치이다.

② 다자간 안보협력 레짐의 역할

협력안보의 개념을 근간으로 하는 다자간 안보협력 레짐은 참여국의 공동 관심사의 개발 및 논의를 통하여 역내 국가간 대화의 관습화를 도모하고, 공통규범의 공유를 추구하며, 국가 행동양식의 예측가

---

22) 다자간 안보협력의 군사분야인 군비통제(*arms control*)와 정치분야인 평화적 해결(*peaceful settlement*)은 개념상 집단동맹으로부터 집단안전보장, 협력안보 전반에 걸쳐 기능하나, 군비통제는 대결영역이 협력영역보다 클 때부터 중요시되며, 평화적 해결은 협력영역이 대결영역보다 우세할 때 비로소 가능하다. 아울러 군비통제는 군사적 안정에 기여하고, 평화적 해결은 정치적 안정에 기여한다. 여기서 정치적 안정이란 정치적으로 무력분쟁(*armed conflict*)을 일으키는 긴장이나 동기가 없거나, 분쟁의 평화적 해결이 국가간 통용되는 상태를 의미한다. 이원우, "지역다자안보협력 현황과 우리의 대응방향," 《한반도 군비통제》 제 23집(1998); Heinz Velschera, *Instrument of Cooperative Security in the CSCE Framework-Confidence Building Measures, Emergency and Conflict Prevention*(Vienna: CSCE Secretariat, 1994).

능성을 제고시킴으로써 분쟁의 사전예방을 꾀하고자 하는 것이다.

따라서 CSCE 및 OSCE의 경험을 참고해 보면, 다자간 안보협력 레짐은 대체로 다음과 같은 역할 및 기능을 수행한다.[23)]

첫째, 역내 안정과 평화를 위한 사전예방을 위하여 지역분쟁의 원인이 될 수 있는 다양한 안보영역, 즉 군사적 위협뿐만 아니라, 정치, 경제, 사회, 환경, 테러, 마약, 첨단기술 등 다양한 안보영역에 대해 협의가 이루어지도록 한다.

둘째, 그와 같은 포괄적 협의를 통하여 역내 안보의 불확실성을 감소시키고, 또 역내 국가간 안보협력을 촉진시킬 수 있는 공동의 안보 정책과제를 개발하며, 공동의 안보영역이 확대되도록 한다.

셋째, 안보의 상호의존 및 상호신뢰의 증대를 통하여 경제, 문화 등 여러 분야에서 국가간 상호의존과 통합이 촉진·강화되도록 한다.

넷째, 역내 국가들의 군사력 및 국방정책에 대한 '토론의 장'을 제공하고, 정기적인 군사정보의 교환 및 군 인사의 교류를 주선함으로써 역내 국가들의 군사력 및 국방정책의 투명성을 제고시키고, 군사적 신뢰가 축적되도록 한다.

다섯째, 그와 같은 운용적 신뢰구축과 더불어 구조적 군비통제의 실현이 추구되도록 한다.

여섯째, 분쟁방지를 위한 예방외교의 수행을 위하여 사실조사 활동(*fact finding*)이 시행되도록 한다.

요컨대, 국제레짐은 국가간 협력을 촉진시키는 매개변수(*intervening variable*)[24)]의 기능을 하므로, 다자간 안보협력 레짐은 참가국들이 주

---

23) 김계동, "다자안보기구의 유형별 비교연구: 유럽통합과정에서의 논쟁을 중심으로," 앞의 책; 문수언 외 "한반도 통일의 국제정치와 동북아 다자안보협력," 《국제정치논총》 제 37집 3호(1998); 김유남·노병렬, "동북아 안보레짐의 형성 및 가능성: 다자간 안보협의체와 상호보완성 연구," 《국제정치논총》 제 39집 1호(1999).

어진 안보영역에서 기대하는 효과를 달성할 수 있도록 조정하는 역할을 한다. 즉, 다자간 안보협력 레짐은 참가국들의 기대를 조정함으로써 다자간 안보협력을 제도화시키는 데 일조하는 역할을 한다.

3. 국가전략의 양상과 안보전략

1) 국가의 행위영역과 역할

국가는 국내정치, 국제정치, 국민경제, 세계경제 등 4개의 영역에서 질서유지, 안전의 확보, 생산의 장려, 통상의 촉진 등의 역할을 한다(〈그림 1-2〉 및 〈표 1-3〉 참조).[25] 국가는 그 역할을 성공적으로 수행하기 위해서 전략을 수립한다.

2) 국가전략의 양상과 안보전략

국가전략은 국가가 국력의 기반을 어디에 역점을 두고 조성할 것인가, 또는 국가파워를 무엇을 기반으로 행사할 것인가 등에 따라 달라질 수 있다. 그리고 어떤 국가전략을 전개하는가에 따라 국가의 모습 및 특성도 다르게 나타나고, 국가전략의 틀 내에서 추진되는 안보전략도 다르게 된다.

예컨대, 국력의 기반을 군사력에 역점을 두고 조성할 것인가, 또는 경제력에 역점을 두고 조성할 것인가에 따라 국가의 모습 및 특성은

---

24) Robert O. Keohane, *After Hegemony: Cooperation and Discord in the World Political Economy* (Princeton: Princeton University Press, 1984).

25) 猪口孝, 《國際政治經濟の構造》(東京: 有斐閣, 1985); 猪口孝, 《國家と社會》(東京: 東京大學出版會, 1998).

다르게 나타나고, 아울러 국가의 파워를 군사력에 두고 행사하는가 아니면 경제력에 두고 행사하는가에 따라 국가의 모습 및 특성이 다르게 나타날 수 있다.

리차드 로제크랜스(Richard Rosecrance)는 그의 저서 *The Rise of Trading State*(1986)에서 국제관계를 '군사-정치'세계(*military-political world*)와 통상세계(*trading world*)로 나눈 뒤, 국가전략으로서 '군사-정치'전략(*military-political strategy*)과 통상전략(*trading strategy*)을 제시하였다. 즉, 그는 국가간의 통상과 협력에 의해 얻는 이익이 군사경쟁 및 영토확장으로부터 얻는 이익보다 훨씬 크고, 아울러 국민국가간의

〈그림 1-2〉 국가의 행위영역과 역할

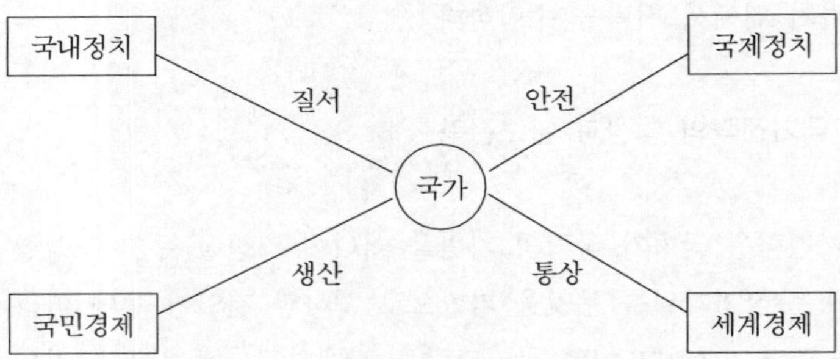

〈표 1-3〉 국가의 행위영역과 역할

국가의 역할	국가전략 및 정책	국가의 행위영역
1. 질서유지	정치전략·정책	국내정치
2. 안전확보	안전보장전략·정책	국제정치
3. 생산장려	경제전략·정책	국민경제
4. 통상촉진	대외경제전략·정책	세계경제

출처: 猪口孝, 《國際政治經濟の構造》(有斐閣, 1985), p. 17 참조.

새로운 협조체제의 창출가능성이 통상세계에 있다는 문제의식 아래 국제적 상호의존시대의 통상전략을 '군사-정치'전략에 대한 평화전략으로 제시하였다.

그러나 이와 같은 그의 주장에 대해서는 다음과 같은 점을 간과한 다소 애매하다고 지적할 수 있다.

첫째, 국가전략이라는 것은 물적 환경 및 국내외의 환경변화, 국력의 변화에 따른 국가전략 수행능력의 변화 등에 의해 다른 전략으로 전환될 수 있고, 아울러 동일한 국가전략이라도 그 틀 내에서 다양한 전술을 유연하게 구사하면서 실질적으로 질적 변화를 추구할 수 있다. 즉, 국가전략의 경우, 환경 및 국력의 변화, 지도자의 성향 등에 따라 국가전략의 전환 및 질적 변화 등이 추구될 수 있다.

둘째, 국가전략으로서의 통상전략은 부(*wealth*)에 최우선 가치를 두면서 명분보다 실리를 우선적으로 지향하므로, '일국번영주의'를 추구하는 성향이 강한 특성을 나타낸다. 즉, 통상전략이 반드시 평화전략인 것만은 아니다.

셋째, 1973~1974년의 제1차 석유위기 이후, 국제환경변화의 주요 특징으로서 경제문제의 정치화와 더불어 경제적 경쟁이 정치적 분규로 비화되는 경향이 나타났고, 경제력의 비중 증대에 따라 전략적 활용에 의한 정치적 영향력으로 전이되는 경향도 나타났다.

따라서 이 책에서는 이상과 같은 점을 고려하면서, 국가전략의 양상과 그에 따라 전개되는 안보전략에 관해 고찰하고자 한다.

(1) 군사-정치형 국가전략

어느 한 국가가 전쟁수행을 위한 군사력 증강을 생존을 위한 국력의 기반으로서 역점을 두고 추구하고, 아울러 비군사적 자원의 열세를 이데올로기 및 군사력으로 보완하려 할 때, 군사형 국가전략을 추구한다고 특징지을 수 있고, 동시에 그 국가는 군사형 국가로 분류된다.

그리고 군사형 국가가 국력의 신장에 의해 국제사회에서 위상이 상승하면, 국력의 기반인 군사력을 기반으로 국제사회에서 정치적 영향력의 행사를 꾀하게 되는데, 이때 군사형 국가는 군사-정치형 국가전략의 전개에 의해 군사-정치형 국가로서의 성장을 도모한다.

군사-정치형 국가는 국력의 기반인 군사력을 바탕으로 영토의 확장을 통하여 국가의 파워 및 부를 추구하고, 나아가 전략적 동맹체제의 형성을 통하여 정치세력권의 구축을 추구한다. 군사-정치형 국가전략 아래에서의 전략적 동맹체제는 국익 및 안전보장을 위해 형성되는 군사적·이데올로기적 동맹체제이고, 아울러 동맹국가에 대해 전략원조를 지원하는 정치적 동맹체제를 의미한다.

군사-정치형 초강대국의 경우는 자국의 군사적 파워에 의해 국제질서 및 세계평화가 안정적으로 유지된다는 명분 아래 글로벌 차원에서 집단안전보장체제의 구축 및 정치적 세력권의 형성을 도모하면서, 군사적 패권에 의한 정치적 패권을 추구한다. 따라서 군사-정치형 국가전략 아래에서 경제력 및 여론지배력, 문화력 등은 전략적 활용이 도모된다 해도 보완적 수단의 수준에서 활용된다.

그리고 군사-정치형 세계는 패권과 세력균형에 의해 움직이는 세계이고, 이 세계에서는 위세게임(*prestige game*)이 사회게임의 중심이며 영토에 가치의 중심을 두고 있다. 따라서 군사-정치형 국가전략은 정경불가분을 원칙으로 하면서 국가능력 전 측면의 자족성을 추구하고, 이를 위한 자조능력의 증강을 지향하여 파워와 부의 원천인 영토의 확장을 추구한다. 나아가 자국의 영향력하에 있는 영역에 대해 안전보장전략을 전개하면서, 전략적 정치동맹체제 혹은 협조체제의 형성 및 구축을 추구한다.

군사-정치형 국가전략 틀 내에서의 안보전략은 군사적 수단에 의해 가해지는 위협으로부터 자국 및 자국의 영향력하에 있는 영역의 생존을 확보하기 위해 전개된다. 즉, 군사-정치형 국가전략 틀 내에서의 안보전략은 자국의 힘과 부의 원천인 영토를 군사적·이데올로기적 위협으로부터 안전을 지키기 위하여 절대적 안전보장의 확보를 추구한다. 따라서 군사-정치형 국가전략 틀 내에서의 안보전략은 전쟁 또는 전쟁에 준하는 긴급사태에 대비하면서, 동시에 그와 같은 사태가 발발하지 않도록 군사적 수단에 의한 생존의 확보를 위해 자조능력의 증강에 노력을 기울이며, 아울러 그와 같은 노력의 추구와 동시에, 전략적 동맹체제 또는 협조체제의 구축 및 강화, 국제환경의 긴장완화 등을 위한 전략적 노력을 전개한다.

그러므로 군사-정치형 국가전략 틀 내에서의 안보전략은 자조노력 차원에서 자국의 전력증강 및 억지능력의 강화를 추구하고, 국제환경의 전략적 조성노력 차원에서 국제사회의 분권적 성격에 의한 국제체제의 불완전성을 보완하기 위하여, 전략적 동맹체제를 기반으로 하는 집단적 안보체제의 구축을 도모한다.

(2) 통상형 전략

국가가 생존기반을 확보하기 위해 신중상주의 슬로건 아래 부의 게임(*wealth game*)을 추구할 경우, 국가전략으로서 이른바 통상형 전략을 취한 것으로 특징지을 수 있다.

국가전략으로서의 통상형 전략은 정경분리를 전략적으로 추구한다는 점에서 군사-정치형 전략이나, 후술할 경제-정치형 전략, 군사-경제형 전략과 다르다(〈그림 1-3〉 참조). 아울러 통상형 국가전략은 자족성을 지향하지 않고, 영토가 아닌 시장의 점유를 추구한다는 점에서 군사-정치형 국가전략과 다르며, 또 분업과 교역을 통해 국민경제의 발전을 도모하면서 하나의 역할에 특화한 점에서 경제-정치형 국가전략과 다르다.

요컨대, 통상형 국가전략은 한편에서는 패권국가 혹은 군사-정치형 대국과의 동맹체제 또는 협조체제의 구축을 도모하여 '안보 무임승차'

〈그림 1-3〉 정경관계에 의한 국가전략의 특징

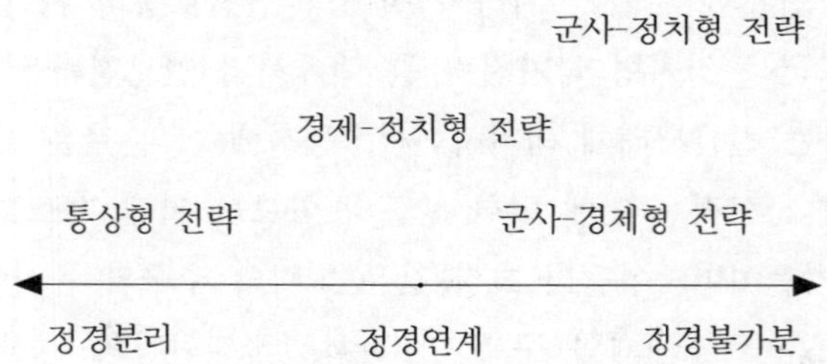

의 이점을 충분히 활용하고, 다른 한편에서는 정경분리의 이점을 최대한 이용하여 대부분 국가와의 교역에 의해 부의 획득을 꾀하며, 국력의 증강을 추구하는 전략이다. 즉, 통상형 세계가 흥정의 세계이므로, 통상형 국가는 부에 최우선 가치를 두고, 명분보다 실리를 추구하는 일국번영주의 지향의 전략이다.

그러므로 생산성과 교묘한 대외 경제전술을 구비한 통상형 국가가 통상대국으로 성장하고, 그 경제력을 바탕으로 일국번영주의를 넘어 정치적 파워의 증강을 추구할 경우, 경제-정치형 국가로의 전환을 모색하는 단계에 접어들었다고 볼 수 있다.

그리고 통상형 국가전략 틀 내에서의 안보전략은 통상전쟁에서 생존의 확보를 지향하여, 패권국가 또는 군사-정치형 국가와의 동맹 혹은 협조체제 아래서 경제적 안전보장에 가장 역점을 두는 전략이다. 즉, 통상형 국가전략 틀 내에서의 안보전략은 통상적 견지에서 기술혁신에 의한 생산성과 수출경쟁력의 강화를 꾀하는 자조노력을 전개하면서, 비군사적 수단에 의한 군사적 자원의 열세 보완과 더불어 대외적 교섭능력(*bargaining power*)을 증강하여 경제활동의 안전을 확보하는 전략이다.

(3) 경제-정치형 전략

국력의 기반이 군사력보다 경제력에 있는 국가나, 통상형 국가전략에 의해 경제대국으로 성장한 국가의 경우, 그 경제력을 바탕으로 국제사회의 역할기대에 부응하면서, 대외적 위신(*prestige*)의 제고 및 영향력의 증강을 추구하게 된다. 이 경우, 국가전략으로서 경제-정치형 전략을 취하게 되고, 국가의 양상은 경제-정치형 국가로서의 특성을 갖는다.

그리고 경제-정치형 국가의 활동세계인 경제-정치형 세계에서는 한편에서는 제품, 자원, 기술 등의 교역과 분업, 문화교류 등에 의해 상호침투(相互浸透) – 상호의존이 증대되고, 다른 한편에서는 상호의존의 심화에 의한 여러 가지 갈등과 마찰, 대립이 발생한다. 이 경우, 가능한 한 군사적 수단보다 타협과 협상, 국제정책협조 등의 비군사적 수단에 의한 노력을 통하여 문제해결을 추구한다. 즉, 경제-정치형 세계에서는 통상활동이 이뤄질 뿐만 아니라, 경제문제를 둘러싼 국제정치활동이 전개되며, 부의 게임이 추구되면서 국제정책협조도 전개된다.

경제-정치형 국가전략의 특성에 관해 보다 구체적으로 살펴보면, 경제-정치형 국가전략은 막강한 경제력을 바탕으로 국가의 힘과 부를 추구하면서 경제적 탄력성의 강화를 한층 더 꾀하고, 아울러 정치적 영향력의 증강을 추구하는 전략이다. 따라서 경제-정치형 국가전략은 정경연계(*linkage*)를 유연하게 충분히 활용하여 글로벌 수준의 정책협력 네트워크의 구축을 도모하면서, 대외적 교섭능력의 증강을 추구하는 것이다. 특히, 경제 초강대국의 경우, 국제사회의 역할기대에 부응하면서, 국제평화국가의 이미지를 창출하고, 동시에 패권국과의 부담분담(*burden sharing*) 및 역할분담(*role sharing*)을 통하여 정치적 파워의 증강을 도모한다.

그리고 경제-정치형 국가전략의 틀 내에서의 안보전략은 자국의 군사적 방위는 물론, 자국의 경제적 활동을 위협하는 군사적 위협 및 비군사적 위협에도 대처해야 하므로 포괄적 전략을 추구한다. 즉, 경제-정치형 국가전략의 틀 내에서의 안보전략은 군사적 수단 및 비군사적 수단, 그리고 이들의 상호보완 작용에 의해 도모하는 포괄적 전략을 추구하는 것이다. 여기서 '포괄'의 의미는 안보대상이 포괄적인 동시에 안보수단이 포괄적임을 의미한다.

요컨대, 경제-정치형 국가전략은 국제적 상호의존이 증대하는 경제-정치형 세계에서 공존공생의 전략적 사고 아래 국력의 기반인 경제력의 전략적 활용을 통하여 국가의 힘과 부를 추구하면서, 아울러 국제공헌능력의 증강을 통하여 정치적 영향력의 증대를 추구한다. 그리고 경제-정치형 국가전략은 국제공헌능력 및 정치적 영향력을 기반으로 국가의 포괄적 안보에 활용될 수 있는 글로벌 차원의 네트워크를 형성하고, 국제정책협조체제에서 책임 있는 역할수행을 추구하며, 경제력의 전략적 활용과 함께 패권국과의 부담분담 및 역할분담 등을 수행한다.

(4) 군사-경제형 국가전략

군사-경제형 국가전략은 국가의 특성 및 국력의 크기에 따라 그 내용이 다르게 나타난다. 근대화 단계의 군사-경제형 국가전략은 영토주권의 확보를 위한 기본적 파워로서 군사력의 증강을 꾀하면서, 국민경제의 발전을 위한 산업화를 추구하고, 아울러 생산의 증대에 의한 부의 획득을 도모하는 전략이다.

그리고 국력이 국제사회에서 정치적 영향력을 행사할 수 있는 수준으로 신장되었을 때, 즉 군사-정치형 국가, 또는 경제-정치형 국가로 성장한 국가가 정치대국으로의 발전을 추구하면서 경제력 또는 군사력의 증강을 추구할 경우, 군사-경제형 국가전략을 추구하게 된다.

다시 말해, 물적 환경 및 국내외의 환경변화에 따라 군사-정치형 국가는 생존기반의 강화를 위해 경제력의 증강을 추구할 수 있고, 경제-정치형 국가는 생존기반의 안전확보능력 및 국제공헌능력 등의 강화를 위해 군사력의 증강을 추구할 수 있는데, 이 경우 군사-경제형 국가전략을 취하게 된다.

그리고 군사-경제형 국가전략 아래에서의 안보전략은 군사적·이데올로기적 위협에 대처하는 군사안전보장을 추구하면서, 경제적 기반의 안전을 위해 산업안보 등 경제안전보장을 도모하는 전략이다. 근대화 단계 수준의 국가는 생존의 확보를 위해 주로 자조능력의 증강에 역점을 두는 안보전략을 추구하고, 국제사회에서 정치적 영향력을 행사할 수준의 국가는 자조능력은 물론, 국제환경 개선능력의 강화를 꾀하는 안보전략을 추구한다.

3) 국가전략의 전략적 사고

군사형 국가전략, 군사-정치형 국가전략, 통상형 국가전략, 경제-정치형 국가전략 등 국가전략의 양상에 따른 국가 및 안보전략의 특징 등에 관해 살펴보았는데, 국가는 물적 환경 및 국내외의 환경변화, 국력의 변화에 따른 국가전략 수행능력 및 국가의 위상변화 등에 의해 국가전략의 전환을 추구할 수도 있고, 또 국가전략의 틀 내에서 다양한 전략의 변화를 적절하고도 유연하게 취할 수 있다. 이와 같은 국가전략의 운용능력은 국가의 운명을 좌지우지할 수 있을 만큼 국가운용에 매우 중요하다.

예를 들면, 패권국가 및 군사-정치형 초강대국은 국력의 기반인 대규모 군사력의 유지를 위해 막대한 경제적 자원을 소비하게 되고, 마침내 과다한 지출로 국민경제의 침하 및 경제적 탄력성의 둔화가 초래될 수 있다. 따라서 패권국가 및 군사-정치형 초강대국도 군사-정치형 국가전략의 틀 내에서 부를 추구하는 통상전략과 경제안전보장을 추구할 수 있다. 이 경우, 경제·군사·과학기술 등이 안전보장 차원에서 연계되어 종합안전보장전략으로 귀결되는 것이다.

경제대국의 경우, 한편에서는 정치대국을 지향한 비군사적 자원의 전략적 이용을 꾀하여 국제정책협조를 위한 글로벌 수준의 네트워크를 구축하고, 다른 한편에서는 경제력을 기반으로 정치적 파워를 증강하기 위한 일환으로서 경제-정치형 국가전략의 틀 내에서 군사력의 질적 증강을 도모하는 전략을 추구할 수 있다. 즉, 경제대국은 패권국가 또는 군사-정치형 초강대국과의 역할분담을 이행하는 데 비군사적 자원의 전략적 활용과 더불어 군사적 역할분담을 위한 군사적 수단의 양적·질적 강화를 꾀할 수 있고, 이 경우, 군사력의 증강은 자국의 방위능력의 강화수준이라는 군사안보적 차원을 넘어 패권국가 또는 군사-정치형 초강대국과의 역할분담이라는 군사-정치적 차원에서 추구될 수 있으며, 아울러 경제권의 안전보장이라는 명분 아래 정치대국을 지향하는 국가전략의 차원에서 이뤄질 수 있다.

군사-경제형 국가도 군사력·경제력·문화력·이데올로기 교육 등에 의한 안보능력의 증강과 함께 어느 정도 국가안보가 확보되면, 군사-경제형 국가전략의 틀 내에서 정경불가분에서 정경연계로 전술적 변화를 나타내면서 경제적 탄력성의 강화 및 국부의 획득을 위해 통상전략을 추구할 수 있다. 그리고 군사-정치형 국가, 또는 경제-정치형 국가가 정치대국으로의 성장을 지향하여 경제력 또는 군사력을 국가전략 차원에서 증강을 꾀할 경우, 국가전략 틀 내에서 전략의 질적 전환을 추구하거나, 군사-경제형 국가전략으로 전환을 추구할 수 있다.

요컨대, 국가전략은 국가를 둘러싼 환경의 동태적 변화에 적응하면서 국가의 생존 및 발전을 위해 인식되는 국익의 실현 및 국가목표의 달성을 추구하는 방안이므로, 물적 환경 및 국내외의 환경변화에 따른 생존기반의 변화, 국가의 전략수행능력의 변화 등에 의해 특성을 달리하며 유연하게 전개되는 것이고, 안보전략은 국가전략의 특성, 안보환경에 대한 인식·평가, 안보수단의 확보 등에 따라 전략적 특징이 달라질 수 있다.

제 2 장

전후 일본의 국가전략과 안보전략

1. 전후 일본의 국가전략과 안보전략의 개관 및 특징

전후 일본의 출발은 친미적인 '통상'형 국가였다. 즉, 일본은 자신의 존립기반을 구축하기 위하여 요시다〔吉田〕 노선에 따라 신중상주의(新重商主義)의 슬로건 아래 부의 게임을 추구하는 '통상'형 전략을 발전전략으로 택한 것이다.

국가전략으로서의 '통상'형 전략은 자족성의 추구를 그만두고 영토가 아닌 시장(원료시장 및 상품시장)의 점유를 추구한다는 점에서 '군사'전략이나 '군사-정치'전략과 다르며, 또 분업과 교역을 통한 국민경제의 발전을 도모하면서도 하나의 역할에 특화한다는 점에서 '경제-정치'전략과 다르다.

요컨대, '통상'형 전략은 교역을 통한 부의 획득에 최우선 가치를 두고 정경분리의 원칙하에서 대부분의 국가와 교역하여 시장점유를 확대시킴으로써 국가의 산업을 흥하게 하고 국력을 증강시키는 전략이다.

전후 일본은 그와 같은 '통상'형 전략을 국가전략으로 선택하고 경제대국을 국가목표로 삼아 그 실현을 위하여 매진하였다. 따라서 전후 일본에서 안보개념은 일본이 '통상'형 국가에서 경제대국으로 성장함에 따라 미일 안전보장체제를 근간으로 하는 전통적 군사안보뿐만 아니라 경제적 안보까지 중시하는 포괄적 개념으로 확대되었다.

전후 일본의 국가전략과 안보전략에 관해 개관해 보면, 국제환경의 변화 및 국력의 신장에 따른 단계별 특징은 다음과 같다.

1) 냉전시대의 국가전략과 안보전략

냉전시대 일본의 안보전략은 3단계로 나누어 볼 수 있다.

제1단계는 일본이 '통상'형 국가로 출발하면서 군사적·정치적 안보를 종합적으로 추구한 시기이다. 1957년 '국방의 기본방침'에는 군사적, 정치적 안보를 위한 포괄적 전략사고가 나타나 있다. 그것은 일본의 취약한 군사력을 비군사적 수단으로 보완하고 미일 안전보장체제를 활용하여 국가안보를 도모한다는 전략적 사고였다.

제2단계는 통상대국으로 대두하기 시작한 1960년대 말부터인데, 1973~1974년의 제1차 석유위기를 계기로 경제안전보장을 종합적으로 추구하려던 시기이다. 1960년대 말부터 1970년대 초반에 걸쳐 동서긴장이 일시적으로 완화됨에 따라 국제 군사·정치환경은 데탕트적 상황에 있었지만, 제1차 석유위기는 국제경제환경에 상당한 변화를 가져오게 했다. 따라서 일본은 제1차 석유위기를 '하늘이 일본국민에게 내린 경고'로 인식할 만큼 국가생존을 위협하는 경제적 위기로 받아들이고, 나아가 경제안전보장을 국가안보전략 차원에서 종합전략으로 추구하게 되었다.

제3단계는 1970년대 말부터 1990년의 걸프전까지 일본이 경제대국으로서 이른바 '종합안전보장전략'을 추구한 시기이다. 1979년 12월 소련의 아프가니스탄에 대한 군사적 개입을 계기로 국제안보환경이 신냉전적 상황으로 바뀌면서 일본의 종합안전보장전략은 전개되었다. 따라서 종합안전보장전략은 1980년대 초반의 신냉전적 상황에서 일본의 대외노선을 '전방위 외교'에서 '대미협조노선으로의 전진'으로 전환시키면서 미일 안전보장체제를 근간으로 하여 전개되었다. 일본의 종합안전보장전략이 전제로 한 국제환경에 대한 인식은 미국이 군사, 정치, 경제 면에서 상대적으로 쇠퇴함에 따라 국제시스템은 세계적 차원에서 변혁기를 맞이하게 되었다는 전환기적 인식이다. 이와 같은 전환기적 인식은 '미국에 의한 평화'의 시대에서 '책임분담에 의한 평화'의 시대로 변했다고 파악한 데 특징이 있다. 따라서 일본이 종합안전보장을 전개함에 따라 일본의 국가전략은 '경제-정치'형 전략으로 특징지을 수 있다. '경제-정치'형 전략은 국가의 기반이 강력한 경제력에 있는 국가의 경우, 그 경제력을 더욱더 강화하여 국가의 기반을 공고히 하면서, 다른 한편으로는 국제사회에서의 역할증대를 위하여 경제력을 바탕으로 대외적 영향력의 증대를 도모할 때 취해질 수 있는 전략이다. '경제-정치'형 전략에서는 경제력의 정치력에로의 전화(轉化)와 더불어 경제력에 의한 군사력의 질적 증강이 도모될 수 있다.

2) 탈냉전시대의 국가전략과 안보전략

1989년 동유럽에서 공산주의의 몰락에 이어 1991년 소련연방의 붕괴, 그리고 1990년에 발발한 걸프전과 미국주도의 전쟁 등은 냉전시기에 형성된 양극체제를 붕괴시키고 탈냉전시대의 도래와 더불어 다극체제를 형성하였다. 그리고 이와 같은 글로벌 차원의 역학구도의 변화는 국제안보환경에도 적지 않은 변화를 초래하였다.

탈냉전시대의 도래에 따른 국제환경의 변화, 세계질서의 다원화 및 국제사회의 다극화, 국제관계에서 경제력의 비중 증대에 따른 힘의 개념변화, 국제적 상호의존의 증대, 첨단기술의 혁신과 하이테크 전쟁의 도래 등의 변화와 더불어 안보환경도 안보영역의 확대와 더불어 변화를 나타내고 있다.

예컨대, 탈냉전시대의 전환기적 상황에서 안보환경은 전통적인 군사적 위협뿐만 아니라 국제테러리즘, 마약, 환경, 인권, 국제 조직범죄, 사이버 테러, 해적행위 등 초국가적·비군사적 위협이 다양하게 나타나고 있다. 특히, 9·11테러와 같이 무차별적 목표를 대상으로 시간·공간·수단의 구분 없이 가해지는 국제테러가 21세기의 새롭게 주목되는 안보위협요인으로 등장하고 있으며, 아울러 안보개념도 군사안보 이외에 경제안보, 환경안보 등 비군사적 분야의 안보를 포함하는 포괄적 안보개념으로 확대되고 있다.

따라서 일본은 이와 같은 국제질서 및 안보환경의 변화에 대응하기 위해 '경제-정치'형 국가전략의 질적 전환을 추구하였다. 즉, 경제력의 대외 전략적 활용과 더불어 첨단기술력 및 경제력을 바탕으로 군사력의 질적 증강을 추구하게 되었다. 특히, 정치변동기에 일본정치의 핵심세력으로 등장한 쇼와〔昭和〕세대의 전후 신보수세력이 '21세기 일본의 정치대국화'를 지향하여 국제사회에서의 군사적 역할의 확대를 추구하게 되면서, ① 자위대의 원거리 활동능력 등을 위한 군사력의 질적 증강과 같은 하드파워의 증강뿐만 아니라, ② 이를 법적·제도적으로 뒷받침하는 소프트 파워의 증강을 추구하였다.

신보수세력의 국가전략 및 안보전략은, ① 글로벌 차원(*global level*), ② 아시아·태평양지역 차원(*regional level*), ③ 국내적 차원(*domestic level*) 등으로 전개되는 다차원적 전략이다(〈표 6-2〉 참조).

다시 말해서 신보수세력의 국가전략 및 안보전략은 '21세기 국제지도국'을 지향하여 'UN중시 전략'과 '미일동맹 강화전략'을 두 축으로 하면서, ① 글로벌 차원에서는 경제력의 전략적 활용을 기반으로 UN 상임이사국으로의 진출을 꾀하는 한편, 세계 ODA 대국으로서 지구환경문제, 인간안전보장(*human security*) 문제 등 글로벌 정책이슈에 전략적으로 활동하고, ② 아시아·태평양지역 차원에서는 미일동맹을 미영동맹 수준으로 강화시키면서, 독자적 영역의 확대를 꾀하여 역내 지도국을 지향하며, ③ 국내적 차원에서는 경제력을 바탕으로 한 군사력의 질적 증강은 물론, 안보개혁 수준에서 유사법제의 정비, 정보기관의 강화, 총리의 리더십 및 내각의 위기관리능력 강화 등을 추구하는 것이다.

요컨대, 일본은 국제사회에서의 정치적 위상 및 영향력 제고를 지향하여 군사적 역할의 확대를 위한 하드파워 및 소프트 파워의 증강을 추구하면서 군사적 수단과 비군사적 수단의 적절한 상호보완 작용을 꾀하는 전략을 추구하는 것이다.

2. 일본의 종합안전보장전략

1) 종합안전보장전략의 연혁과 개념

(1) 종합안전보장전략의 연혁

'통상'형 국가로 출발하여 경제대국으로 발전한 전후 일본에서 안보의 개념은 전통적인 군사적 안보뿐만 아니라 경제적 안보를 중시하는 포괄적 개념이었다.

전후 일본의 종합안보 개념 및 그 전략의 연혁에 관하여 살펴보면, 1957년 '국방의 기본방침'의 책정 이후부터 일본에서는 종합적 안보전략을 추구하게 되었다고 일컫는다.[1] '국방의 기본방침'에는 군사적·정치적 안보를 위한 포괄적 전략사고가 나타나 있다. 그것은 일본의

1) 平和問題硏究會, 《國際國家日本の綜合安全保障政策》(東京: 大藏省, 1985), p. 68.

취약한 군사력을 비군사적 수단으로 보완하여 국가의 안보를 도모한다는 전략적 사고를 나타낸 것이다.

그리고 일본이 통상대국으로 대두하기 시작한 1960년대 말부터 국가의 안전보장을 군사적 안보뿐만 아니라 비군사적 영역의 안보로까지 확대해야 한다는 주장이 서서히 논의의 장에 나타나기 시작했다.

안보대상의 다양화를 추구해야 한다는 주장이 대두됨에 따라 1970년대 초반에 들어와서는 경제안전보장을 중시해야 한다는 주장이 집권당인 자민당의 정책요강을 통하여 나타나게 되었다. 즉, 자민당의 안전보장조사회는 1973년 7월 '일본의 안전보장정책'(わが國の安全保障政策)이라는 정책요강을 통하여 경제전반에 걸친 여러 정책들을 국가안전보장차원에서 수립할 것을 주장하고, 특히 국민경제와 국민생활의 안정을 위하여 자원, 에너지, 식량 공급확보의 중요성을 역설했다.

이와 같은 주장은 1973~1974년의 제 1차 석유위기를 맞이하면서 더욱 설득력을 갖게 되었고, 정책제언을 위한 연구를 본격적으로 하도록 하였다.

일본정부 산하의 싱크탱크인 종합연구개발기구(NIRA)의 '21세기 프로젝트'의 일환으로 노무라종합연구소(野村總合硏究所)는 1977년에 종합안보전략을 연구하여 2개의 정책제언 보고서를 작성·제출하였다. 즉, 노무라종합연구소는 종합안보전략을 위한 2개의 보고서 〈국제환경 및 일본의 경제·사회의 변화에 입각한 종합전략의 전개〉(國際環境およびわが國經濟·社會の變化をふまえた總合戰略の展開, 1977년 5월)와 〈국제환경의 변화와 일본의 대응〉(國際環境の變化と日本の對應, 1977년 12월)을 제출했다. 이 두 연구보고서는 '광의의 안전보장'과 '종합안보'라는 개념을 사용하여 일본의 포괄적 안보를 위한 전략을 제언하였다.

일본의 연구기관이 이와 같은 정책제언 보고서를 제출한 것은 일본경제가 제 1차 석유위기의 영향으로 고도성장에서 마이너스 성장으로

후퇴하면서 안정성장으로 전환함에 따라 자원과 에너지에 대한 위기감을 느끼면서 경제안전보장의 필요성과 이를 위한 종합대책수립의 중요성을 절실하게 인식하였기 때문이다.

일본사회에서 경제안전보장의 필요성이 널리 인식되는 가운데 종합안전보장이라는 개념은 중요성의 확산과 함께 정치의 장에서도 나타났다. 자민당은 1976년 12월 총선거에서 종합안보전략의 추진을 위한 국민적 합의의 도출을 지향하면서 선거공약으로 '종합안전보장 기반의 정비'를 제시하고 지지를 역설하였다. 이후 종합안전보장론은 자민당의 거물 정치인들에 의해 국가전략 차원에서 주장되었다. 주목되는 것은 1978년 5월 나카소네 야스히로〔中曾根康弘〕 당시 자민당 총무회장이 도쿄대학(東京大學)의 5월 축제의 한 토론회에서 행한 발언과 1978년 12월 오히라 마사요시〔大平正芳〕가 자민당의 새로운 총재로서 가진 기자회견 및 1979년 1월 첫 국회에서 행한 '시정방침 연설'이다.

나카소네 총무회장은 일본의 대전략으로서 종합적 안보전략을 추구해야 한다고 역설하였고, 오히라 총리는 자신의 통치철학으로서 종합안전보장론을 펼친 뒤 국가전략 차원에서 종합안보전략을 전개할 것을 주장하였다.

오히라 총리의 종합안전보장론은 그의 사후, 총리의 정책자문그룹인 '종합안전보장연구그룹'의 정책제언 연구보고서 〈종합안전보장전략〉(1980년 7월)을 통하여 구체적으로 나타났다. 즉, 오히라 총리가 종합안보전략을 일본의 안보를 위한 전략적 사고 및 국가안보전략으로 제시했다면, 정책제언 연구보고서 〈종합안전보장전략〉은 일본의 종합안전보장의 개념과 체계적인 전략 틀을 제시했다고 평가할 수 있다.

요컨대, 종합안보전략은 1957년 '국방의 기본방침'에서 안보전략의 기본적 사고로 제시된 후, 1973~1974년 제 1차 석유위기를 계기로 자원 및 에너지, 식량 등에 대한 중요성이 국가안보 차원에서 인식되면서 한층 부각되었고, 정치의 장에서 그 중요성이 강조되면서 오히라 총리에 의해 국가전략 차원으로 대두되었으며, 나아가 〈종합안전보장전략〉에 의해 체계적으로 제시된 것이다.

이는 일본에서 종합안보전략이 국가전략으로서 대두하기까지의 연혁이기도 한데, 이후 종합안보전략은 스즈키〔鈴木〕 정권을 거쳐 나카소네 정권에 의해 미일 안전보장체제의 강화와 함께 본격적이고도 적극적으로 추진되었다.

스즈키 정권은 오히라 정권을 계승하여 종합안전보장을 추구하였지만, 스즈키 정권의 종합안보정책은 비군사적 영역의 안전보장을 중시하였고, 수단에서도 비군사적 수단의 전략적 활용에 중점을 두었다.[2)]

그러므로 종합안보의 전략적 사고에 따라 군사적 수단과 비군사적 수단의 상호보완적 활용을 꾀하는 종합안보전략은 나카소네 정권의 등장과 함께 비로소 적극적으로 전개되었다. 특히, 나카소네 정권에서는 세계경제의 1할을 차지하는 경제대국으로서 종합안보전략을 추진하기 위하여, 나카소네 수상의 정책자문그룹인 평화문제연구회가 〈국제국가 일본의 종합안전보장정책〉(國際國家日本の綜合安全保障政策, 1984년 12월)이라는 정책제언 보고서를 작성했다.

일본의 종합안보전략에 관하여 논할 경우, 〈국제국가 일본의 종합안전보장정책〉은 노무라종합연구소의 두 보고서 〈국제환경 및 일본의 경제·사회의 변화에 입각한 종합전략의 전개〉(1977. 5) 및 〈국제환경의 변화와 일본의 대응〉(1977. 12)과 오히라 총리의 정책자문그룹의 정책제언 연구보고서 〈종합안전보장전략〉(1980. 7)과 함께 주요한 기본문헌이다.

2) Dennis. T. Yasutomo, *The Manner of Giving: Strategic Aid and Japanese Foreign Policy*(Lexington: Lexington Books, 1986).

(2) 종합안전보장의 개념과 전략 틀

일본에서 '종합안전보장'이라는 용어가 정치의 장에서 나타난 것은 앞에서 언급했듯이, 1976년 12월 총선거 때 자민당 선거공약을 통해서인데, 그것은 종합안보의 개념을 명확하게 제시했다기보다 1973~1974년의 제 1차 석유위기 이후 자원, 에너지, 식량 등의 공급확보의 중요성을 호소한 것이다.

즉, 일본에서 종합안전보장의 개념 및 전략 틀은 주요 연구보고서인 〈국제환경 및 일본의 경제·사회의 변화에 입각한 종합전략의 전개〉, 〈국제환경의 변화와 일본의 대응〉, 〈종합안전보장전략〉, 〈국제국가 일본의 종합안전보장정책〉 등을 통해서 구체적이고도 체계적으로 나타났다.

① 〈국제환경 및 일본의 경제·사회의 변화에 입각한 종합전략의 전개〉(1977.5)

노무라종합연구소의 연구보고서 〈국제환경 및 일본의 경제·사회의 변화에 입각한 종합전략의 전개〉에서는 안전보장의 개념을 '광의의 안전보장'과 '협의의 안전보장'으로 구분한 뒤, '광의의 안전보장' 개념을 종합안전보장의 개념으로 제시했다.

이 연구보고서에 따르면 '협의의 안전보장'은 군사적 위협에 대처하기 위해 주로 군사적 수단에 의존하는 방위노력을 의미하고, '광의의 안전보장'은 외부로부터 가해지는 모든 종류의 위협에 대처하기 위한 외교, 경제, 군사 등 광범한 분야에 걸친 국가적 노력을 의미한다. 즉, 전통적 안보개념인 '협의의 안전보장' 전략은 '광의의 안전보장'의 전략 틀 내에서 전개되는 것이다.

그리고 이 연구보고서는 안보문제에 관한 접근방법으로서 대처형, 억지형, 위기관리형, 군비관리형을 제시했는데, 그 가운데 위기관리형 접근이 '광의의 안전보장' 개념에 입각한 전략에 가까운 것이다. 왜

냐하면, 위기관리를 국가가 직면하는 여러 위협들을 관리가능한 수준으로 제어하기 위해 외교·경제·문화·정치·군사 등의 활동을 종합적으로 체계화한 것으로 정의하고 있기 때문이다.

이 정의에서 '여러 활동들의 종합적 체계화'는 종합안보전략을 추구하는 것을 의미하고, '관리가능한 수준에서 제어한다'는 전략적 사고는 적극적이고 능동적인 전략을 취할 것을 나타내는 것이다.

② 〈국제환경의 변화와 일본의 대응〉(1977.12)

〈국제환경 및 일본의 경제·사회의 변화에 입각한 종합전략의 전개〉(1977. 5)의 후편인 〈국제환경의 변화와 일본의 대응〉은 일본의 국가위상을 설정하고, 그러한 국가위상에 상응하는 안전보장의 개념과 전략 틀을 제시했다.

다시 말해, 〈국제환경의 변화와 일본의 대응〉에서는 일본의 국가위상을 통상국가로서의 경제대국으로 규정하고, 나아가 그와 같은 준(準) 대국에 적절한 안전보장의 개념으로서 '가치 있는 생활의 확보' 또는 '가치 있는 생존의 확보'를 위한 보험으로 제시하였다. 아울러 보험료를 종합안보를 위한 비용으로서 지불한다는 전략적 사고를 나타냈다. 이것은 전편의 〈국제환경 및 일본의 경제·사회의 변화에 입각한 종합전략의 전개〉에서 제시되었던 '광의의 안전보장' 개념에 입각하여 종합적 안보의 확보를 도모하기 위하여 보험료를 지불한다는 전략적 발상이다.

그리고 〈국제환경의 변화와 일본의 대응〉은 종합안보를 위한 비용으로서의 보험료 지불과 관련하여 〈표 2-1〉과 같은 6원칙을 제시하였다. ①의 공동부담의 원칙과 ③의 필요 최저한의 원칙은 국제사회에서 책임분담과 역할분담을 이행해야 하는 준대국 일본의 자세에 대하여 정책적 제언을 하는 것이다. ②의 다각 다중성의 원칙은 '가치 있는 생존'을 유지하는 데 군사력에 의한 전략의 한계성을 지적하고, 나아가 일본의 안보

〈표 2-1〉 보험료 지불의 6원칙

1. 공동부담의 원칙 2. 다각 다중성(多重性)의 원칙 3. 필요 최저한의 원칙 4. 유연한 교체의 원칙 5. 지불한 보험료의 포기를 각오하는 원칙 6. 일상성(日常性)의 원칙

대상이 다양하므로 그에 따른 전략도 다각적이고 다중적으로 전개되어야 한다는 것을 강조한 것이다. 즉, 일본형 종합안보전략의 특성을 단적으로 나타내는 것이다. ④의 유연한 교체의 원칙은 국제환경의 부단한 변화에 대응하는 유연한 전략적 자세를 강조한 것이고, ⑥의 일상성의 원칙은 사전 예방전략의 중요성을 역설한 것이다. 그리고 ⑤의 지불한 보험료의 포기를 각오하는 원칙은 국가가 '가치 있는 생존'을 위해서 만일의 경우 일어날 위험성에 대비하여 보험에 드는 것이므로, 위험이 발생하지 않을 경우에는 지불된 보험료를 그대로 떼일 수 있다는 것을 염두에 두고서 전략을 수립하고 전개할 것을 강조한 것이다. 이 때문에 필요 최저한의 원칙도 동시에 강조되는 것이다.

그리고 이와 같은 6원칙에 입각하여 종합안보를 위해 지불하는 보험료는 〈표 2-2〉에 나타난 바와 같이 자원관계 보험료와 대외관계 보험료로 구성되어 있다.

요컨대, 〈국제환경의 변화와 일본의 대응〉은 안전보장의 개념을 '가치 있는 생존'의 확보로 규정하였는데, '가치 있는 생존'은 주관적이며 추상적이므로, 동 보고서가 종합안전보장의 명확한 개념을 제시하였다고 평가하기 어렵다. 다만 전편인 〈국제환경 및 일본의 경제·사회의 변화에 입각한 종합전략의 전개〉에서 제시된 '광의의 안전보장' 노선에 입각하여 안전보장을 확보하기 위해 보험료를 지불해야 한다는

〈표 2-2〉 종합안전보장을 위한 비용의 틀

구분	비용
자원관계	에너지 · 원료 · 농산물의 비축비용
	에너지 · 원료 · 자원의 탐광 · 개발비용
	새로운 에너지의 대규모 기술개발비용
대외관계	방위비
	정부개발원조
	문화교류

출처: 野村總合研究所, 《國際環境の變化と日本の對應》(1977. 12), p. 148.

전략적 발상을 제시한 것으로 평가할 수 있다.

③ 〈종합안전보장전략〉(1980.7)

안전보장에 관한 종합적 사고는 1978년 5월 도쿄대학의 5월 축제에서 나카소네 야스히로 당시 총무회장의 연설에서 비교적 구체적으로 나타났다. 즉, 나카소네 총무회장은 "국가의 안전보장은 먼저 국민의 합의와 의욕을 기본으로 하고, 외교노력 · 경제협력 · 세계의 여론공작 · 자원정책 등의 종합적 구성에 의해 수립되는 것"이라고 자신의 종합안전보장관을 제시하면서, "자위대를 중심으로 하는 방위는 종합적으로 구성된 안전보장정책의 일부분"에 지나지 않으므로, 자위대의 증강에만 초점을 둔 좁은 의미의 안보적 사고를 탈피하여 종합적 안전보장의 탄력적 사고를 중시해야 할 것을 역설했으며, 나아가 "일본의 방위를 일본의 넓은 세계전략의 틀 속에서 정치, 경제, 과학, 기술, 공산권과 자유세계, 미 · 소 · 중 · 유럽, 발전도상국의 의도 등을 고려하면서 여러 가지 게임의 구성을 검토해야 하며, 정책적으로는 하드보다는 소프트를 중시해야 한다"고 강조했다.[3] 이처럼 나카소네 총리는 국가안보를 광의의 안전보장 개념 아래 종합적 전략으로 추구할 것을 주장하였고, 아울러 국가전략 수준의 대전략으로서 종합안보전략을 제시하였다.

종합안보전략이 국가전략으로서 제시된 것은 오히라 마사요시 총리에 의해서 이다. 오히라 마사요시는 1978년 12월 자민당의 새 총재로 선출된 직후 가진 기자회견에서 종합안전보장론은 “자신의 정치운영의 기본철학”이라고 강조한 뒤, 종합안전보장이라는 것은 군사력뿐만 아니라 경제력, 지식력, 정보력, 외교력, 정치력 등을 균형 있게 연계시켜 국가안보를 추구하는 것이라고 설명했다.

이처럼 종합안전보장론을 국가통치 차원에서 주창한 오히라 총리는 1979년 1월 총리로서 가진 첫 ‘국회시정연설’을 통해 일본의 안전보장에 관하여 다음과 같이 말했다.

> “일본의 평화와 안전을 확보하는 것은 정치의 최대 책무입니다. 따라서 절도 있는 방위력과 이를 보완하는 미일 안전보장조약에 의거한 미일 안전보장체제를 견지할 필요가 있습니다. 그러나 진정한 안전보장을 위해서는 방위력만으로 충분하지 않으므로 국제사회의 현실에 대한 냉철한 인식과 함께 내정 전반을 질서정연하면서도 활기 있게 운영해야 하고, 아울러 평화로운 국제환경을 조성하기 위한 외교 노력을 적극적으로 전개해야 합니다.”

즉, 오히라 총리는 국정 최고 지도자로서 정치의 책무에서 평화와 안전의 확보가 얼마나 중요한가를 역설하고, 나아가 일본의 안전보장을 위하여 미일 안전보장체제에 바탕을 둔 종합안보전략의 전개를 주장한 것이다.

오히라 총리의 이러한 뜻은 나중에 그의 정책연구회였던 ‘종합안전

---

3) 中曾根康弘、“わが總合安全保障論”, 《正論》(1978년 9월호).

보장연구그룹'에 의하여 체계적으로 구현되었다. 오히라 총리의 사후, 1980년 7월 이토 마사요시〔伊東正義〕 총리 임시대리에게 제출된 '종합안전보장연구그룹'의 〈종합안전보장전략〉에서는 안전보장정책의 종합적 성격을 분석하여 종합안전보장의 개념을 제시하고, 나아가 일본의 종합안전보장을 위한 6개 과제의 정책제언을 하였다.

〈종합안전보장전략〉(1980. 7)에서 제시한 안전보장의 개념은 "국민의 생활을 여러 가지 위협으로부터 지키기 위한 것"이라고 추상적으로 정의하고 있다. 이 정의는 위협을 여러 가지로 인식한다는 데 특징이 있다. 왜냐하면 안보전략을 수립하는 데 있어 위협을 어떻게 인식하고, 어떻게 평가할 것인가는 가장 기본적인 것인데, 위협을 여러 가지로 인식한다는 것은 여러 가지 위협에 대해서 지켜야 할 대상도 여러 가지임을 의미하고, 아울러 방법 및 지키는 수단도 여러 가지임을 나타내기 때문이다. 즉, 위협을 여러 가지로 인식한다는 것은 안보대상을 다양하게 생각하고, 따라서 안보수단도 다양하게 모색하겠다는 종합안보의 전략적 사고를 나타내는 것이다.

그러므로 〈종합안전보장전략〉에서 제시된 안보개념은 앞에서 언급한 노무라종합연구소의 두 연구보고서에서 제시된 개념과 비교해 볼 때, 전략적 사고에서는 기본적으로 유사하지만, 종합안보의 전략적 개념을 한 단계 높게 제시한 것이라고 평가할 수 있다.

그리고 〈종합안전보장전략〉은 안보전략을 3개의 차원 — 제 1차원의 국제환경의 전체적 개선노력, 제 2차원의 국제환경의 부분적 개선노력, 제 3차원의 자조노력 — 에서 전개할 것을 주장하고, 각 차원에서 전개되는 전략간에는 균형을 취할 것을 강조했다. 3개의 차원으로 이루어진 안보전략의 틀 속에서는 군사적 안보정책과 경제적 안보정책이 〈표 2-3〉 및 〈표 2-4〉와 같이 전개된다.

요컨대, 〈종합안전보장전략〉에서는 안보영역의 확대 및 안보대상의 다양화와 더불어 안보수단의 다각화를 주장하였고, 아울러 안보전략을 3개의 서로 다른 차원에서 상호보완적으로 전개해야 한다는 주장을 구체적으로 펼침으로써 안보전략의 종합성과 정합성을 강조했다.

이와 같은 안보개념과 전략 틀은 스즈키 정권과 나카소네 정권에서도 안보전략의 근간이 되었다.

〈표 2-3〉 종합안전보장을 위한 3개 차원의 노력과 협의의 안전보장정책

제 1차원의 노력: 보다 평화로운 국제체계의 창출
-국제협력 적이 될 수 있는 국가와의 협력, 즉 군비관리나 신뢰양성 조치.
제 2차원의 노력: 중간적 방책
-동맹 또는 정치이념이나 이익을 같이 하는 국가들과의 제휴.
제 3차원의 노력: 자조노력
-거부능력, 즉 기정사실이 간단하게 만들어지는 것을 방지하는 능력을 정비하고, 그 기반으로서 국가사회 전체의 거부능력을 함양. 말하자면 희생을 치르더라도 국가의 독자적 입장을 지키고자 하는 기개의 함양 등.

출처: 總合安全保障研究グループ, 〈總合安全保障戰略〉(1980년), pp. 23~24.

〈표 2-4〉 종합안전보장을 위한 3개 차원의 노력과 광의의 안전보장정책

제 1차원의 노력: 상호의존체계의 운영·유지
-자유무역체제의 유지, 남북문제의 해결.
제 2차원의 노력: 중간적 방책
-자국의 경제에 중요한 국가들과의 관계를 우호적으로 하는 것.
제 3차원의 노력: 자조노력
-비축, -어느 정도의 자급력, -기본적으로는 자국의 경제력을 유지하는 것, 즉 생산성과 수출경쟁력의 유지 등.

출처: 總合安全保障研究グループ, 위의 연구보고서, p. 24.

오히라 정권을 계승한 스즈키 정권은 경제안전보장에 중점을 두고 〈종합안전보장전략〉에서 제시된 안보전략 틀에 입각하여 경제안보전략을 수립하였다. 나카소네 정권 역시 국제환경의 변화에 대응하여 미일 안전보장체제를 강화하고, 일본의 국력에 상응하는 안보정책을 추진하기 위하여 〈종합안전보장전략〉에서 제시된 안보개념 및 전략 틀에 입각하여 안보정책을 적극적으로 추진하고자 했다.

④ 〈국제국가 일본의 종합안전보장정책〉

나카소네 정권에서는 나카소네 총리의 정치적 결단력과 안보전략관의 영향으로 종합안보전략이 활발하게 전개되었다. 앞에서 언급했듯이 나카소네 총리는 일찍이 자민당 총무회장 시절에 대전략으로서 종합안전보장전략을 주창한 바 있는데, 총리가 된 뒤 '국제국가 일본'의 건설을 제창하면서 정치대국의 길을 추구하였고, 정치대국화를 지향하는 종합안보전략에 따라 각종 정책들을 과감하게 추진하고자 하였다.

그리고 나카소네 총리로부터 정책제언을 요구받은 정책자문그룹인 '평화문제연구회'는 1984년 12월 〈국제국가 일본의 종합안전보장정책〉이라는 정책제언 보고서를 제출하였다.

〈국제국가 일본의 종합안전보장정책〉(1984. 12)은 〈종합안전보장전략〉(1980. 7)에서 제시된 기본개념 및 전략 틀을 바탕으로 국제환경의 변화와 일본의 국력이라는 관점에서 일본의 종합안보전략에 관하여 여러 가지 정책제언을 하였다. 동 보고서는 안보정책의 개념에 관해 "공존공생의 원칙에 따르면서 국가의 존립을 확립하는 정책"이라는 정의를 내렸다. 동 보고서가 안전보장정책의 개념정의에서 '공존공생의 원칙'을 강조한 것은 국제적 상호의존시대에 일본의 국력증강에 따른 책임분담 및 역할분담을 떠맡으면서 국제적 리더십의 분담 및 정치적 역할의 증대를 꾀하고, 이를 통하여 자국의 안보를 한층 확실하게 도모하기 위한 전략적 발상에서였다. 아울러 국제사회에서 책임분담 및 역할분담을 이행함으로써 정치적 영향력의 증대를 이룩하여 정치대국의 길을 지향하라는 정책제언을 하기 위한 것이기도 하다.

이상과 같이 볼 때 일본에서 종합안보를 위한 전략적 사고는 노무라 종합연구소의 두 연구보고서에서 기본적으로 제시되었다고 할 수 있지만, 국가전략적 차원에서 종합안보의 개념 및 전략 틀은 오히라 정권의 '종합안전보장연구그룹'의 연구보고서 〈종합안전보장전략〉(1980. 7)에서 체계적으로 제시되었다고 평가할 수 있고, 나아가 〈국제국가 일본의 종합안전보장정책〉(1984. 12)에서 국제환경의 변화와 일본의 국력에 상응하는 개념 및 전략으로 한층 현실화되었다고 지적할 수 있다.

2) 종합안보전략의 주요 내용

종합안보전략의 주요 내용을 파악하는 데는 먼저 일본에서 종합안보전략이 국가안보전략 차원으로 대두된 배경을 이해하는 것이 필요하다. 따라서 종합안전보장전략의 배경을 살펴보면서 종합안보전략의 주요 내용에 관해 분석하기로 한다.

(1) 종합안보전략의 배경

오히라 정권의 등장과 함께 국가전략 차원에서 종합안보전략이 대두된 것은 일본을 둘러싼 국제환경의 변화와 관계가 있다. 즉, 일본의 종합안보전략을 분석하는 데 있어 국제환경의 변화에 대한 일본의 인식을 살펴보는 것은 매우 중요한 일이다. 따라서 종합안보전략에 관한 주요 연구보고서의 분석·검토를 통하여 국제환경의 변화에 대한 일본의 인식에 관하여 살펴본다.

국제환경이 데탕트적 상황에 있었던 1970년대 중반의 연구보고서에서는 팍스·아메리카나의 종언이 다가오고 있음을 지적하고, 경제문제의 정치화와 함께 정치력과 경제력이 점점 복잡하게 얽히고 있음을 강조하였다. 〈국제환경 및 일본의 경제 · 사회의 변화에 입각한 종합 전략의 전개〉(1977. 5)에서는 〈표 2-5〉에서 나타나는 바와 같이 국제 경제환경이 역사적 변혁기에 있다는 전환기적 인식을 나타냈다. 즉, 1970년대 이후의 국제경제 시스템은 제 3세대의 변혁기에 있다는 것이다. 제 3세대의 국제경제질서라는 것은 1970년대부터 20세기 말에 이르는 시기에 형성되는 새로운 국제경제질서로서, 팍스 · 아메리카나로부터 미국이 중심이 된 미 · 일 · 유럽 3자의 리더십체제로 전환되는 가운데 고성장도상국들도 국제경제 시스템의 재편성에 참여하는 것을 의미한다.

〈국제환경의 변화와 일본의 대응〉(1977. 12)에서는 팍스 · 아메리카나에서 제 3세대의 국제경제 시스템으로 전환하는 변혁기에 국제적 상호의존은 더욱 증대되고, 다른 한편으로 국익추구의 민족주의 지향이

〈표 2-5〉 근대산업사회 이후의 국제경제 시스템의 변혁

제1세대	팍스 · 브리타니카 (*Pax-Britannica*)	1810년대 (제 1기)	영국을 중심으로 한 경제시스템에 유럽의 여러 국가들이 참가. 유럽경제체제의 형성.
		1870년대 (제 2기)	유럽경제체제에 미국이 참가. 구미경제체제의 형성. 영국이 금융자본형 국가로 전환.
제2세대	팍스 · 아메리카나 (*Pax-Americana*)	1920년대 이후	구미경제체제에서 영국경제가 침체하고 미국경제의 주도권이 강해지는 가운데 일본이 이 체제에 참가. 선진국경제체제의 형성.
제3세대	미국, 유럽, 일본의 복합적 리더십	1970년대 이후	선진국경제체제에서 서구경제(영국, 이탈리아)가 침체하는 가운데 고성장도상국(산유국 및 비산유도상국)이 참가.

출처: 野村總合硏究所, 〈國際環境およびわが國の經濟 · 社會の變化をふまえた總合戰略の展開〉(1977. 5), p. 48.

점점 강해진다고 분석하였다. 아울러 동 보고서는 그와 같은 국제환경의 변화로 정치력에 경제력이 복잡하게 얽혀 있고, 따라서 경제적 갈등이 정치적 분쟁으로 비화되고 있다고 우려하면서, 전환기의 미일관계에서도 안보문제에 통상문제가 복잡하게 얽히지 않도록 유의해야 한다고 제언하였다.

그리고 국제환경이 소련의 아프가니스탄에 대한 군사적 개입을 계기로 신냉전적 상황으로 바뀐 뒤 나온 1980년대의 정책연구보고서에서는 팍스·아메리카나의 종언이라는 명백한 인식과 함께 미국을 중심으로 하는 동맹체제의 재편성기에 일본은 서방의 일원으로서 그 국력에 상응하는 책임분담을 이행해야 하고, 아울러 그러한 책임분담 및 역할분담을 통해 국제사회에서 일본의 정치적 영향력을 증대해야 한다는 인식이 나타났다.

〈종합안전보장전략〉(1980. 7)에서는 국제환경의 변화에 대하여 '미국에 의한 평화'의 시대가 끝나고 각국의 협력을 바탕으로 유지·운영되는 '책임분담에 의한 평화'의 시대로 변했다고 지적하면서 팍스·아메리카나의 종언을 명백히 하였다. 즉, 1970년대에 들어오면서 미국의 명백한 우월이 군사·경제 면에서 끝나게 되었기 때문에 국제시스템은 미국과 그 동맹국들의 책임분담과 역할분담에 의해 유지·운영하게 되었다는 것이다.

이상과 같이 볼 때, 일본의 이른바 '종합안전보장전략'이 전제로 한 국제환경에 대한 인식은 미국이 군사·정치·경제 면에서 상대적으로 쇠퇴함에 따라, 국제시스템은 세계적 차원에서 변혁기를 맞이하게 되었다는 전환기적 인식이다. 즉, 일본의 '종합안전보장전략'이 전제로 한 국제환경에 대한 인식은 '미국에 의한 평화'의 시대에서 '책임분담에 의한 평화'의 시대로 변했다고 파악한 데 특징이 있다.

그와 같은 국제환경의 전환기적 변화가 일본에 주는 영향은 다음과 같다.

첫째, 경제적인 면을 보면, 1973~1974년의 제1차 석유위기와 1979~1980년의 제2차 석유위기를 계기로 석유문명이 침하하고, 나아가 1980년대에 들어오면서 IMF와 GATT체제를 근간으로 하는 전후 국제경제 시스템 그 자체가 흔들리게 되었다. 그러한 변화는 일본으로 하여금 경제안전보장을 국가안보 차원에서 종합전략으로 추구하도록 하였다. 즉, 일본은 제1차 석유위기를 '하늘이 일본국민에게 내린 경고'로 인식할 만큼 국가생존을 위협하는 경제적 위기로 받아들이고, 나아가 경제안전보장을 국가안보전략 차원에서 종합전략으로 추구하게 되었다.

둘째, 군사·정치적인 면을 보면 1960년대 말부터 1970년대 초반에 걸쳐 동서긴장이 일시적으로 완화되는 듯이 보였으나, 1979년 12월 소련의 아프가니스탄에 대한 군사적 개입을 계기로 동서관계는 일시에 악화되면서 신냉전적 상황으로 급변하였다. 그와 같은 국제정세의 신냉전적 상황으로서의 전환은 일본의 방위전략에 커다란 영향을 미쳐 일본은 미일 역할분담 및 일본의 전략적 역할을 수행할 수 있도록 방위력의 질적 증강을 이룩하게 되었다.[4] 그리고 '책임분담에 의한 평화'시대의 도래는 특히 일본으로 하여금 경제협력의 전략적 활용을 꾀하도록 하였고, 아울러 정부개발원조(*Official Development Assistant*: ODA)를 증대토록 하였다.

그러므로 일본이 국가전략 차원에서 종합안전보장을 추구하게 된 배경에 대해서는 다음과 같이 지적할 수 있다.

첫째, '통상국가', '자원소국' 일본이 국제경제질서의 전환기에 제1차 석유위기의 영향으로 자원, 에너지위기를 국가사활과 관련된 위기로 심각하게 인식하고, 따라서 자원과 에너지의 안정적 공급을 포함한

4) 1980년대의 일본 방위력의 질적 증강 및 방위전략에 관해서는, 배정호, "국제환경의 변화와 일본의 방위전략—1980년대 일본의 방위전략," 《한국정치학회보》 제26집 1호(1992) 참조.

경제 전반에 걸친 정책을 국가안전보장 차원에서 수립하여 시행하기 위한 것이다.

둘째, 경제대국으로서 일본이 팍스·아메리카나의 종언이라는 국제시스템의 전환기에 미국을 중심으로 한 동맹체제의 재편성에서 대미관계를 최우선시하고, 미국과의 책임분담을 이행하는 데 군사적 수단 및 비군사적 수단을 적절하게 활용하기 위한 것이다.

셋째, 궁극적으로는 일본이 경제력을 바탕으로 국제사회에서의 정치적 영향력의 증대를 추구하기 위한 것이다.

(2) 종합안보전략의 내용

종합안전보장에 관한 주요 연구보고서가 제언한 전략의 내용에 관한 분석을 통하여 종합안보전략의 내용에 관하여 살펴보기로 한다.

① 〈국제환경 및 일본의 경제·사회의 변화에 입각한 종합전략의 전개〉(1977.5)

〈국제환경 및 일본의 경제·사회의 변화에 입각한 종합전략의 전개〉에서는 일본의 국가위상을 세계적 수준에서는 중급국가이지만, 아시아·태평양지역에서는 대국이라고 규정하였다.

따라서 일본이 나아가야 할 국가목표로서 안전과 독립의 확보, 보다 바람직한 삶의 양식에 따른 생존, 국제적 책임의 자각에 의한 자기실현을 설정하였고, 이를 실현하기 위한 기본구상을 3개의 수준 — 개별정책분야에서의 정책전개, 기능적 접근에 의한 기본구상의 전개, 지역적 접근에 의한 기본구상의 전개 — 에서 전개되는 종합전략을 제시했다.

개별정책분야에서의 정책전개는 일본이 통상국가로서 그 기반을 강화하기 위하여 주로 에너지와 자원의 안정적 확보에 역점을 두고 전개되는 것을 의미한다. 기능적 접근에 의한 기본구상의 전개는 〈표 2-

6〉과 같은 기본적 기능을 설정한 뒤 그것의 하위개념인 개별분야의 정책을 체계화시키는 것을 의미한다. 지역적 접근에 의한 기본구상의 전개는 〈표 2-6〉의 기본적 기능이 보다 효과적으로 추진될 수 있도록 〈표 2-7〉과 같은 원칙에 따라 일본을 둘러싸고 있는 여러 지역을 분류시키는 것을 의미한다.

② **〈국제환경의 변화와 일본의 대응〉**(1977.12)

〈국제환경의 변화와 일본의 대응〉에서는 〈표 2-7〉에서 제시된 경제적, 정치적, 군사적 관점에서 비교적 적은 비용으로 일본의 발전을 의탁할 수 있는 지역으로서 태평양지역을 거론하고, 태평양경제협력구

〈표 2-6〉 기본적 기능

1. 21세기로 가는 도중에 예상되는 국제적 차원의 과도기적 혼란에 대한 대응.
2. 상호의존이 증대하고 점점 좁아지는 세계에서 살아가기 위한 국제적 협력.
3. 새로운 프론티어의 창조 혹은 새로운 국제시스템과 새로운 리더십의 형성에 기여.
4. 일본의 고립화와 일본에 대한 불신과 반감을 피하기 위한 대책.
5. 일본이 자기주장을 효과적으로 펼칠 수 있도록 대외교섭능력을 강화시키기 위한 대책.

출처: 野村總合研究所, 〈國際環境およびわが國の經濟・社會の變化をふまえた總合戰略の展開〉(1977.5), p.55.

〈표 2-7〉 지역적 접근을 위한 원칙

1. 일본의 안전과 안정을 의탁할 수 있는 지역.
2. 경제적, 정치적, 군사적 관점에서 비교적 적은 비용으로 일본의 발전을 의탁할 수 있는 지역.
3. 위험에 말려드는 것을 피해야 하고, 군사적으로는 물론 정치적, 경제적으로도 보다 한정되고 보다 신중한 관계를 가져야 하는 지역.

출처: 野村總合研究所, 위의 연구보고서, p.55.

상의 추진을 역설했다. 나아가 일본의 장기대책으로서 대서양경제협력권과 태평양경제협력권을 양 축으로 하는 세계질서의 형성을 구상할 것을 주장했다.

이와 같이 일본이 전략적 차원에서 태평양경제협력권의 형성을 중시하는 것은 오히라 총리의 정책연구보고서인 〈환태평양연대구상〉(1980)에서 다시 한번 확인되었다. 이것은 일본이 태평양지역에서의 영향력 증대를 세계전략의 전개를 위한 기반으로 삼겠다는 것을 나타낸다.

그리고 동 연구보고서는 〈표 2-2〉에서 제시한 종합안전보장을 위한 비용을 GNP의 1.6%(1975년)에서 약 3.0%(1985년)까지 증대하고, 석유를 1979~1980년경에는 100일분, 1985년경에는 120일분을 비축해야 한다고 제언했다. 또 〈표 2-6〉에서 기본적 기능의 하나로 제시된 일본의 대외교섭능력의 강화를 위해서는 고도의 기술개발력을 함양해야 한다고 역설했다. 즉, 군사력이 강한 것도 아니고, 정치적 교섭력도 약한 '자원소국' 일본에게 고도기술개발력의 보유 및 활용이야말로 국가전략의 중요한 수단으로서 여러 차원에서 대외교섭능력을 높일 수 있다는 것이다.

21세기 국제사회에서 기술민족주의가 강하게 대두하고 있고, 또한 첨단기술의 전략적 가치가 경제적, 군사적, 정치적 차원에서 매우 큰 것을 고려해 볼 때, 1970년대 중반에 일본에서 이미 과학·기술력을 전략적 차원에서 중시하는 정책제언이 나왔다는 것은 매우 주목되는 부분이다.

실제로 1980년대에 들어와서 나카소네 정권은 종합안보전략의 전개와 더불어 대미관계 개선을 위하여 일본의 고도기술력을 전략적으로 활용하였다. 일본은 21세기에는 첨단기술의 패권이 곧 세계패권으로 직결된다는 인식 아래 기술민족주의를 강력하게 지향하면서 기술혁신에 총력을 기울였다.

③ **〈종합안전보장전략〉**(1980.7)

〈종합안전보장전략〉은 팍스・아메리카나의 종언이라는 명백한 인식하에서 '미국에 의한 평화'의 시대에서 '책임분담에 의한 평화'의 시대로 전환하는 시기에 일본은 '경제대국=정치소국'의 틀을 벗어나 경제대국에 어울리는 정치적 자세를 취해야 한다고 제언하였다. 즉, 동 정책제언 보고서는 국제사회에서 일본의 정치적 역할 및 영향력의 강화・확대를 촉구하였으며, 아울러 이를 위하여 미국의 핵우산 아래서 거부력을 갖출 수 있도록 방위력을 정비하고, 경제협력을 전략적으로 활용할 것을 주장하였다.

동 정책제언 보고서에 따르면, 일본의 종합안보전략의 골격은 국제환경을 전체적으로 개선하는 제 1차원의 노력으로서 남북문제의 해결에 기여하도록 경제협력을 활용하고, 국제환경을 부분적으로 개선하는 제 2차원의 노력으로서 경제협력을 전략적으로 활용하여 일본에 정치적・경제적으로 중요한 국가들과의 관계를 우호적으로 유지하며, 아울러 아시아・태평양지역의 군비관리에서 일본이 주도권(*initiative*)을 쥔다는 전략적 의도 아래에서 자위력을 강화한다는 것이다.

그리고 동 정책제언 보고서에서는 종합안전보장과 대외전략이라는 관점에서 미일 안전보장체제가 일본의 종합안보전략의 기반이므로 미일관계를 가장 중요시할 것을 강조하였고, 경제협력을 활용하여 대중관계를 우호적으로 전개시켜 나가되 소련을 자극하여 대소관계가 악화되지 않도록 유의해야 한다고 제언하였다. 또, 일본의 경제안전보장을 중시하여 에너지, 자원, 식량의 안정적 공급확보를 주요한 안전보장 과제로 삼고, 이를 위한 전략은 〈표 2-4〉에서 제시된 바와 같이 제 1차원 및 제 2차원에서의 국제협력과 제 3차원의 자조노력을 균형 있게 상호보완적으로 전개해야 한다고 역설하였다. 나아가 안전보장정책의 종합성을 확보하기 위한 제도적 정비로서 형해화(形骸化) 되어 있는 국방회의를 대신하여 '국가안전보장회의'의 설립을 주장했다.

이것은 '경제－정치'형 국가전략 아래에서 전개되는 안보전략은 군사적 영역 및 비군사적 영역 모두를 안보대상으로 해야 하고, 따라서 군사적 수단과 더불어 비군사적 수단의 전략적 활용을 꾀해야 하므로, 이를 위한 제도적 장치가 정비되어 안보정책이 종합적이고 유기적으로 추진되어야 한다는 것을 주장한 것이다.

요컨대, 일본의 종합안보전략은 미일 안전보장체제를 근간으로 하여 정치적·군사적 안보를 도모하는 한편, 국력의 기반인 경제력을 전략적으로 활용하여 정치적 영향력의 증대를 꾀하며, 동시에 경제력의 기반을 강화하기 위한 경제안전보장을 정치적 영향력의 증대를 통하여 한층 강력하게 추구하는 전략이다.

3) 종합안보전략의 전개

종합안보를 위한 전략 제언은 일본의 국가안보정책에 적지 않게 반영되어 전개되었다. 특히, 탈냉전시대의 도래에 따른 안보환경의 변화로 안보영역 및 대상이 확대되고, 안보수단의 다양화·다각화가 도모되면서 포괄적 안보전략이 추구됨에 따라 일본도 종합안보의 전략적 사고를 바탕으로 21세기의 포괄적 안보전략을 추구하게 되었다.

특히, 종합안보 관련 주요 연구보고서의 전략 제언은 스즈키 정권과 나카소네 정권의 안보정책 및 대외정책에 구체적으로 반영되어 나타났다. 따라서 사례분석으로서 스즈키 정권 및 나카소네 정권의 종합안보전략의 전개에 관해 구체적으로 살펴보기로 한다.

(1) 스즈키 정권의 종합안보전략의 전개

1980년 7월 17일 오히라 정권에 이어 등장한 스즈키 정권은 오히라 정권의 종합안전보장 노선을 계승하였다.

스즈키 정권의 종합안전보장정책은 1980년 12월의 '종합안전보장각료회의' 설치와 1981년 1월의 정부개발원조(ODA)의 5개년 배증계획(倍增計劃) 설정에서 가시적으로 나타났다.

① 종합안전보장각료회의의 설치

종합안전보장각료회의는 국제환경의 변화 속에서 일본의 안전을 확보하고, 특히 경제·외교 등의 여러 정책을 국가안보의 관점에서 종합성과 정합성을 확보하기 위하여 관계행정기관의 조정의 장으로서 설치되었다.

종합안전보장각료회의는 국방회의를 그대로 존속시킨 채 설치되었는데, 관계각료들 뿐만 아니라 총리도 항상 참석하고, 집권여당인 자민당의 간사장, 총무회장, 정무조사회장도 수시로 참석하는 장이었으며, 또 국가안보라는 관점에서 각 부처(省廳)의 시책들을 조정하기 위하여 자유로운 토의를 벌이는 장이었다.

종합안전보장각료회의의 설치에 관해서, 노무라연구소의 〈국제환경 및 일본의 경제·사회의 변화에 입각한 종합전략의 전개〉(1977. 5) 및 오히라 총리의 정책자문연구그룹의 〈종합안전보장전략〉(1980. 7)의 정책제언이 반영되었다고 평가할 수 있다.

그러나 스즈키 정권의 종합안전보장각료회의에서는 일본의 외교정책과 방위정책을 결정적으로 좌우하는 토의는 보이지 않았고, 주로 비군사적 측면을 다루는 한계를 나타냈다. 다만 정부 여당 내에 종합안보의 전략적 사고가 확산되는 데 크게 기여하였다.

② 정부개발원조(ODA)의 5개년 배증계획 설정

스즈키 총리의 안보전략적 사고는 비군사적 안보수단의 전략적 활용을 중시하였고, 따라서 군사적 안보협력의 비군사적 수단으로의 대체를 꾀하면서 그 색채를 완화하려는 성향이었다. 이는 국제환경의 개선을 위해 경제협력의 전략적 활용을 주장한 〈종합안전보장전략〉(1908. 7) 의 정책제언을 참고로 한 것이기도 하다.

1980년도 외교청서인 《일본외교의 근황》(1980) 에서는 넓은 의미의 안전보장을 확보하기 위해 일본은 독자적 입장에서 경제원조의 강화를 역설하였고, '경제협력의 이념'(1980) 은 ODA를 일본의 종합안보를 확보하기 위한 국제질서의 구축비용으로서 전략적으로 지불할 것을 제언하였다.

그러므로 스즈키 정권은 종합안보전략노선에 따라 경제협력을 전략적으로 활용하고, 경제협력을 일본 외교정책의 주요 수단[5]으로 삼기 위한 전략적 의도에서 1981년 1월 ODA의 제 2차 중기목표로서 총액을 213. 6억 달러 이상으로 증대시키는 5개년 배증계획을 설정하였다.

③ 스즈키 총리의 종합안보노선과 '레이건 · 스즈키 공동성명'

스즈키 총리의 비군사적 안보수단의 전략적 활용을 중시하는 전략적 사고는 1981년 5월에 발표된 '레이건 · 스즈키 공동성명'을 통해서도 명백히 나타났다.

1981년 5월 취임 후 처음으로 미국을 방문한 스즈키 총리는 레이건 대통령과의 정상회담을 가진 뒤 16개 항목으로 구성된 공동선언을 발표하였다.

'레이건 · 스즈키 공동성명'을 안보적 관점에서 분석하면, 미일관계의 동맹규정과 미일의 역할분담, 일본 외교정책의 글로벌화 및 전략원

---

5) Dennis T. Yasutomo, *op. cit.*, p. 46.

조정책의 기본적 지침 등이 나타난 것이 특징이다. 즉, '레이건 · 스즈키 공동성명'은 일본이 미일동맹체제 아래에서의 역할분담과 아시아에서의 적극적 역할을 전개할 것임을 명백히 하였고, 태국 · 파키스탄 · 터키 이른바 '분쟁 주변국'에 대해 지원하는 전략원조의 수준을 넘어 세계평화와 안정의 유지를 위해 '중요한 지역'에 지원하는 경제원조를 강화할 것임을 명확하게 나타냈다.

그러나 스즈키 총리의 군사협력을 비군사적 수단으로 대체하면서 그 색채를 완화하려는 안보적 사고는 미일동맹의 성격 · 의미 등을 둘러싼 파문을 초래하였다.

미일 정상회담 직후 스즈키 총리는 내셔널프레스 클럽에서 "새로운 미일관계와 일본의 역할"에 관해 연설하고, 이어 질의응답에서 '일본의 전략적 역할과 SEA LANE 방위'와 관련하여 일본 주변의 1,000 해리 'SEA LANE 방위'를 명백히 하였는데, 일본 기자단과의 회견에서는 미일동맹의 군사적 협력의 성격을 부정하는 발언을 하였다.[6] 이에 대해 자민당의 외교조사회장 · 국방부회 부회장 등은 스즈키 총리를 강하게 비판하였고, 외무장관 · 차관도 스즈키 총리와는 달리 국회답변에서 미일동맹의 군사적 협력의 성격을 강조하였다. 즉, 스즈키 총리의 안보적 사고는 미국의 일본에 대한 불신 초래는 물론 국내 안보갈등을 초래하면서 정치적 파문을 야기하였다.

(2) 나카소네 정권의 종합안보전략의 전개

1982년 11월 스즈키 정권을 계승하여 등장한 나카소네 총리는 스즈키 총리의 미일동맹 파문 발언에 의한 미국의 대일 불신을 극복하고, 나아가 미일 경제마찰에 안보마찰이 겹쳐 미일관계가 복잡하게 얽혀 악화되는 것을 피하기 위하여 미일관계의 신뢰회복 및 미일동맹의 강

---

6) 宇治敏彦, 《鈴木政權 八六三日》(東京: 行政問題硏究所, 1983).

화와 더불어 종합안보전략을 적극적으로 전개하고자 하였다.

그리고 나카소네 총리의 정책자문그룹인 평화연구회는 국제환경의 변화에 유연하게 대응하면서 세계경제의 1할을 차지하는 국력에 걸맞은 국제적 역할을 수행하기 위해서는, 새로운 관점에서 종합안보정책의 추진이 필요하다는 문제의식 아래, 안보전략·정책제언을 위한 보고서 〈국제국가 일본의 종합안전보장전략〉을 작성·제출하였다.

① 대미관계의 신뢰회복을 위한 전략적 사전조치

스즈키 총리의 미일동맹의 군사적 성격 부정발언으로 미일관계가 '신뢰성의 위기'에 놓인 상황에 등장한 나카소네 정권은 미일관계의 신뢰회복 및 강화를 외교의 최우선 과제로 삼았다.

따라서 나카소네 총리는 1982년 12월 첫 국회연설 및 소신표명 연설을 통하여 일본의 안전보장 기본자세와 관련하여 미일 안전보장체제의 유지 아래 자력방위를 위해 필요한 질 높은 방위력을 정비할 것임을 언급하였고, 종합안전보장의 관점에서 자유무역의 발전, 자원·에너지 및 식량의 안정적 확보, 경제협력의 확충 등을 재차 역설하였으며, 미국의 존재를 정치·경제 등 광범한 분야에서 가장 중요한 일본의 파트너임을 강조하였다. 즉, 일본은 일본경제의 미국시장에 대한 의존도뿐만 아니라, 서방진영의 일원으로서 일본의 대외전략 및 종합안보전략을 미일 안전보장체제를 근간으로 전개하기 때문에, 대미관계의 신뢰성 위기의 극복 및 미일동맹의 강화는 매우 중요한 외교안보의 과제였다.

따라서 일본정부는 나카소네 총리의 1983년 1월의 방미를 앞두고 미일관계의 신뢰회복을 위한 전략적 사전 포석을 취했다. 즉, 나카소네 정권은 신뢰성의 위기상황에 있는 미일관계를 정상화시키기 위해 종합안전보장적 전략사고에 따른 경제력의 전략적 활용을 통해 대미관계의 개선을 지향하였고, 따라서 스즈키 정권이 미해결 과제로 남긴 한국에 대한 안보경제원조의 지원, 미국에 대한 군사기술 제공의 예외적 인정, 1983년도 방위비의 6.5% 증액 등을 사전 포석으로서 전략적 조치를 취하였다.

가. 대한 40억 달러 원조의 결정

국가예산의 3분의 1을 국방비로 지출하는 한국은 일본열도의 방파제 역할을 하고 있고, 한국의 안보는 일본의 안보에 직결된다는 인식 아래, 1981년 6월에 방한한 아베 신타로〔安倍晋太郎〕 자민당 정무조사회장에게 '안보경제원조'라는 명분 아래 100억 달러의 원조를 요청하였다. 나아가 같은 해 8월의 외무장관회담 및 9월의 한일각료회의에서 60억 달러의 공공차관(엔차관 35억 달러, 상품차관 25억 달러)을 공식으로 요청하였다. 그 결과, 1982년 6월에 한일 간에는 40억 달러 수준에서 타협이 이루어졌다.

그러나 원조정책의 군사적 색채를 약화시켜려 했던 스즈키 정권은 대한원조의 실행에 주저하였고, 게다가 1982년 7, 8월에 야기된 역사왜곡 교과서 문제로 한일관계가 불편해져 최종합의가 어려워짐에 따라 대한안보경제원조의 집행은 보류되었다. 이에 대해 데니스 야스토모(Dennis Yasutomo)는 '종합안보전략과 경제력의 전략적 활용'이라는 전략적 사고가 대외정책의 전개에 아직 현실적으로 제대로 투영되지 않고 있고, 게다가 구체적 실행방법조차 강구되지 않은 상태에서 한국이 전략원조 지원을 요청했기 때문에 실행이 보류되었다고 지적하였다.[7]

따라서 대한안보경제원조는 미해결 정책과제로서 나카소네 정권으로 넘어왔고, 나카소네 정권은 대미관계 개선을 위한 일환으로서 이를 전략적으로 추진하게 되었다.

당시 이토추〔伊藤忠〕상사 상담역이었던 세지마 류조〔瀬島龍三〕가

7) Dennis T. Yasutomo, *op. cit.*, p. 54.

나카소네 총리의 의뢰로 다케시타 노보루〔竹下登〕 재무장관과 아베 신타로 외무장관의 지원 아래 한국 측과 재차 교섭하게 되었고, 그 결과 나카소네 총리의 방미 직전인 1983년 11월 서울에서 열린 한일정상회담에서 총액 40억 달러의 7년 분할 엔(円)차관이 합의·도출되었다.

이 엔차관은 경제원조를 위한 정식문건을 교환하지 않고, 한일 양국 수뇌간의 양해사항으로 실행되는 것이었으며, 아울러 연도별 예산에서 틀(*framework*)을 확보하여 '대상(對象) 프로젝트' 형식으로 실행되는 것이었다.

나. 무기기술의 대미 제공

1981년 6월에 워싱턴을 방문한 스즈키 정권 시절의 오무라 조지〔大村襄治〕 방위청장관은 와인버그 미 국방장관으로부터 무기기술의 대미 제공을 요청받고, 이에 "전향적으로 검토하겠다"는 취지로 답변했다. 이후 미국은 일본에 대해 무기기술의 제공을 계속 요구하였다.

그러나 일본정부는 1967년 4월 사토〔佐藤〕 내각이 〈표 2-8〉과 같은 '무기수출 3원칙'을 표방하였고, 나아가 1976년 2월에는 미키〔三木〕 내각이 〈표 2-9〉와 같은 '무기수출에 관한 정부방침'을 정하여 무기수출을 엄중하게 규제했기 때문에 대미 무기기술 제공은 간단한 문제가 아니었다.

그러므로 스즈키 내각에서는 대미 무기기술 제공문제를 둘러싸고 외무성·방위청 대 통산성·내각법제국의 대립이 계속되면서 교착상태에 빠지게 되었다. 즉, 스즈키 내각에서는 미일동맹 관계의 군사적 의미를 둘러싼 파문과 더불어 대미 무기기술 제공문제는 해결되지 못했다. 더욱이 미국의 일본에 대한 불신이 심화됨에 따라 미일관계는 신뢰성의 위기에 빠지게 되었다.

스즈키 내각을 이은 나카소네 내각으로서는 미일 관계개선 및 신뢰성의 회복을 위하여 노력하지 않으면 안 되었고, 아울러 미해결 상태에 있는 대미 무기기술 제공문제도 하루빨리 해결해야만 했다. 따라서 나카소네 내각은 대미 무기기술 제공을 정치외교적 차원에서 전략적으로 활용하여 대미관계 개선을 도모하게 되었다.

일본의 내각관방장관은 나카소네 수상의 방미 직전인 1983년 1월 14일 "대미 무기수출 제공에 관하여"라는 담화에서 미일 안전보장체제의 효과적 운용을 확보하기 위하여 방위분야에서 미국과의 기술 상호교류를 도모하는 것이 얼마나 중요한가를 역설하였다. 나아가 미국의 요청에 따라 상호교류의 일환으로서 미국에 무기기술을 제공하는데, 대미 무기기술 제공은 무기수출 3원칙에 의하지 않고 미일 상호방위원조협정의 관련규정에 의하여 실시한다는 정부방침을 표명하였다.

나카소네 내각은 수상의 취임 후 첫 방미를 앞두고 상호불신관계에

〈표 2-8〉 무기수출 3원칙

다음의 세 경우에는 무기수출을 원칙적으로 인정하지 않는다. 1. 공산권 국가 2. UN결의에 의해 무기 등의 수출이 금지된 국가 3. 국제분쟁당사국 또는 국제분쟁의 위험성이 높은 국가

〈표 2-9〉 무기수출에 관한 정부방침

무기수출에 관해서는 평화국가인 일본의 입장에서 무기수출에 의한 국제분쟁 등을 조장하는 것을 회피하기 위해, 정부로서는 과거부터 신중하게 대처하고 있고, 앞으로도 다음의 방침에 따라 처리하며, 아울러 무기수출을 촉진하지는 않는다. 1. 무기수출 3원칙 대상지역에 대해서는 무기수출을 인정하지 않는다. 2. 무기수출 3원칙 대상지역에 대해서는 헌법과 외국환 및 외국무역관리법의 정신에 따라서 무기수출에 대해서 분노한다. 3. 무기제조관련 설비(수출무역관리법 별표 제1의 제86항 등)의 수출에 관해서는 무기에 준해서 취급한다.

있는 미일관계를 개선하여 신뢰성을 회복하기 위해서 무기수출 3원칙에 미국만을 예외로 인정하는 조치를 취하였는데, 이는 정치외교적 차원에서 일본의 기술력을 전략적으로 활용한 것이다.

일본에 무기기술의 제공을 요청한 미국은 특히 양용성을 가진 일본의 첨단기술에 높은 관심을 나타냈다. 1983년 11월 방일한 미국 방위산업단체의 조사단은 보고서를 통하여 주목할 만한 일본의 양용기술로서 〈표 2-10〉에서 제시하는 기술들을 지적했다. 이것은 미일 무기기술의 상호교류가 더욱더 활발하게 전개될 것을 시사하는 것이다.

요컨대 미국 방위산업의 일본 첨단기술에 대한 의존도가 심화될수록[8)]

〈표 2-10〉 미국이 주목할 만한 일본의 양용성 첨단기술

1	가리움·히소 소자	9	광전소자(光電素子)
2	마이크로 집적회로	10	평면표시장치
3	광파이버 통신	11	세라믹스
4	밀리파	12	복합재료
5	엑스선 리소그래피	13	내열재료
6	화상인식	14	로켓추진
7	음성인식·번역	15	CAD(컴퓨터를 이용한 설계)
8	인공지능	16	생산기술(로켓기술, 메가트로닉스 포함)

8) 1988년판 미 국방성 보고에 따르면 미국의 대표적 공대공미사일의 핵심부품 16가지는 일본에 의존하고 있는데, 만일 일본으로부터 공급이 중단될 경우 미국 국내에서의 자급은 18개월 이내에 불가능하다고 한다. 또 이시하라 신타로〔石源愼太郎〕의 《斷固'No'と言える日本》에서는 미국의 현대병기에 사용되는 반도체 가운데는 외국제품이 93종류인데, 그 중에 한 종류는 이탈리아 제품이고 92종류는 일본제품이라고 지적하고 있다. 이와 같은 사실은 미국 방위산업의 일본 첨단기술에 대한 의존상황을 나타내 주는 단적인 예이다.

일본은 대미관계에서 첨단기술의 전략적 활용의 효용도를 높일 수 있으며, 아울러 입지강화도 도모할 수 있을 것이다.[9]

② 종합안전보장과 '미일 공동운명체' 노선

나카소네 총리는 위에서 언급한 대한안보경제원조 40억 달러의 결정, 무기기술 대미 제공의 예외적 인정 등 미국과의 신뢰회복을 위한 사전 포석을 전략적으로 둔 후, 1983년 1월 17일 미국을 방문하였다.

레이건 미 대통령은 미일 정상회담에서 일본의 전략적 의도대로 나카소네 총리의 대한안보경제원조의 결정 및 한국방문 성과, 예외적인 대미 무기기술 제공의 인정을 위해 내린 결단 등에 대해 높이 평가하였고, 따라서 나카소네 총리는 방미 최대의 과제인 미일관계의 신뢰회복 및 굳건한 미일동맹의 재확인 등을 해결할 수 있게 되었다.

나아가 나카소네 총리는 전체 회담에서 미일은 태평양을 사이에 둔 운명공동체(*a common destiny*)의 동맹[10]이라고 언급하면서 미일관계의 강화를 위한 강한 의지를 상징적으로 표출하기도 하였다(〈표 2-11〉 참조).

아울러 나카소네 총리는 《워싱턴포스트》(*Washington Post*) 지와의 회견에서 일본열도는 소련의 백파이어 폭격기에 대비한 '불침항모'(*unsinkable aircraft carrier*)로서, 소련의 잠수함에 대비한 4해협 방위를 수행하며, SEA LANE 방위를 전개할 것이라고 언급하면서, 미일동맹의 의미에 군사적 성격이 포함되어 있음을 명백히 하였다.[11]

---

9) 미국의 방위산업이 일본의 첨단기술에 의존하는 사실을 통하여 일본의 입장을 강화하려는 전략적 사고는 이시하라 신타로의 《Noと言える日本》(光文社, 1989), 《斷固'No'と言える日本》(光文社, 1991) 등에 잘 나타나 있다.

10) 《朝日新聞》, 1983. 1. 19.

11) *The Washington Post*, 1983. 1. 19 및 《朝日新聞》, 1983. 1. 20.

요컨대, 나카소네 총리는 미일 공동운명체 노선과 함께 일본열도 불침항모를 전략적으로 표명함으로써 미일관계의 신뢰성 회복 및 굳건한 동맹관계를 구축하고자 하였고, 대소 서방 측의 결속을 강화하기 위해 일본의 역할 및 책임을 다하고자 하는 일본의 대외전략노선을 가시화하고자 하였다. 이와 같은 나카소네 총리의 미일 공동운명체 및 일본열도의 불침항모화 노선은 소련을 자극하면서, 일본 국내에서 야당의

〈표 2-11〉 미일 정상회담에서 정의된 미일관계

(공동성명 및 회담에서의 발언)

1957년 6월	아이젠 하워-기시 정상회담 "공통의 이익과 신뢰를 기초로 하는 미일 신시대"
1965년 1월	존슨-사토 정상회담 "공통의 신조와 목적을 바탕으로 하는 동맹관계"
1973년 8월	닉슨-다나카 정상회담 "공통의 정치이념과 상호의존에 기반을 둔 영속적 성격을 지닌 우호협력관계"
1975년 8월	포드-미키 정상회담 "성숙한 호혜적 및 보완적 관계"
1977년 3월	카터-후쿠다 정상회담 "우호와 신뢰로 맺어진 긴밀한 협조관계"
1979년 5월	카터-오히라 정상회담 "결실이 풍부한 파트너십"
1980년 5월	카터-오히라 정상회담 "방위력 정비는 동맹국으로서 진지하게 검토하고", "곤란한 상황에 있는 미국과 일본은 함께 어려움을 같이한다(共存共苦)"
1981년 5월	레이건-스즈키 정상회담 "미일동맹관계는 공존하는 가치 위에 구축되어 있다"
1983년 1월	레이건-나카소네 정상회담 "미일은 태평양을 사이에 둔 운명공동체"

출처: 《朝日新聞》, 1983. 1. 19.

강한 비판과 더불어 파문을 일으켰다. 즉, 소련의 《타스》(*Tass*)통신은 소련의 백파이어 폭격기를 겨냥한 일본열도의 불침항모화는 소련의 보복공격에 일본이 표적이 될 수 있다고 경고하였다.[12] 일본 국내의 야당들은 미국의 전략에 너무 지나치게 깊이 빠져든다고 비판하였고, 아울러 소련을 자극함과 더불어 소련, 중국 등과의 우호관계에 악영향을 미칠 것에 우려를 표명했다.[13]

③ 〈국제국가 일본의 종합안전보장전략〉(1984.12)의 정책제언

나카소네 총리의 정책자문그룹인 평화연구회는 국력·국제정세에 상응하는 국제적 역할을 수행하기 위해서는, 새로운 관점에서 종합안보정책의 추진이 필요하다는 문제의식 아래, 안보전략·정책제언을 위한 보고서 〈국제국가 일본의 종합안전보장전략〉을 작성·제출하였다.

동 보고서는 1970년대 이후 국제환경의 중요한 변화에 관해 미소간에 거의 대등한 균등의 출현, 미국의 지도적 역할의 감소와 국제경제체제의 동요, 국제체제의 다각화 경향, 환태평양시대의 징후 등으로 파악하였고, 이와 같은 분석을 바탕으로 일본의 기본원칙으로서 군비의 자제(自制)원칙: 비핵·평화주의 원칙, 국제경제협력·교류에의 공헌을 중시하는 원칙, 종합안전보장의 원칙, 미일 협력원칙의 견지 등을 제언하였으며, 나아가 일본의 전략적 고려사항으로서 정치적 역할의 증대 및 경제적 행동의 정치적 관점에서의 고찰, 경제적 역할의 활성화 및 자본공급국의 관점에서 국제경제체제의 유지·운영을 위한 비용부담, 안전보장상의 자조노력 강화 등을 제시하였다. 즉, 동 보고서에서, ① 국제경제협력·교류에의 공헌을 중시하는 원칙과 더불어 경제적 행동의 정치적 관점에서의 고찰, 경제적 역할의 활성화 및 자본공급국의 관점에서 국제경제체제의 유지·운영을 위한 비용부담 등

12) *The Washington Post*, 1983. 1. 20.
13) 《朝日新聞》, 1983. 1. 20.

을 제언한 것은 경제대국으로서 '경제-정치'형 국가전략 아래 종합안보전략을 전개하기 위하여 경제적 수단의 정치전략적 활용을 추구하기 위한 것이고, ② 군비의 자제(自制)원칙과 안전보장상의 자조노력 강화를 제언한 것은 군사적 수단과 비군사적 수단의 상호보완적인 전략적 활용에 의한 안보능력의 강화를 도모하기 위한 것이며, ③ 종합안전보장의 원칙 및 미일 협력원칙의 견지를 제언한 것은 미일 안전보장체제를 근간으로 한 종합안보전략의 추진을 꾀하기 위한 것이다.

이처럼 동 보고서가 국제상황의 변화와 국력의 증대를 전략구상의 전제로 염두에 두고, 국제국가 일본의 역할확대와 관련하여 정치적 역할의 증대 및 전략적 차원의 경제적 행동을 강조한 것은, 이전의 전략·정책보고서에서 제시되지 않은 특징이기도 하다.

동 보고서는 국력의 증대에 상응한 일본의 정치적 역할확대를 위해 추구해야 할 원칙과 과제를 〈표 2-12〉와 같이 예시하였다. 즉, 동 보고서는 일본이 국력의 증대에 상응해서 다각적 경영시대의 글로벌 정책결정에 공헌하게 되었다고 역설하고, 동서관계의 안정화를 위한 새로운 노력을 포함하여 다각적 경영에 적극적으로 참가하는 것이 중요한 과제가 되었다고 강조하면서, 정치적 역할의 확대를 위한 원칙과 과제를 제시한 것이다.

그리고 동 보고서는 정치적 역할의 확대와 더불어 경제적 역할의 강화를 위하여 자본공급국 및 첨단기술 보유국으로서 적절한 행동을 취할 것을 주장하면서, 특히 '자원소국' 일본에서 에너지는 경제·사회의 존립 및 발전의 기반이고, 따라서 에너지의 확보는 안전보장을 위해 사활적으로 중요하다고 강조하였으며, 국제정치에서 하이테크 경쟁의 중요성을 제기하였다. 동 보고서가 하이테크의 전략적 가치에 관해 언급한 것은 매우 주목되는 부분인데, 하이테크는 민생용 및 군사용의 양용성을 지닌 기술로서 전환기에 있는 산업경제사회의 발전뿐만 아니라, 무기의 혁신에도 커다란 영향을 줄 수 있으므로, 정치·경제·군

〈표 2-12〉 일본의 정치적 역할확대를 위해 추구해야 할 원칙과 과제의 예시

1. 미일관계를 기축으로 하는 것은 금후에도 원칙으로 한다. 2. 군비관리 및 핵군축을 위한 조건마련에 노력한다. 3. 다각적 경영시대에 대응하기 위해 다른 파트너를 구하는 것에서 정치적 역할을 강화한다. 4. 아시아·태평양지역의 안정과 발전을 위한 노력은 매우 중요하다. 5. 개발도상국의 발전을 위해 노력을 아끼지 않는다.

사적 차원에서의 전략적 가치가 매우 크기 때문이다.

나아가 동 보고서는 군사력의 증강과 군사적 노력의 강화에 관해 언급하였다. 동 보고서는 종합안전보장은 외교·경제·방위 등 여러 수단의 종합적 구사에 의해 안전보장을 꾀하는 것이지만, 여러 안보수단 간에 보완성은 있어도 어느 한 수단으로 다른 수단을 직접적으로 대체할 수 없다는 것을 역설하면서, 방위기능 면의 독자성 및 방위노력의 불가결성을 주장했다.

동 보고서는 국제안보환경의 변화 및 일본의 국력에 상응하는 방위노력의 강화로서 '방위계획대강'의 검토 및 방위비 1% 틀의 철폐, 미국과의 임무분담 및 SEA LANE 방위, 첨단기술의 활용에 의한 방위력 정비 등을 제시했다.

④ 국제국가 일본의 종합안전보장전략의 전개

1980년대에 들어와 일본의 대미 무역흑자가 계속 증대됨과 더불어 미일 간에는 미국의 무역수지 적자 및 악화에 따른 경제마찰이 나타났다.

따라서 나카소네 총리는 미일 경제마찰에 안보마찰이 겹쳐 미일관계가 복잡하게 얽혀 악화되는 것을 피하기 위하여 '미일 공동운명체'라는 슬로건을 내걸고, 대미 무기기술의 제공, SDI연구 참가 등의 정치적 결단을 내렸고, 또 '일본열도 불침항모화'를 주창하면서 총액 18조

4천억 엔이 소요되는 '중기 방위력 정비계획'을 책정하고 예산확보를 위하여 방위비의 GNP 1%의 제한선 철폐를 단행하였다.[14)]

아울러 경제대국으로서 종합안보전략에 따라 대외정책에서 ODA의 전략적 활용을 지향하여 ODA의 제 2차 중기목표의 달성을 적극적으로 추진하였고(약 84.6%가 달성되었는데, 나카소네 정권하에서 약 65.2%가 달성되었다), 1985년 9월에는 ODA를 400억 달러 이상까지 증대시키는 제 3차 중기목표를 설정하였다.

그리고 나카소네 총리는 내각의 종합안보정책의 수행능력을 보다 강화하기 위하여 기존의 '국방회의'와 앞에서 언급한 '종합안전보장각료회의'를 폐지하고, '안전보장회의'와 '내각안전보장실'을 설치하였다.

나카소네 정권하에서 취해진 이와 같은 일련의 조치들은 종합안전보장전략의 추진과 더불어 전개되는 '경제－정치'형 국가전략 아래에서 미일 책임분담 및 역할분담을 통하여 국제국가로서 정치적 역할확대의 추구를 가시적으로 나타내는 것들이다.

가. 방위비 1% 틀의 철폐

일본정부는 1976년 방위정책의 지침인 '방위계획대강'의 책정 이후, 방위비를 GNP의 1% 내에서 단년도 방식으로 편성했다. 이는 일종의 방위비 증액의 상한제한으로 상징적으로 기능했다.

그러나 〈국제국가 일본의 종합안전보장전략〉의 정책제언처럼, 국력·국제안보환경에 상응하는 군사력 정비를 추구하고, '1986 중기 방위력 정비계획'의 충실한 실행을 위해서는 방위비의 증액이 불가피하였으므로, 나카소네 정권으로서는 GNP의 1% 틀을 돌파해야 했다.

따라서 나카소네 총리는 1985년 1월의 중의원 회의에서 1% 틀에 관해 "변경해야 하는 상황이라면, 각료회의·국방회의에서 검토할 수

---

14) 배정호, 앞의 논문(1992).

있다"는 견해를 피력한 후, 같은 해 7월 카루이자와〔輕井澤〕 세미나에서 '전후 정치의 총결산'이라는 슬로건 아래 1% 틀의 폐지를 주장하면서 '5개년 계획방식'을 제시하였다.

그러나 1%의 틀은 정치화된 문제로서 군비증강의 상한제한으로서 상징성을 지니고 있었으므로, 야당의 비판은 물론 자민당 내에서도 신중론이 속출하였다. 정부 내에서도 방위비 증액을 둘러싸고 방위청과 재무성이 대립하였다.

1년 6개월 정도의 시간이 경과 한 후, 나카소네 총리의 리더십 아래 당 3역의 조정을 거쳐 마침내 1987년도 예산편성 과정에서 1%의 틀이 철폐되었다. 즉, 정치적 절충의 결과 1987년도 방위비는 전년도 대비 5.2% 증액(1,739억 엔)으로 총액 3조 5,174억 엔으로 책정되었는데, 이는 GNP 대비 1.004%에 해당한다.

요컨대, 일본정부는 통상문제로 미일이 무역마찰을 겪고 있는 상황에서 안보마찰 마저 야기되는 것을 피하기 위하여, 미국의 방위비 요구에 전략적으로 대응하여 1%의 상징적 틀을 타파하는 양상을 띠며 방위비를 증액한 것이다.

나. 안전보장회의 설치

일본의 국제사회에서의 역할확대, 일본주변지역 국제정치에서의 중요성 증대, 사회 전체의 고도의 복잡성 증대 등 내외적 환경변화로 내각의 역할이 점차 증대됨에 따라 내각의 기능강화를 위하여 1986년 5월 국회에서 '안전보장회의 설치법'이 성립되었다.

따라서 기존의 국방회의와 종합안전보장각료회의는 폐지되고, 안전보장회의가 설치되었다. 안전보장회의는 국방에 관한 중요사항 및 중대 긴급사항에 관한 대처를 심의하는 기구로서, 총리를 의장으로 하고 내각법 제 9조의 규정에 지정된 국무장관, 외무장관, 재무장관, 관방장관, 국가공안위원장, 방위청장관, 경제기획청장관 등을 정규위원으로 하였으며, 총리가 필요하다고 인정할 경우에는 관계장관, 통합막료회의의장 등 관계자들이 회의에 참석할 수 있었다.

안전보장회의는 종합안전보장이라는 관점에서 군사적 안전보장과 위기관리태세의 정비에 역점을 두며 운영되었고, 아울러 〈국제국가 일본의 종합안전보장전략〉의 정책제언에 따라 문민통제(*civilian control*)의 강화를 지향하면서 운영되었다.

다. 일본의 SDI 연구계획 참가

1983년 3월 미국의 레이건 대통령은 전국 텔레비전을 통하여 핵 공포로부터의 해방을 역설한 뒤 전략방위구상(*Strategic Defense Initiative*: SDI)을 주창했다. 그리고 1985년 1월 로스앤젤레스의 미일 정상회담에서 레이건 대통령은 SDI의 추진을 설명하고 나카소네 수상의 이해를 구했다. 이어서 1985년 3월 와인버거 국방장관은 룩셈부르크에서 개최된 NATO 핵계획 그룹회의에서 NATO 14개국과 일본, 프랑스, 이스라엘, 오스트레일리아 등에게 참가협조를 요청했다.

이와 같은 미국의 SDI 참가요청에 대해서, 일본의 나카소네 수상은 1985년 5월 독일의 본 회의중에 가진 미일 정상회담에서 〈표 2-13〉과 같은 이른바 'SDI 5원칙'을 제시하여 확인한 후에 SDI 참가문제를 본격적으로 검토하기 시작했다.

즉, 일본은 1985년 9월부터 외무성, 통산성, 과학기술청, 방위청 등 4개 부처에 의하여 구성된 SDI 연구계획조사단을 미국에 파견하고 본격적으로 참가문제를 검토하기 시작한 것이다.

일본의 SDI 참가문제는 1986년 4월 SDI 연구계획에 관한 관민합동조사단의 보고에서 참가결정으로 기울어지게 되었다. 외무성, 통산성, 과학기술청, 방위청 등 4개 부처와 21개의 민간기업에 의하여 구성된 관민합동조사단은 "SDI는 비핵의 방어적 수단으로서 핵탄두 미사일을 무력화시키는 요격미사일 시스템이고, 궁극적으로는 핵무기

〈표 2-13〉 나카소네 수상의 SDI 5원칙

1. 소련에 대한 미국의 일방적 우위를 추구하는 것은 아니다.
2. 서방 전체의 억제력의 일부로서 유지 및 강화토록 한다.
3. 공격핵무기의 대폭삭감을 추구한다.
4. ABM조약에 위반하지 않는다.
5. 개발·배치에 앞서 먼저 동맹국과 협의하고 소련과 교섭해야 한다.

보유의 무의미, 핵무기의 근절 등을 목표로 하는 것"이라고 보고했다. 뿐만 아니라, 관민합동조사단은 SDI는 여러 분야의 기초연구와 그와 관련된 기술의 실생활에서의 활용 등을 추구하는 다수의 연구프로젝트라고 보고하였다. 즉, 관민합동조사단은 SDI 연구계획이 대규모적이고도 광범한 분야에서 기초연구가 실시되므로, 그 성과는 민생용·군사용 양면에서 응용될 수 있다는 인식 아래, 일본의 SDI 연구계획 참가는 일본의 기술수준 향상에 상당한 영향을 미칠 것이라고 판단한 것이었다.

일본정부는 이와 같은 보고를 검토하였고, 여섯 번에 걸친 SDI 관련 각료회의를 한 뒤, 1986년 9월에 SDI 연구계획 참가결정을 내렸다. 나아가 일본정부는 1987년 7월에 SDI 연구계획 참가결정에 관한 미일협정을 각료회의에서 결정했다.

물론 이와 같은 SDI 연구계획에 참가하는 결정에 이르기까지의 과정에는 비판과 우려의 국내여론도 상당했었다. 예컨대, SDI는 대소 군사전략상의 측면만이 있는 것이 아니라, 첨단기술분야의 패권을 유지하기 위해 '국방'이라는 이름이 붙은 미국주도의 첨단기술개발 프로젝트로서 미국의 기술패권전략의 측면도 있다는 것이다.[15]

15) 藥師寺泰藏, 《テクノヘゲモニー》(東京: 中央公論社, 1989), pp. 253~254; 等雄一郎, "SDI參加問題と日本の對應," 《外交時報》(1988년 4월),

일본의 SDI 연구계획의 참가에 대해서는 다음과 같은 전략적 의미를 지적할 수 있다.

첫째, SDI 연구계획은 서방 측 선진국가들이 참가하는 형태의 다국적 공동연구개발 프로젝트이고, 게다가 SDI의 하나인 서태평양지역 방위구상(WESTPAC)이 소련의 SLBM이나 SLCM과 같은 '바다의 핵' 위협으로부터 서태평양지역을 방위하는 것이 주된 목적이므로, 일본의 SDI 연구계획 참가는 미일관계를 긴밀화하며 서방진영의 결속화를 도모하는 나카소네 정권의 대외전략에 따른 것이라고 볼 수 있다. 즉, 일본은 미국주도의 SDI 연구계획에 참가함으로써 미일 안보체제의 공고화를 추구함과 동시에 서방진영의 결속화를 추구하고자 한 것이다.

둘째, SDI에 의한 다층방위시스템(*a multilayered defence system*)이 지구적 차원에서 성립하여 핵무기가 무력화될 경우, 핵무기 보유 여부에 따라 군사대국으로서 인정받는 전후의 세계군사체제는 큰 변화를 나타내게 될 것이다. 즉, 비핵 3원칙하에서 핵무기를 보유할 수 없는 일본으로서는 핵무기에 의한 공격을 비핵수단으로서 방어할 수 있다면 그것은 '경제-정치'형 전략적 차원에서 커다란 의미를 가질 수 있기 때문이다.

셋째, SDI 연구계획 참가를 통하여 형성된 미일 기술교류 관계와 일본의 미사일 대응 기술력은 전역(戰域) 미사일 방어시스템(*Theater Defense System*: TMD)으로 알려진 미국의 새로운 미사일 방어시스템을 위한 미일 기술교류로 발전되었다. 즉, 일본의 SDI 연구계획 참가는 전역 미사일 방어시스템(TMD)을 위한 일본의 미사일 방어체제의 질적 증강과 기술력 진보로 연결되었다.

---

pp. 18～30; 木原正雄, "SDI計劃と對米軍事技術供與,"《經濟》(1985년 9월호), pp. 91～105 등 참조.

라. 미일의 FSX 공동개발

일본 항공자위대의 차기 지원전투기(FSX)는 북부 일본에 침공해 오는 선박을 미사일로 공격하고 지상부대를 지원하는 것이 주임무인데, 그 개발계획은 스즈키 내각에서 비롯된다.

1982년 7월경 스즈키 내각에서는 그 당시 사용중이던 지원전투기 F1(일본산, 대지·대함공격)의 후속기로서 FSX을 개발하는 데 있어 일본 국내개발을 지향하려고 했다. 더욱이 1985년 4월경에 방위청은 일본 국내개발이 가능하다는 결론의 중간보고를 제출하고, 1985년 말경에 이르러서는 FSX의 일본 개발구상을 현실화시키려고 했다.

그러나 FSX의 일본 국내생산은 미국의 강한 반대에 부딪치게 된다. 1985년 6월경부터 미국정부 내에서는 FSX의 일본 국내생산에 반대하는 움직임을 나타내기 시작한다. 미국정부 내에서 공통으로 인식되는 반대이유는 다음과 같다.[16]

> 첫째, 연구·생산비용이 너무 많이 든다.
> 둘째, 일본의 무기수출 규제정책에 변화가 올 수 있다.
> 세째, 미 공군 전투기와의 호환성이 떨어진다.

이외에 일본이 FSX를 지원전투기 F1(일본산, 대지·대함공격)의 후속 기종으로 삼을 뿐만 아니라, F15(미국산을 일본에서 라이선스 생산함)를 대신하는 세계 최고수준의 차기 주력전투기로 하려는 것이 아닌가 하는 비판도 미국정부 내에서 나왔다. 그리고 미 의회는 레이건 정부로 하여금 일본에 FSX의 국산화를 그만두게 하고 F16의 구입을 요구하는 압력을 가했다.

이와 같은 미국의 반대에 부딪친 일본은 '국내개발'·'F4의 전용'(轉用)·'외국기 도입'[17]이라는 3개 방안을 검토하였으나, 1986년 12월

---

16) 藤島宇內, 《軍事化する日米技術協力》(東京: 未來社, 1992).

나카소네 총리는 안전보장회의에서 FSX의 미일 공동개발을 결정하였다. 즉, 일본은 FSX의 국내개발 방침에서 미일 공동개발 방침으로 전환한 것이다. 따라서 1987년 10월 구리하라 유코〔栗原祐幸〕 방위청장관은 미국을 방문하여 와인버거 국방장관과 회담하고, FSX를 미일 공동으로 개발할 것에 합의하였으며, 이어 방위청은 F16을 개조하여 공동개발할 것을 결정하였다.

그리고 1988년 11월 미일 양국은 FSX 개발계획의 틀을 결정하는 교환공문 및 승낙각서(*Mou*)에 조인하였다. 이로써 FSX 개발계획은 미일 공동으로 전개되었다. 일본 방위청과의 주계약자는 미쯔비시 중공업이고 협력기업은 제어널 다이나믹스(GD)사이다. 즉, 일본으로서는 첫 미일 공동 무기개발에서 일본주도로 추진하게 된 것이다.

F16 개조형 FSX의 성능은 〈표 2-14〉에 나타난 바와 같이 지원전투기 F1을 훨씬 능가할 것으로 전망되었다. 말하자면, 일본의 FSX는 최대 탑재중량이 10톤으로 대함 미사일 4발의 탑재가 가능하며, 또 최고속도가 마하 2.0, 전투기의 행동반경이 830km이다. 게다가 단거리 이착륙(離着陸) 능력, 초저고도(超低高度)에서의 고속유지능력, CCV 기술에 의한 운동성능의 향상, 스텔스(*stealth*)성 등을 갖춘 획기적 전투기이다. 미일 FSX 공동개발에 대해서는 다음과 같은 전략적 의의를 지적할 수 있다.

첫째, 정치외교적 차원에서 미일 FSX 공동개발은 미일 안전보장체제를 더욱 공고히 할 것이다. 아울러 일본의 경제력에 의한 미일 군사기술의 공동개발은 미일동맹체제에 질적 변화를 가져올 수 있다. 즉, 미국에게 일본의 비중이 커지는 것만큼, 일본으로서는 대미 교섭능력을 증강시킬 수 있는 것이다.

둘째, 경제적 차원에서 미일 FSX 공동개발은 일본의 우주항공산업

17) 외국기 도입의 경우는 미국의 F16, F18, 유럽공동개발 토네이도의 3기 중에서 선택하는 것이다.

〈표 2-14〉 F16 개조형 FSX와 현재의 지원전투기 F1과의 비교

	F16 개조형 FSX	F1
전 장(m)	약 15	약 18
전 폭(m)	약 11	약 8
전 고(m)	약 5	약 5
최대이륙중량(t)	약 20~40	약 14
행동반경(km)	약 830 이상(대함 무장)	약 500(대지 무장)
최대속도(마하)	약 2.0	1.6
최대탑재량(t)	약 10	약 3
대함미사일 수(발)	4	2

을 비약적으로 발전시킬 수 있는 계기가 될 수 있다. 특히, 일본의 취약분야인 항공기 엔진기술을 향상시킬 수 있는 중요한 계기가 될 수 있다. FSX 개발을 둘러싸고 미일 간에 갈등을 겪는 것도 미국의 전략산업 분야인 항공우주산업 기술에 일본이 침투하게 될 것에 대한 미국의 우려 때문이기도 하다.

셋째, FSX 개발계획은 일본의 경제력과 기술력을 통하여 방위능력의 질적 증강을 도모할 수 있음을 구체적으로 나타내 주는 단적인 예이다. 미일 FSX 공동개발에 필요한 경비는 약 1조 엔 정도로 추정되는데, 일본 측이 전액 부담하는 것이다. 또, 기술 면에서도 일본의 반도체 레이저, 스텔스 기술, 일체성형복합재 기술(一體成形複合材技術), CCV 기술, 컴퓨터를 다루는 통합기술, 전자전 기기기술(電子戰機器技術) 등이 FSX 개발에 사용된다.[18)]

18) 佐藤誠三郎・鈴木, "日米同盟の政治的・軍事的協力關係の强化," John H. Makin, Donald C. Hellman, ed., 《日米同盟の再構築》(東京: 中央公論社, 1989).

이상과 같은 전략적 의의를 지닌 FSX 미일 공동개발계획은 '1996년 중기 방위력 정비계획'(1996~2000) 기간중에 완료되었고, '2001 중기 방위력 정비계획'(2001~2005) 기간중에 최신예 지원전투기 F2로서 실전배치되었다.

제 2 부

냉전시대 일본의 국가전략과 안보전략

제3장

전후 일본의 점령·개혁과 출발

1. 점령과 개혁

1) 패전과 점령

1941년 12월 8일 일본해군의 진주만 공격으로 태평양전쟁이 발발하게 되고, 이후 미일 간의 전쟁은 일본의 패전으로 제2차 세계대전이 종결될 때까지 지속되었다. 태평양전쟁이 치열하게 전개됨과 더불어 미국은 1945년 8월 6일에 히로시마〔廣島〕에 원자폭탄을 투하하고, 이어 8월 9일 나가사키〔長崎〕에 원자폭탄을 투하하였다.

마침내 일본은 1945년 8월 10일 무조건 항복을 요구한 포츠담선언을 수락한다는 전문을 연합국 측에 보낸 뒤, 같은 해 8월 15일 연합군에 항복을 선언하였으며, 9월 2일 미조리(Missouri)호 함상에서 항복문서에 서명하였다.

연합국의 일본에 대한 점령은 미국 단독으로 이루어졌는데, 이는 소련의 일본 분할점령을 미국이 강하게 거부함으로써 이루어졌다. 즉, 소련은 1945년 8월 8일 대일 선전포고를 한 뒤, 일본이 항복선언을 하자 8월 16일 미국에 전후 처리문제에 대한 소련의 입장을 밝히는 서신을 보내어 일본을 분할점령할 의사가 있음을 시사하였다. 다시 말해, 소련의 스탈린이 홋카이도〔北海道〕 북부지방에 진주하여 일본군의 항복을 접수할 의사가 있음을 밝힌 데 대해, 미국의 트루먼 대통령은 일본열도에서 일본군의 항복접수권은 오로지 연합군 총사령관(*Supreme Commander for the Allied Powers*: SCAP) 맥아더 장군에게 있음을 확실하게 함으로써 스탈린의 요구를 강력하게 거부하였으며, 맥아더 연합군 총사령관은 만일 소련군이 자신의 승낙 없이 일본영토에 진주하였을 경우 모두 체포하여 구속할 것임을 명확하게 표명하였다.

이로써, 소련군의 일본열도 진주는 무산되고, 결과적으로 미국의 단독점령이 이루어지게 되었으며, 전후 일본은 독일이나 한반도처럼 '분할점령'을 당하지 않고 아울러 '분단국가'로 전락할 수 있는 운명을 면하게 되었다.

그리고 1945년 9월 2일 일본 점령통치를 위한 연합군 총사령부(*General Head-quarters of the Supreme Commander for the Allied Powers*: GHQ)가 설립됨과 더불어 점령통치가 시행되었다. GHQ는 미국 태평양 육군총사령부와 일본 점령통치를 수행하는 점령군총사령부라는 두 가지 기능을 가지고 있었는데, 내정에 관해서는 미 국무성의 지시를 받았고, 군사에 관해서는 미 합동참모본부의 지휘를 받으면서 점령통치를 시행하였다.

이후 일본은 1952년 4월 28일 샌프란시스코 강화조약의 발효에 의해 국제사회에서 주권을 회복할 때까지 미국의 점령통치를 받았다.

2) 점령통치의 방식과 개혁의 기본방향

(1) 점령기구와 통치방식

일본의 패색이 짙어지면서 미국정부는 국무성을 중심으로 대일 점령정책을 본격적으로 구상하기 시작하였다. 즉, 미국의 대일 점령정책은 국무성 산하에 설치된 국가 및 지역위원회(*Country and Area Committee*: CAC)의 소위원회인 극동지역위원회(*Inter-Divisional Area Committee on the Far East*: FEAC), 국무·육·해군 3성 조정위원회(*State-War-Navy Coordinating Committee*: SWNCC) 산하의 전문소위원회인 극동소위원회(*State-War-Navy Coordinating Committee for the Far East*: SWNCCFE) 등을 중심으로 구상·입안되었다.

그리고 일본의 패전 직후, 점령통치기구로서 GHQ가 설립되었다. GHQ는 약 6천 명의 인원으로 구성되었고, 참모부와 막료부로 나누어 조직되었다. 참모부(*General Staff Section*)는 참모1부(G1: 인사·서무), 참모2부(G2: 첩보·검열), 참모3부(G3: 작전·훈련), 참모4부(G4: 예산·보급) 등으로 나뉘었고, 첩보·보안·검열 등을 담당하는 참모2부가 점령정책에 대해 강력한 발언권을 가지고 있었다. 막료부(*Special Staff Section*)는 정치행정을 비롯하여 전반적인 비군사화·민주화를 담당하는 민정국, 재벌해체 등 경제민주화를 담당하는 경제과학국, 교육·종교개혁을 담당하는 민간정보교육국, 농지개혁을 추진하는 천연자원국 등으로 조직되었다.[1)]

이와 같은 GHQ는 D. 맥아더(Douglas MacArthur) 연합군 총사령관의 지휘 아래 통솔되었는데, 1945년 9월 22일 미국정부는 '항복 후 미국의 대일본 초기방침(*United States Initial Post-Surrender Policy for Japan*) SWNCC-150/4A'를 통하여 맥아더 연합군 총사령관에게 천황

---

1) 歷史學硏究會, 《日本 同時代史 1 敗戰と占領》(東京: 靑木書店, 1990).

을 포함한 기존의 일본 정부기관을 이용하도록 지령을 내렸다. 그리고 1945년 12월 연합국은 점령통치의 원칙을 결정하고 관리하는 연합국 기구로서 극동위원회(The Far Eastern Commission)와 대일이사회(The Allied Council for Japan)를 설치하였다(〈그림 3-1〉 참조).

극동위원회는 미국의 수도 워싱턴에 설치되었는데, 연합국의 일본 점령통치에 관한 형식적이나마 최고 결정기관으로서 미국, 영국, 중

〈그림 3-1〉 연합국의 점령통치와 GHQ의 주요 조직표

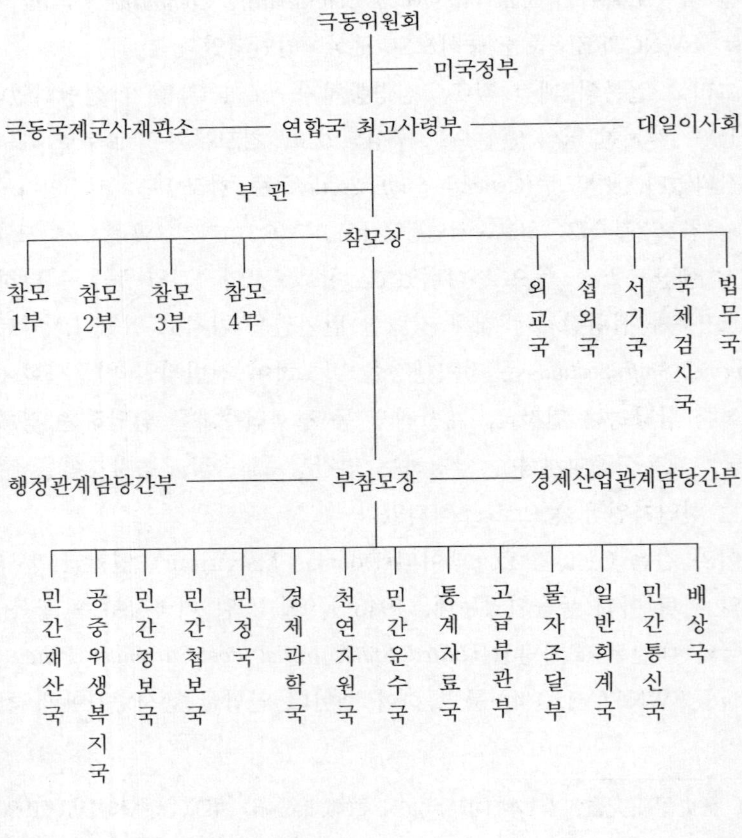

국, 소련 등 4개국을 포함한 11개국(나중에 13개국으로 늘어남)으로 구성되었고, 극동위원회의 결정은 미국정부를 통하여 연합군 총사령관인 맥아더에게 지령되었다. 대일이사회는 도쿄에 극동이사회의 파견기관으로 설치되었는데, 미국, 영국, 중국, 소련의 대표로 구성되었으며, 맥아더 연합군 총사령관이 회장을 맡았다. 대일이사회는 연합군 총사령관의 권한을 감독하고 아울러 총사령관에게 자문·조언·협조하는 것이 주요 임무였다.[2)]

그러나 연합국의 점령통치에서 실제 점령정책들은 맥아더 연합군 총사령관의 판단에 따라 세부적으로 작성되고 집행되었다. 극동위원회의 결정이 미국정부를 통하여 연합군 총사령관인 맥아더에게 지령되었으나, 대일본 점령통치는 “1차적으로 맥아더의 통치, 2차적으로 미국의 통치, 3차적으로 극히 적은 부분에서 연합국의 통치”에 의해 이루어졌고, 대일이사회는 전혀 기능을 못하고 점령정책을 둘러싼 미소대표간 논쟁의 장에 지나지 않았다.

즉, 일본에 대한 점령통치는 맥아더 연합군 총사령관에 의해 실질적으로 주도되었고, 극동위원회나 대일이사회는 연합국으로 구성된 기구였으나 대일본 점령통치에 직접적으로 아무런 영향도 미치지 못하였다.

이처럼 연합국의 대일본 점령통치는 맥아더 연합군 총사령관에 의해 주도되었는데, 내용으로는 간접통치방식을 통하여 이루어졌다.

미국정부가 ‘항복 후 미국의 대일본 초기방침’을 통하여 맥아더 장군에게 천황을 포함한 기존의 일본 정부기관을 이용하도록 지령을 내림에 따라, GHQ는 일본의 관료기구를 통하여 간접통치를 하였다. 즉, 모든 점령통치의 기본원칙과 정책은 GHQ에서 나왔으나, GHQ는 일본정부의 정책집행을 감시하는 상부구조의 기능만을 수행하였고, 점

2) United States Department of States, *Foreign Relations of the United States Diplomatic Papers, 1945*, Vol. VI (Washington, D. C. : United States Government Printing Office, 1969).

령정책의 집행은 사실상 일본정부가 담당하였다. GHQ의 각 국(局)들과 일본정부 사이의 연락은 주로 일본 외무성 관리들로 구성된 중앙섭외국(Central Liaison Office)에 의해서 수행되었는데, 양측의 경험축적이 이루어지면서 연락조정이 점차 불필요하게 됨에 따라 중앙섭외국의 기능은 약화되었고, GHQ의 관리들이 일본인들과 직접 접촉할 필요가 없는 간접통치방식은 점령행정을 원활하게 촉진시켰다.

요컨대, 미국의 점령통치방식은 직접통치방식이 아니라 천황을 포함한 일본의 정부기관을 통하여 권력이 행사되는 간접통치방식이었고, 이와 같은 간접통치는 전전·전후의 일본 관료통치가 연속성을 갖고 전개되도록 하였다.

(2) 점령개혁의 기본방향

미국의 대일 점령정책은 전쟁중에 이미 구상되었는데, 국무성 산하의 극동지역위원회(FEAC)는 1994년 5월까지, ① 일본 식민지에서 해방되는 국가 및 도서지역의 지위, ② 국경선 문제(한국, 태국, 인도차이나 등), ③ 극동에서 군정의 문제점, ④ 일본의 위임통치제도, ⑤ 한국의 독립, ⑥ 대일본 기본목적과 천황제도의 처리, ⑦ 극동지역에서 소련의 정책 및 소련·중국문제 등을 검토하였고,[3] 나아가 '전후 일본에서 미국의 목표'(*Postwar Objective of the U.S. in Regard to Japan*)에서는 보다 근본적인 점령개혁의 기본방향을 다음과 같이 제시하였다.[4]

첫째, 일본은 미국과 태평양의 다른 국가에게 위협이 되지 않도록

---

3) 五百旗頭, "米國における對日戰略政策の形成過程," Part 1, 《國際外交雜誌》, Vol. 74, No. 3(1975. 10).

4) U.S. Department of State, *Postwar Foreign Policy Preparation, 1939~1945*(Washington D.C.: Division of Office of Public Affairs, 1950). 정호섭, 《해양력과 미일 안보관계》(서울: 해양전략연구소, 2001)에서 재인용.

해야 한다.

둘째, 미국은 일본의 국제적 책임과 다른 국가의 권리를 존중하는 정부가 일본 내에 수립되는 것을 요구하여야 한다.

이처럼 미국의 대일 점령정책은 대체로 일본의 패색이 짙어지던 1944년 봄부터 본격적으로 준비되었는데, 대일 점령정책의 정치·경제분야는 국무성이, 군사분야는 육·해군성이 입안하였는데, 국무·육·해군 3성 조정위원회(SWNCC)의 조정·결정을 거친 후 대통령의 승인을 얻어 공식정책이 되었다.

일본의 패전 직후, 미국의 초기 대일 점령의 기본정책은 국무성의 지일파 전문가들에 의해 주도되었고, 주요 정책문건들은 트루먼 대통령을 통하여 맥아더 GHQ 총사령관에게 하달되었다.[5] SWNCC-150/4A 문건인 '항복 후 미국의 대일본 초기방침'(1945. 9. 22 공표) 역시 국무성의 일본 전문가들에 의해 작성되어 트루먼 대통령을 통하여 맥아더 GHQ 총사령관에게 하달되었다.

'항복 후 미국의 초기 대일방침'은 GHQ의 점령개혁의 기본방향을 다음과 같이 제시하였다.

첫째, 일본이 다시금 미국의 위협이 되거나 또는 세계의 안전과 평화의 위협이 되지 못하도록 제도적으로나 내용적으로 확실하게 보장한다.

둘째, 다른 국가의 권리를 존중하고 유엔헌장의 취지와 원칙에 부합하는 평화적이고 책임 있는 정부를 수립한다.

따라서 GHQ는 이와 같은 점령개혁의 성공적 실현을 위하여 다음과 같은 정책방향을 지향하였다.[6]

첫째, 일본의 주권을 '카이로선언'에서 제시한 대로 혼슈〔本州〕, 홋카이도, 큐슈〔九州〕, 시코쿠〔四國〕와 근접한 작은 섬들에 국한한다.

---

5) 정호섭, 위의 책.

6) 竹前榮治, 《占領前後史》(東京: 岩波書店, 1992).

둘째, 비군사화를 실현하기 위하여 완전한 무장해제를 실시하고, 일본의 정치·경제·사회생활에서 군국주의적 요소를 일소하며, 군국주의와 침략정신을 표시하고 있는 제도를 해체한다.

셋째, 개인의 자유와 기본적 인권, 특히 종교·집회·언론 및 출판의 자유를 보장하고 강화할 수 있는 민주적 조직을 장려한다.

넷째, 평상시 수요를 충족시킬 수 있는 경제를 자력으로 수립할 수 있는 기회를 제공한다.

요컨대, GHQ의 초기 점령개혁의 목표는 '군국주의 일본'을 해체하고 '자유민주주의 일본'을 건설하고자 하는 것이었고, 그 기조는 비군사화(*demilitarization*) 및 민주화(*democratization*)를 추구하는 것이었다.

그러나 이와 같은 GHQ의 점령개혁은 글로벌 차원의 국제환경 변화로 질적 변화를 나타냈다. 즉, GHQ의 점령개혁은 초기에는 일본의 비군사화 및 민주화에 중점을 두고 추진되었지만, 냉전이 심화되는 과정에서는 일본의 경제부흥, 대일 강화의 추진, 미일 안전보장체제의 구축 등에 역점을 두고 전개되었다.

3) 점령개혁의 주요 내용과 특징

(1) 일본의 비군사화 및 민주화를 지향한 점령개혁

GHQ의 점령개혁은 일본의 비군사화 및 민주화를 지향하면서, 이를 위해 군국주의 세력의 축출, 천황의 인간선언, 헌법개정, 경제의 비군사화 및 민주화, 관료개혁, 사회·교육개혁 등 사회 전 분야에 걸쳐 개혁을 추진하였다.

① 군국주의 세력의 축출

GHQ는 국내에 있던 일본 군대 220만 명을 무장해제시키고, 해외에서 무장해제된 330만 명의 군인들을 본국으로 송환하였다. 아울러 육군성, 해군성, 군수성 등 '제국일본'의 침략전쟁을 수행하는 데 주도적 역할을 하였던 군사적 관료기구를 해체하고, 국수주의 단체를 해산하였으며, 군국주의의 정신적 지주인 신도(神道)의 국교제(國敎制)를 폐지하였다.

그리고 1946년 5월 도쿄에 극동군사재판소(The International Military for the Far East)를 설치하고 2년간 전쟁책임자 28명에 대한 재판을 하였는데, 7명 사형, 16명 종신형, 1명 20년형, 1명 7년형의 실형이 선고되었다. 재판이 진행되는 도중 2명이 사망하였고, 1명은 정신장애자로 제외되었다.

② 천황의 인간선언과 천황제 국가의 통치기제의 해체

맥아더 연합군 총사령관은 천황제의 내용을 개혁하고 천황을 민주화의 상징으로 하는 개편작업을 착수하였다. 1945년 12월 29일 GHQ는 '천황제도의 지주(支柱)'가 파괴되었음을 선언하였다. 즉, GHQ는 군국주의의 정신적 지주라고 할 수 있는 신도의 국교제를 폐지함과 더불어 실권이 없는 상징 천황제를 채택하였다.

따라서 쇼와(昭和) 천황은 1946년 1월 1일 "자신과 국민과의 유대는 시종 상호의 신뢰와 경애로서 맺어져 있으며, 단순히 신화와 전통에 의해서 이루어진 것이 아니다"라고 패전 이전의 천황관, 즉 '현인신'(現人神)의 속성을 부정하면서 스스로 인간임을 선언하였다.

'천황의 인간선언'은 '메이지(明治) 헌법의 신권(神權) 천황제'로부터 '새 헌법의 상징 천황제'로 이행하는 과도기의 표현이라고 볼 수 있는데, 천황의 '인간선언'과 더불어 천황제 국가의 통치기제들이 해체되고, 1946년 1월 4일 GHQ의 공직추방령 지시에 따라 군국주의자들이 공직에서 추방되기 시작하였다. 즉, GHQ는 군국주의의 정치적·제도적 지지기반인 대정익찬회(大正翼贊會)[7]를 해체하였고, 내무성·경찰기관 등 치안기구를 폐쇄하였으며, 치안유지법, 사상법, 보호관찰법, 국방보안법, 군기보호법 등 언론과 사상을 통제하고 자유를 규제하는 모든 법안들을 철폐하였다.

그리고 GHQ는 신도를 국가와 분리하였다. 신도는 일본민족의 전통적 신앙으로 메이지유신(明治維新) 이후 국가신도(國家神道)의 형식으로 국가의 보호 아래 천황제의 확립과 국가주의체제의 확립에 기여하였다. GHQ가 종교의 자유를 추구하는 조치를 취함과 더불어 신도를 국가와 분리함에 따라 신도와 밀접한 관계에 있던 신사(神社)는 민간 종교단체로 변모하였다.

아울러 GHQ는 천황제 국가의 해체를 지향하여 개인의 존엄성을 조장하고 민주주의 가치의 보편화를 이념으로 하는 교육개혁[8]을 추진하면서, 천황제 이데올로기를 형성하는 데 기여한 교육칙어(教育勅語)를 1948년 6월 보수우익 정치가들의 반대에도 불구하고 폐지하였다.

③ 헌법개정과 새 헌법

일본의 헌법개정 작업은 전전체제(戰前體制)의 해체과정 속에서 GHQ의 주도 아래 전개되었다. 1946년 2월 13일 국민주권, 상징 천황제, 전쟁포기, 기본적 인권의 존중을 기조로 하는 이른바 '맥아더 초

---

7) 大正데모크라시의 전개와 더불어 정당내각시대가 개막되었으나, 1931년 만주사변, 1936년 2·26사건, 1937년 중일전쟁의 발발 등에 의해 국정은 육군을 중심으로 한 군부에 의해 주도되었다. 따라서 군국주의체제 강화의 일환으로 1940년 정당은 자진해산의 형식으로 해체되고, 그 대신 대정익찬회가 조직되었다.

8) GHQ는 1946년부터 신민(*subjects*)이 아닌 민주시민(*citizens*)의 육성을 위한 교육, 군국주의 교원 추방, 군사교육 중지, 국가주의적 신화와 군국주의적 가치를 강조한 교과서 폐지 등의 교육개혁을 추진하였다.

안'이 완성되었고, 맥아더 초안은 제 1차 요시다 내각의 부분적 수정을 거친 뒤, 1946년 10월 7일 중의원(衆議院)과 귀족원(貴族院)에서 승인되어 같은 해 11월 3일 공포되었으며, 1947년 5월 3일부터 시행되었다.

새 헌법은 '맥아더 초안'의 기조였던 국민주권주의, 평화주의, 기본적 인권의 존중을 바탕으로 하였으므로, 일명 '맥아더 헌법'이라고 불리기도 하는데, 상징 천황제의 채택, 전쟁포기・군비 및 교전권(交戰權)의 부정 등을 주요 특징으로 하였다.

따라서 헌법의 대폭적 개정에 따른 새 헌법의 등장으로 전전체제인 메이지체제(明治體制)의 국가구조는 근본적으로 바뀌게 되었는데, 새 헌법의 주요 구체적 특징은 다음과 같다.

첫째, 헌법 제 1조에서 "천황은 일본의 상징이며 일본국민 통합의 상징으로서, 이 지위는 주권이 있는 일본국민의 총의에 기초를 둔다"고 규정하였는데, 이는 천황이 더 이상 메이지헌법(明治憲法)에서 규정하였던 "주권자인 동시에 통치권의 총람자"가 될 수 없고, 의례적 역할만 수행하는 상징 천황제를 채택하였음을 의미하는 것이다.

둘째, 헌법 제 9조의 제 1항에서는 "일본국민은 정의와 질서를 기조로 하는 국제평화를 성실하게 희구하며, 국권이 발동하는 전쟁과 무력에 의한 위협 또는 무력의 행사는 국제분쟁을 해결하는 수단으로서 영구히 이를 포기한다"고 규정하였고, 제 2항에서는 "전항의 목적을 달성하기 위해 육・해・공군뿐만 아니라 여하한 전쟁의 수단도 보유하지 않는다"고 규정하였다. 이 조항은 평화주의를 강조하는 한편, 전쟁을 포기하고 군비(軍備)와 교전권(交戰權)을 부정한 것으로서, 새 헌법을 평화헌법으로 특징짓는 중요한 조항이기도 하다.

셋째, 정치적 민주화를 지향하여 현대적 의미의 보통선거제도를 실시하기 위해 20세 이상의 모든 남녀에게 선거권을 부여하였고, 중의원과 참의원의 양원을 완전히 선거에 의해 선출・구성되도록 하였다. 아울러 지방행정에 대한 중앙정부의 간섭을 배제하고, 지방자치를 촉진하기 위하여 도(都)·도(道)·부(府)·현(縣)의 지사들을 선거에 의해 선출토록 규정하였다.

넷째, 권력구조는 내각의 의회에 대한 책임 및 의회의 우월권 원칙을 존중하는 영국식 내각책임제를 채택하였고, 총리는 중의원의 과반수의 지지를 받아야 당선될 수 있도록 하였으며, 중의원의 불신임을 받은 경우에는 사임하거나 의회를 해산할 수 있도록 하였다.

다섯째, 권력분립 및 균형을 위해 사법부를 독립시켰고, 최고재판소에는 입법부에서 제정된 법률의 위헌여부를 심사할 수 있는 권한을 부여하였다.

여섯째, 산업민주주의를 지향하여 노동자들의 단체교섭권을 비롯한 기본적 인권을 보장하였고, 집회·언론·생명·자유 및 행복을 추구할 권리를 보장하였으며, 최저수준의 건강하고 문화적인 생활과 학문의 자유를 추구할 권리를 보장하였다.

④ 경제의 비군사화·민주화 개혁

패전 당시 일본경제는 미쯔이〔三井〕, 미쯔비시〔三菱〕, 스미토모〔住友〕, 야스다〔安田〕 등 4대 재벌이 총생산의 24.5%을 차지할 정도로 소수의 재벌위주로 운영되었다.

일본의 재벌은 1930·40년대 군국주의의 물질적 기반으로 팽창정책을 지원하였고, 팽창의 결과 획득한 지역에서 부를 착취·축적하면서 성장하였다. 즉, 일본의 재벌은 군수산업을 중심으로 군국주의 정책을 지원하며 성장하였다. 재벌을 중심으로 한 산업지배권의 집중은 노사 간의 반봉건적 관계의 존속을 촉진하였고, 노임을 인하시키며 노동조합의 발전을 저해하였다.

따라서 GHQ는 일본경제의 비군사화·민주화를 구현하기 위한 경제개혁 차원에서 재벌해체에 착수하였다. GHQ의 재벌해체정책의 주요 내용은 각 재벌의 본사 및 미쯔이물산(三井物産)·미쯔비시물산(三菱物産)의 양 사를 해체하고, 기타 재벌 계열회사의 보유주식을 공개하며, 주식보유의 분산을 통하여 재벌의 지배메커니즘을 붕괴시키는 것이었다. 즉, 재벌의 지배자인 일족 및 유력한 실권자의 보유주식을 처분케 하고, 그것을 대중주주에게 넘김과 동시에 회사의 경영에 관계하지 못하게 하며, 집중도가 높은 기업의 분할을 통하여 과도한 경제력의 집중을 배제하는 것이었다.

이와 같은 GHQ의 재벌해체정책에 의해 미쯔이, 미쯔비시, 스미토모, 야스다 등 주요 재벌은 세 단계를 거쳐 지배력이 제거되었다. 예컨대, GHQ는 제1단계로 일족지배를 중심으로 한 인적 지배기구를 해체하였고, 제2단계로 주식보유의 분산을 통하여 자본집중에 따른 피라미드형의 지배망을 제거하였으며, 제3단계로 거대기업을 해체하여 적정규모의 기업으로 재편성함으로써 재벌의 지배력을 완전히 제거하였다. 재벌해체와 더불어 집중배제에 의해서 분산된 기업들은 대부분 수년 후 재통합되었지만, 과거와 같은 봉건성 내지 비민주성은 나타나지 않았다.

그리고 GHQ는 일본의 열악한 노동조건을 개선하고, 경제의 민주화를 위하여 1945년 12월 노동자의 단결확립권을 중심으로 하는 노동조합법을 법률 제51호로 제정하는 등 노동개혁을 추진하였다. 노동조합법의 제정으로 일본에서 처음으로 노동조합 결성의 자유와 단결의 권리가 보장됨에 따라, 1946년부터 노동조합이 점차 결성되었다. 노동조합을 '민주주의 학교'로 인식하였던 GHQ의 노동문제 담당자들은 일본사회에 반군국주의적이며 민주적인 전통이 정착될 수 있도록 노동운동의 활성화와 함께 노동조합의 결성을 지원하였는데, 1946년 8월에는 전 일본산업별 노동조합회의가 결성되었고, 나아가 1947년 4월 7일에 일본에서 처음으로 노동자의 기본적 권리를 규정한 노동기본법이 제정되었다.

이와 같은 노동운동의 활성화 및 노동조합의 발전으로 1949년에 이르러서 3만 5천 개의 노동조합에 650만 명이 가입하였고, 사회당은 노동자의 권익을 대변하면서 정치적 기반의 강화와 더불어 발전을 추구하였다.[9)]

(2) 점령개혁의 전환

① 국제환경의 냉전적 상황과 트루먼 독트린

제2차 세계대전 직후에는 동서진영이 구분되지 않았으나, 연합국간에는 마찰과 대립이 나타나기 시작하였다. 예컨대, 1946년 그리스 보수정권에 대한 좌익 게릴라의 인접국가들의 지원을 바탕으로 한 체제도전, 아제르바이잔(Azerbajan) 등지의 분쟁, 인도차이나 분쟁 등과 관련하여 연합국간에는 마찰과 대립이 나타나기 시작하였고, UN 안전보장이사회에서도 연합국간의 대립이 나타났다. 이 가운데 그리스 문제가 가장 심각하게 부상하였고, 다르다넬스(Dardanelles) 해협 문제로 소련의 압력을 받고 있던 터키 문제가 주목을 받았다.

따라서 미국의 트루먼 대통령은 1947년 3월 12일 양원 합동회의에서의 연설을 통하여 그리스와 터키가 전체주의의 지배를 받게 되면 중동지역 전체가 위험하게 되고, 이것은 곧 서유럽 세계에 중대한 영향을 미치게 될 것이라고 역설하면서 전체주의체제가 강요되었던 동유럽의 현실을 비판하였고, 나아가 세계가 자유세계 · 전체주의 세계로 양분되는 것에 대해 미국은 전체주의 세계에 대항할 것임을 천명하면서 그리스 · 터키에 대한 경제원조를 승인하였으며, 다르다넬스 해협지역

9) 1946년 11월 새로운 헌법이 공포된 후에 치러진 1947년의 4 · 25 총선에서 사회당이 제1당으로 도약하였고, 사회당 출신의 가타야마 데츠〔片山哲〕를 총리로 하는 연립내각이 성립되었다. 사회당은 1947년 6월부터 1948년 10월까지 정권에 참여하였다.

에 최신 항공모함을 급파하여 소련을 굴복시켰다. 즉, 트루먼 대통령은 세계가 자유·공산 양대 진영으로 분열되고 있다고 천명하면서 소련 및 공산진영과의 대립·대항을 선언하였고, 아울러 단호한 의지를 보이면서 가시적 조치를 취한 것이다.

트루먼 독트린의 선언을 계기로 국제사회는 냉전의 단계로 접어들었다. 소련은 1947년 10월 동유럽 6개국 및 프랑스·이탈리아 2개국의 공산당·노동당 등과 함께 코민포름(Cominform)을 결성하였고, 1949년 4월에는 동구 5개국과 경제상호원조회의(COMECON)를 창설하여 미국에 대항하였으며, 미국의 경제권에 편입된 서유럽은 1948년 4월에 유럽경제협력기구를 발족하였다. 아울러 아시아에서는 중국대륙에서 1946년 7월부터 내전이 본격적으로 시작되었는데, 1949년 1월 중국 공산당의 베이징〔北京〕 입성과 더불어 같은 해 10월 1일 중화인민공화국이 수립되었다.

이와 같은 글로벌 차원의 국제환경의 변화, 즉 동서대립에 의한 냉전체제로의 변화는 미국의 대일본 정책 및 점령개혁정책에 적지 않은 영향을 미치게 되었다.

② 조지 케난의 대소 봉쇄와 미국의 대일정책 수정

1946년 2월 22일 조지 F. 케난(George F. Kennan)은 모스크바에서 워싱턴에 보낸 장문의 전보를 통하여 세계경제를 둘러싼 자본주의와 사회주의 간의 투쟁을 지적함과 더불어 팽창주의를 추구하는 소련의 획책에 미국을 비롯한 서방세계가 단호하게 맞서야 한다고 건의하면서 대소련 봉쇄(*containment*)를 주창하였는데, 이 전문은 트루먼 독트린의 선언에 촉매역할을 하였고, 나아가 미국의 대일정책 수정에 적지 않은 영향을 미쳤다.

미국의 대일정책과 관련하여, 케난은 세계정치의 전개상에서 잠재적 요인으로서 일본은 중국보다 훨씬 중요하며, 극동에서 잠재적 군사・산업의 대기지[10] 라는 인식 아래 기존 미국의 대일정책을 비판하였고, 조기 강화론을 비판하였으며, 미국의 지도와 감독 아래 일본의 한정적 재군비화, 일본을 자유진영에 편입시키는 적절한 시기의 강화를 주장하였다.

그리고 트루먼 대통령은 이와 같은 케난의 견해를 거의 답습한 정책보고서 〈미국의 대일정책에 대한 건의〉를 NSC-13/2으로 승인하였고, 비군사화를 기초로 한 미국의 대일정책을 근본적으로 수정하였다.[11] 즉, 미국은 중국대륙의 공산화, 한국전쟁 등 아시아 냉전의 심화에 대응하는 전략적 차원에서 일본을 아시아의 반공거점으로 고려하게 되었고, 따라서 트루먼 대통령이 1948년 10월 〈미국의 대일정책에 대한 건의〉(NSC 13/2)를 공식 승인함에 따라 미국의 대일본 점령개혁정책은 비군사화・민주화에서 경제부흥・대일 강화・반공의 거점화와 전략적 역할 등에 역점을 두는 방향으로 전환되었다.

다시 말해, 미국은 일본을 장제스〔蔣介石〕의 중국정부를 대신하는 아시아의 반공거점으로 육성하는 전략적 구상과 더불어 대일 강화 및 미일 안전보장체제의 구축을 구상하였고, 따라서 GHQ는 점령개혁정책을 일본이 아시아의 반공거점으로서의 전략적 역할이 가능하도록 경제부흥, 일본열도 내의 주일 미군기지 보유 및 재군비화에 역점을 두고 전개하였다.

③ 아시타 비망록

1947년 3월 트루먼 독트린의 선언을 계기로 국제사회가 냉전단계로 접어드는 가운데, 일본에서는 같은 해 5월 사회당위원장 가타야마 데츠〔片山哲〕를 총리로 한 사회당・민주당 연립내각이 등장하였고, 민

---

10) 清水俊雄 譯, 《ケナン、ジョージ・F 回顧錄(上)》(東京: 讀賣新聞社, 1973).

11) 田中明彦, 《安保政策》(東京: 讀賣新聞社, 1997).

주당 총재인 아시타 히토시〔芦田均〕가 외무장관으로 취임하였다.

아시타는 냉전이 심화되는 국제상황에 주목하면서, 강화 후 주권국가 일본의 안전보장에 관해 검토하였다. 그 결과 1947년 9월 4일 아시타 외무장관은 일본의 안전보장에 관한 새로운 비망록, 이른바 〈아시타 메모랜덤〉을 작성하게 되었다.

〈아시타 메모랜덤〉의 안보구상은 미소관계가 호전되어 세계평화에 불안이 없는 경우와 미소관계가 개선되지 않고 세계적 불안이 야기되는 경우를 구분해서 그 대응책을 강구하였는데, 전자의 경우에는 UN에 의뢰해서 안전보장을 도모하고, 후자의 경우에는 일본의 안전을 보장하는 수단으로서 다음과 같은 가능성을 제시했다.

첫째, 미군이 강화조약 이행감시를 위해 일본에 주둔하는 것.

둘째, 미국과 일본 사이에 특별협정을 맺고 일본의 방위를 미국에 위임하는 것(특별협정은 일본의 독립이 위협받게 될 경우, 미국은 일본정부와의 합의 아래 언제든지 일본 내에 군대를 진주시킬 수 있음과 동시에 군사기지를 사용할 수 있음을 주요 내용으로 하였다).

이와 같은 〈아시타 메모랜덤〉은 당시 요코하마에 주둔하고 있던 미8군 사령부의 아이켈버거(Eichelberger) 사령관을 통하여 워싱턴의 수뇌부에 전달되었다. 〈아시타 메모랜덤〉은 미일 안보조약으로 연계되는 중요한 정책제시인데, 미일 안보조약의 기본인 동시에 일본 안전보장정책의 원점으로서 평가되고 있다.[12]

---

12) 위의 책.

2. 점령의 종결과 전후 일본의 출발

1) 미국의 대일 강화교섭전략과 준비

미국의 대일 강화의 전략적 목적은 국제환경의 냉전적 상황, 특히 동사아시아 냉전의 격화에 대비하여 점령 후에도 일본이 계속해서 미국진영의 일원으로 남아 아시아의 반공거점으로서 역할하도록 하는 것이었다.

따라서 미국은 한편에서는 일본에 대한 불신의 잔존으로 '주권국가 일본'이 중립국이 되거나 친소국가가 되는 것을 경계하면서, 다른 한편에서는 동아시아 전략차원에서 주권국가 일본이 아시아의 반공거점으로서 역할을 할 수 있도록 전략적 고려를 하면서 대일교섭을 전개하였다. 즉, 미 국방성은 일본의 전략적 가치를 중요하게 평가하면서도 일본에 대한 불신의 잔존[13] 으로 "선(先) 일본의 민주화 및 친서방화 후(後) 강화"를 주장하였고, 국무성은 빠른 대일 강화야말로 일본의 민주화 및 친서방화를 촉진시킬 수 있다는 인식 아래 조기 대일 강화론을 주장하였으며, 맥아더 총사령관도 GHQ의 유용성 한계를 고려하여 조기 대일 강화론에 동조하였다.

이처럼 대일 강화의 시기를 둘러싸고 미 국무성과 국방성 간의 이견[14] 이 노출되기도 하였지만, 한국전쟁 발발 직후 이견은 트루먼 대통령의 리더십 아래 타협·조정되었다. 즉, 미 국무성과 국방성 간의

---

13) 1949년 3월 1일 발표된 '일본의 한정적 재군비(NSC-44)'에는 당시 미 군부의 일본에 관한 입장이 집약적으로 나타나 있는데, 일본의 방위에 대해 일본을 독자적으로 대응시키기에는 일본이 언제 미국에 대해 적대적으로 될지 모른다는 불안이 있다고 언급하였다.

14) 미 국무성이 아시아의 냉전을 대비하는 차원에서 조기에 독립을 허용하자는 조기 강화론을 전향적으로 고려한 것에 대해, 국방성 및 군부는 일본에 대한 불신으로 신중한 태도를 나타냈다.

조정 · 타협에 의해, ① 조기 대일 강화의 실현과 더불어, ② 미국이 필요하다고 생각하는 만큼의 군대를 어디든 필요한 기간 동안 유지하는 권리를 확보하는 미일 2국간 협정을 맺는다는 결론이 도출되었다.[15] 이 결론은 트루먼 대통령에 의해 1950년 9월 8일 NSC 60/1로 승인되었다.

그리고 대일 강화문제담당 국무성고문(*the Consultant to the Secretary of State*) 존 포스터 덜레스(John Foster Dulles)는 1950년 9월 14일 트루먼 대통령의 지시에 의해 NSC 60/1에 의거하여 대일 강화원칙 수립에 착수하였고, 〈표 3-1〉과 같은 '대일 강화 7원칙'(*Seven-Point Statement of Principles for Japanese Peace Treaty*)을 마련한 뒤, 대일 강화교섭에 임하였다.

2) 일본의 대미 강화교섭전략과 준비

미국에서 일본과의 강화문제가 논의될 시쯤, 일본 국내에서는 국제환경의 냉전적 상황으로의 변화 영향으로 다수강화(*separate peace treaty*)냐 전면강화(*general peace treaty*)냐로 국론이 양극화되는 경향이 나타났다. 즉, 한편에서는 동서냉전의 와중에서 강화가 실현된다면, 미국을 중심으로 하는 다수국과 강화해야 한다는 다수강화론이 주창되었고, 다른 한편에서는 모든 나라와 강화하지 못한다면, 동서대립의 격화에 의해 일본이 세계전쟁에 휘말리게 될지도 모른다는 우려에서 전면강화론이 혁신세력에 의해 강력하게 제기되었다.[16] 일본국민들은 상대적으로 용이한 단독강화라도 하루빨리 이루어져 GHQ의 점령통치의 종결과 더불어 일본의 주권이 회복되기를 바라는 여론 쪽으로 기울어져 갔다.

15) 田中明彦, 앞의 책.
16) 위의 책.

요시다 시게루〔吉田茂〕 총리 역시 동서 양 진영과 조화를 이루면서 전면강화를 추구한다는 것이 현실적으로 매우 어렵다는 인식 아래 가능한 빠른 기회에 강화조약을 체결하여 독립을 획득한다는 전략적 판

〈표 3-1〉 대일 강화 7원칙

1. 당사국	일본과의 교전국 전부 또는 일부로서, 제안·합의된 기초를 바탕으로 평화를 성립시킬 의사를 가진 자로 한다.
2. UN가입	일본의 가입을 고려한다.
3. 영역	일본은 ① 한국의 독립을 승인하고, ② 미국을 시정권자(施政權者)로 하는 류큐〔琉球〕제도 및 오가사와라〔小笠原〕제도의 UN신탁통치에 동의하며, ③ 대만(臺灣), 팽호(澎湖)제도, 남사할린 및 치시마〔千島〕열도의 지위에 관하여 영연방, 소비에트연방, 중국 및 미국의 향후 결정을 수락한다. 조약이 효력을 발생시킨 후 1년 이내에 결정이 없는 경우에는 UN총회가 결정한다. 일본은 중국에서의 특수한 권리 및 이익은 포기한다.
4. 안전보장	조약은 UN이 실효적 책임을 부담한다는 식의 만족스러운 별도의 안전보장이 성립할 때까지, 일본구역에서의 국제적 평화와 안전의 유지를 위해 일본의 시설과 미국 혹은 그 외의 군대와의 사이에서 계속적·협력적 책임이 존재한다는 것을 고려한다.
5. 정치적 및 통상적 협정	일본은 마약 및 어업에 관하여 여러 국가간의 조약에 가입하는 것에 동의한다. 전전(戰前)의 2국간 조약은 서로간의 합의에 의해 부활할 수 있다. 새로운 통상조약이 체결될 때까지 일본은 통상의 예외에 따르는 것을 조건으로 최혜국대우를 부여한다.
6. 청구권	당사국 모두는 1945년 9월 2일 전의 전쟁행위에서 발생한 청구권을 포기한다. 단, ① 일반적으로 연합국이 그 지역 내에 있는 일본인 재산을 보유한 경우, ② 일본이 연합국 국민의 재산을 반환하거나 원상태로 회복할 수 없을 경우, 상실가격의 협정액을 보상하기 위해 엔을 제공하는 경우는 제외한다.
7. 분쟁	청구권에 관한 분쟁은 국제사법재판소장이 설치하는 특별중립재판소에서 해결한다. 그 밖의 분쟁은 외교적 해결 또는 국제사법재판소에 의뢰한다.

출처: United States Department of States, *Foreign Relations of the United States, 1950*, Vol. VI (Washington: U.S. Government Printing Office, 1976).

단에 따라 다수강화를 선택하였다.[17]

요시다 총리는 이와 같은 자신의 강화방안에 관한 견해를 1950년 4월 재정경제의 시찰을 명분으로 방미하는 이케다 하야토〔池田勇人〕 대장상(大藏相, 재무장관)을 통하여 미국정부에 전달했다.

이제 초점은 강화 후 주권국가 일본의 재군비 및 안전보장 문제에 모아졌다. 요시다 총리는 강화교섭 준비과정에서 각계원로들의 의견을 폭넓게 수렴했는데, 1950년 10월 5일에는 각계원로들을 관저에 초청하여 재군비 및 안전보장에 관한 의견을 청취하였다.

일본군 자위대 출신의 국방원로들은 강화 후 재군비를 해야 함은 물론 재군비계획 이전에 평화헌법 제9조를 개정해야 하는 필요성을 역설하였다.[18] 반면, 외상(外相, 외무장관) 출신의 아리타 하치로〔有田八郎〕는 현실적으로 재군비가 불가하다는 의견을 나타냈다. 즉, 아리타 하치로 전 외상은 국제환경의 냉전적 상황으로 미군의 지속적 일본 주둔이 불가피하다는 전제 아래 일본의 재무장은 재력부족, 평화헌법의 존재, 주변국의 반대, 군국주의의 부활 위험 등으로 불가하다는 의견을 피력하였다.

이후, 요시다 총리의 의뢰로 아리타 하치로 전 외상은 1950년 11월 15일 재군비 및 안전보장에 관한 정책보고서를 작성·제출하였는데, 일본 재군비 불가론의 요지는 다음과 같다.[19]

첫째, 미국에서 일본을 재무장시키려고 하고 있으나, 일본의 재무장은 헌법개정의 문제, 태평양 제국(諸國)의 끈질긴 반대, 충분히 민주화가 안 된 일본 국민들의 군국주의 지향 위험성 등으로 난관이 많다.

---

17) 宮澤喜一, 《東京-ワシントンの密談》(東京: 實業之日本社, 1956).

18) Weinstein, Martin E., *Japan's Postwar Defense Policy 1947~1968* (New York: Columbia University Press, 1971).

19) 永澤勳雄, "吉田・ダレスと自衛力整備問題(下)," 《防衛大學紀要》 제38집(橫須賀: 防衛大學出版局, 1979).

둘째, 외부로부터 일본에 대해 침략이 감행될 경우, 주일미군·UN군 등의 원군이 올 때까지 저항할 수 있는 수준으로 재무장하려면 수개 사단의 지상군이 필요한데, 수 개 사단의 신설 유지비용은 일본에게 용이하지 않으며, 만일 그 비용이 일본경제를 파탄시킬 수 있는 것이라면 무조건 미국의 재군비 요구를 수락하지 않아야 한다.

셋째, 재군비를 하지 않는 대신, 일본정부는 일본에 주둔하는 UN군 또는 미군의 일부가 될 일본인 요원만을 제공한다.

넷째, 일본의 안전은 일본뿐만 아니라 미국의 안전보장과 태평양의 안전보장에도 기여하므로 UN이나 미국에 안보비용을 부담케 하는 것은 결코 부당한 것이 아니다.

이와 같은 아리타 하치로 전 외상의 정책보고서, 즉 〈아리타 메모랜덤〉이 제출된 후, 요시다 총리는 재군비 불가론을 명확하게 표방하였다. 즉, 요시다 총리는 1950년 1월 20일 개최된 자유당 대회에서, ① 미소 양국이 전면전쟁으로 돌입하지 않을 것이고, ② 소련이나 중국이 직접적으로 대일 침략을 하지 않을 것이며, ③ 일본의 당면과제는 재군비가 아니라 내부전복과 같은 간접침략을 방지하면서 경제부흥과 사회질서를 추구하는 것이라고 역설하였다.[20]

따라서 요시다 총리는 미국의 재군비 압력거부 및 국내 안전유지 능력의 점증, 일본의 대내적 안전과 미국의 태평양 안보이익과의 연계 및 미군의 일본주둔, 미일 안보조약과 평화조약의 분리 등을 복안으로 삼고 대미 강화협상에 임하였다.

---

20) 《朝日新聞》, 1951. 1. 21.

3) 샌프란시스코 강화조약 및 미일 안보조약의 체결과 전후 일본의 출발

(1) 요시다-덜레스의 갈등과 타협

대일 강화문제담당 국무성고문인 존 포스터 덜레스는 일본과의 강화협상을 위한 미국 특사자격으로 1951년 1월 일본을 방문하고, 요시다 시게루 총리에게 '대일 강화 7원칙'을 전달한 뒤, 강화 후 일본의 안전문제 및 재군비를 핵심주제로 하는 회담을 같은 해 1월 29일 및 31일 두 차례 가졌다.

덜레스 특사는 지극히 긴박한 국제정세로 일본에 대한 소련의 침공 가능성을 인식하면서 일본의 재군비를 요구하였고, 이에 요시다 총리는 임박한 위험은 유럽 쪽이라는 의견을 제시하면서 재군비에 따른 일본 자립경제의 불가능을 이유로 재군비에 신중한 입장을 표명하였다.

이와 같은 일본의 재군비 문제에 관한 요시다 총리와 덜레스 특사의 인식차이는 회담을 교착상태에 빠지게 하였다. 미국은 일본을 대규모로 재군비시켜 그 전력을 대소전략에 활용하려는 의도가 있었으므로, 제 1차 및 제 2차 회담의 난항은 덜레스 특사를 곤혹스럽게 하였다.

미일 양국은 교착상태를 타파하기 위해 같은 해 2월 1일 실무수준에서 절충을 모색하였다. 그 결과 요시다 시게루 총리의 재군비 불가론 또는 신중론은 조기강화를 추구하기 위해 소규모의 제한적 재군비 및 군비 점증론으로 전환되고, 덜레스 특사도 전환된 요시다 총리의 재군비 구상을 받아들이게 되었다. 즉, 1951년 2월 7일 제 3차 회담에서 일본의 재군비 및 안전보장 문제를 둘러싼 요시다-덜레스의 타협이 이루어진 것이다.[21)]

요시다 총리의 재군비 구상의 핵심요지는 다음과 같다.

첫째, 경찰예비대와는 별도로 5만 명의 보안군(*security forces*)을 만

21) 정광하, 《일본방위정책의 이상과 현실》(경남대 극동문제연구소, 1989).

들어 신설되는 국가치안성에 소속시킨다.

둘째, 자위기획본부라는 기관을 국가치안성 내에 설치하여 미일 공동위원회의 업무를 담당하도록 함과 더불어 이를 장차 참모본부 수준으로 성장·발전시킨다.

셋째, 이러한 재군비 구상을 우수한 미군의 지도 아래 실현시키면서 장래 민주적 군대의 싹으로 삼는다.

요시다-덜레스의 교섭은 양측을 어느 정도 만족시키면서 성공적으로 막을 내렸지만, 요시다의 재군비 약속이 일본 국내상황을 고려하여 비밀리에 부쳐졌다는 점이 최대 결점으로 지적되었다.[22)]

그러나 일본의 재군비 및 안전보장 문제를 둘러싼 요시다·덜레스의 합의가 이루어짐에 따라, 미국은 일본이 주권을 회복한 후에도 계속해서 보호라는 명분 아래 일본 내 기지사용을 확보하게 되었고, 일본은 대규모 군비가 아닌 국력에 상응한 소규모의 제한적 재군비 및 점증적 군비를 추구할 수 있게 되었다.

(2) 샌프란시스코 강화조약 및 미일 안보조약의 체결과 전후 일본의 출발

1951년 2·7 요시다·덜레스 합의 이후, 요시다 총리와 덜레스 특사와의 두 차례 회담이 더 개최된 뒤, 마침내 같은 해 9월 8일 샌프란시스코에서 일본과 교전상태에 있었던 55개국 가운데 45개국이 평화협정에 조인하였다. 즉, 소련, 체코, 폴란드가 샌프란시스코 강화회의에 참석하지 않고, 인도, 미얀마, 유고슬라비아가 초청에 응하지 않음에 따라 미국 등 서방 측을 주축으로 한 45개국과의 다수강화가 이루어진 것이다.

이로써, 일본은 조기강화에 따른 점령해제의 성과를 거두었지만, 당시 분열상태에 있어 초청되지 못한 한국, 북한, 대만, 중국 등 동아

---

22) 田中明彦, 앞의 책.

시아 국가들과는 관계수복을 이루지 못하게 되었고, 따라서 동아시아에서 일본의 제국주의 침략행위 등을 강화과정에서 해결하지 못한 채 국제사회에 복귀하게 되었다. 그리고 일본은 샌프란시스코 강화조약이 체결되어 점령이 종식된 1951년 9월 8일에 미국과 안보조약을 체결하였다.

소규모의 제한적 재군비를 구상하였던 요시다 총리는 강화를 지향한 덜레스 특사와의 교섭에서 미일 안보조약의 실현에 최대의 심혈을 기울였는데, 이는 요시다 총리의 전 생애에서 최고의 정열을 집중한 역작으로 평가되었다.[23)]

따라서 요시다 총리가 덜레스 특사와의 제 1차·제 2차 회담에서 재군비 불가론을 명확하게 주장한 것은 주일미군을 활용한 타력방위(他力防衛)[24)]를 지향하기 위해 미일 안보조약의 실현을 도출하기 위한 전략적 의도에서 연출한 것으로 지적할 수 있다.

전후 일본을 미국주도의 안보체제에 편입시켜 출발케 한 1951년의 9·8 미일 안보조약의 주요 사항은 다음과 같다.

첫째, 미군의 일본 및 그 부근의 배치에 관한 사항으로서, 동 안보조약의 제 1조에서는, 일본은 미국의 육·해·공군을 일본 국내 및 그 부근에 배치할 권리를 미국에 허용하며, 미국은 이를 수용한다고 규정하였다.

둘째, 주일미군의 사용목적에 관한 사항으로서 극동조항이 있는데, 이는 일본에 주둔하는 미군의 사용목적은 일본의 안전뿐만 아니라 극동에서 국제평화와 안전의 유지에도 기여하는 것이라고 규정하였다.

셋째, 미군의 일본 내 기지사용 허용에 관한 사항으로서, 동 안보조약의 제 2조에서는, 제 1조에 언급된 권리가 행사되는 동안 일본은 미

---

23) 高坂正堯, 《宰相 吉田茂》(東京: 中央公論社, 1968).
24) 加瀬俊一, 《吉田茂の遺言》(東京: 讀賣新聞社, 1967).

국의 사전동의 없이 기지, 기지에 관한 권리·권력·권능, 병력주둔 및 연습의 권리, 육·해·공군의 통과권리를 제 3국에 허용하지 않는다고 규정하였다.

넷째, 미군의 일본 국내 및 그 부근 배치를 규율하는 사항으로서, 동 안보조약의 제 3조에서는, 미군의 일본 국내 및 그 부근 배치를 규율하는 조건은 행정협정에 의해 결정된다고 규정함으로써 일본국회의 비준이 필요 없도록 하였다.

요컨대, 샌프란시스코 강화조약에 의해 주권을 회복하여 국제사회에 복귀한 일본은 미국주도의 세계자본주의체제와 안보체제에 편입되어 출발하게 되었고, 냉전의 심화 속에서 미일 안전보장체제를 근간으로 아시아의 반공거점으로서 전략적 역할을 수행하게 되었다. 반면, 다른 한편에서는 일본이 국력을 전후 복구와 경제부흥 등 내정에 집중시키기 위해 안보비용의 극소화를 지향하여, 미국이 동아시아 안보전략 차원에서 인식하는 일본의 전략적 가치를 최대한 활용한다는 전략적 사고에 따라 미국주도의 세계자본주의체제와 안보체제의 편입에 응한 측면도 있다.

따라서 주권국가로 복귀한 일본은 미국의 동북아전략에 부응하여 아시아의 반공거점으로서 전략적 역할 및 친미적 외교를 추구하면서 미일 안전보장체제의 틀 내에서 안보의 확보를 도모하면서도, 중국, 소련 등 주변 강대국들을 자극하는 행동을 극력 피하려 하였다.

제 4 장

전후 일본의 재군비와 안보전략

1949년 10월 중국본토에 마오쩌둥〔毛澤東〕의 공산정권이 성립되고, 1950년 6월 한국전쟁의 발발과 더불어 동아시아 냉전이 심화됨에 따라, 미국은 일본을 동아시아지역에서의 군사적 거점으로 활용하려는 전략을 추구하게 되었다. 그 결과, 전후 일본은 샌프란시스코 강화조약 및 미일 안전보장체제에 의해 서방진영의 일원으로서 미국주도의 세계자본주의체제와 안보체제에 편입되어 미일 안전보장체제를 기반으로 아시아의 반공거점으로서 출발하게 되었다.

일본의 재군비 전략은 전후 냉전의 격화에 대응하려는 미국의 대아시아 전략에 따라 미일 안전보장체제를 구축하면서, 소규모의 제한적 방위전력의 정비에서 점증적으로 전력증강을 추구해 갔다.

1. 전후 일본의 재군비화 추진과 안보전략

1) 일본의 재군비화 추진

(1) 점령기 일본의 재군비

GHQ는 초기 점령개혁으로서 일본의 비군사화를 추구하였지만, 중국대륙의 공산화 등으로 동아시아 냉전이 심화되는 가운데 한국전쟁이 발발하자, 이를 계기로 일본의 실질적 재무장을 시작하였다. 즉, GHQ는 한국전쟁이 발발함에 따라 주일미군을 한반도에 파견하게 되는데, 이와 같은 주일미군의 파병에 따른 전력공백을 메우기 위해 경찰예비대를 창설하게 되고, 나아가 해상보안청의 병력을 증원하게 되는데, 이는 일본의 실질적 재무장의 시작으로 평가되기도 한다.

① 경찰예비대의 창설

한국전쟁의 발발과 더불어 북한군의 무력 앞에 남한이 순식간에 공산화되기 시작하자, GHQ는 주일미군을 한국전선으로 즉각 파병하기로 결정하였다. 즉, 맥아더 총사령관은 전쟁발발 3일 후 현지 전황의 시찰을 통하여 한반도 사태의 심각성을 직접 인식하여 미 지상군의 조속한 파병을 결정하였고, 아울러 긴박한 상황으로 미국 본토의 군대를 한반도에 파병할 시간적 여유가 없었기 때문에, 주일미군을 투입하는 전략적 선택을 하였다.

당시 일본에는 육군 4개 사단의 주일미군이 GHQ의 점령군으로서 주둔하였다. 따라서 한반도와 가장 가까운 큐슈지역에 주둔하였던 제24사단이 1950년 7월 3일 한국전선으로 투입된 것을 시발로 일본에 주둔하고 있던 거의 모든 미 군사력이 한반도로 파병되었다.

그러므로 일본에는 갑자기 전력의 공백이 발생하게 되었고, 맥아더 총사령관은 한국전선에 파병된 4개 사단의 공백을 보완하기 위해 현지부대의 창설을 결정하였다. 맥아더 총사령관은 1950년 7월 8일 요시다 총리에게 서한을 보내 7만 5천 명의 경찰예비대의 창설과 함께 해상보안청 정원을 8천 명 증원하도록 하였다.[1] 예컨대, 맥아더 총사령관은 새로운 헌법 제 9조 등을 고려하여 GHQ의 점령군의 전력공백을 군대의 부활이 아닌 경찰예비대의 창설이라는 형식을 취하여 메우려했다.

1950년 8월 10일 '경찰예비대령'이 공포되고, 경찰예비대의 창설작업은 순조롭게 진행되었다. 그 결과 같은 해 12월 29일에 4개 사단 7만 5천 명 규모의 경찰예비대 편성이 완료되었다. 경찰예비대는 미국의 문민통제(*civilian control*)를 모방하여 문민우위원칙 아래 문민이 경찰예비대의 총수로서 기구 및 조직을 지휘하는 체계를 지향하였다.

'군대와 같은 경찰', '경찰과 같은 군대'인 경찰예비대는 일본의 주권회복 이후, 1954년 7월에 육·해·공 3자위대가 발족될 때 육상자위대의 모태가 되었다. 따라서 경찰예비대의 창설은 전후 일본의 재군비의 본격적 시작으로 지적되고 있다.

② 해상보안청의 발족 및 증강

해상보안청은 GHQ의 통치 아래 1948년 5월 1일 운수성(運輸省)의 외국(外局)으로 발족하였는데, 당시 일본의 재군비에 대해 대내외적으로 경계심이 강하였으므로, 해상보안청법에는 특별히 비군사적 성격을 명기하였다.

따라서 해상보안청의 해상전력은 선박의 크기, 정원, 탑재장비 및 무기 등에서 엄격한 제한을 받았고, 이로 인해 연안경비, 검거 등의 임무를 수행하는 데 상당한 어려움을 겪어야 했다. 그러나 한국전쟁의 발발로 동북아 정세가 급변하면서 앞서 언급한 바와 같이 맥아더 총사령관의 명령에 의해 7만 5천 명의 경찰예비대 창설과 더불어 해상보안청

1) "マッカサー書簡・警察豫備隊設置," 大獄秀夫 編・解說, 《戰後日本防衛問題資料集》 제 1권(東京: 三一書房, 1991).

은 8천 명의 증원을 이룰 수 있게 되었다. 즉, 해상보안청의 증강이 이루어지게 되었다.

해상보안청은 정원 8천 명의 증원에 따라 조직과 직제를 개편하였고, 해상전력에 대한 제약의 완화로 선박 125척→200척, 총 톤수 5만 톤→8만 톤 등으로 전력증강을 추구하게 되었다. 특히, 미 해군극동사령부가 1950년 10월 2일 해상보안청 소속 소해부대(掃海部隊)의 한국전선 투입을 요청하면서,[2] 해상보안청은 미 해군의 호위함 대여 등의 지원 아래 질적으로 전력증강을 하게 되었다.

한국전쟁의 발발과 더불어 북한이 미군 등 UN군의 대한반도 상륙을 저지하기 위하여 한반도 연안에 상당수의 소련제 기뢰를 부설하였으므로, 이를 제거하기 위해 미 해군극동사령부는 해상보안청 소속 소해부대를 한국전선에 투입하였다. 예컨대, 해상보안청 소속 소해부대는 UN군의 원산상륙작전 등을 지원하기 위해 1950년 10월 중순부터 8주간 원산, 진남포, 해주, 인천, 군산 등지에서 기뢰를 제거하는 소해업무를 담당하였다.

이처럼 한국전쟁을 계기로 질적 발전을 이룬 해상보안청은 일본의 주권회복 직후인 1952년 8월 1일에 해상경비대로 개편되었다가 1954년 7월에 육·해·공 3자위대가 발족될 때 해상자위대로 변모하였다.

(2) 전후 재군비의 추진과 육·해·공 자위대의 발족

1952년 4월 28일부터 샌프란시스코 강화조약이 발효됨에 따라 국제사회에 주권국가로서 일본은 재등장하게 되었고, 일본 국내에서는 주권국가로서의 재군비를 둘러싼 뜨거운 논쟁이 전개되었다.

일본의 재군비와 관련하여 한정적 재군비, 확실한 재군비, 재군비 반대 등을 둘러싼 논쟁이 정치권을 중심으로 전개되었고, 마침내 1954

---

2) 木津徹編, 《海上自衛隊ハンドブック》(東京: 海人社, 1998).

년 7월 1일 방위관계법의 시행과 더불어 방위청이 설치되고, 3자위대 즉, 육상 · 해상 · 항공자위대가 발족되는 등 재군비가 추진되었다.

① 재군비 논쟁

1951년 강화조약 및 미일 안전보장조약의 체결을 둘러싸고 일본 국내는 보수계 정치세력, 혁신 · 진보계 정치세력들 간에 견해대립과 함께 논쟁이 격렬하게 전개되었다. 즉, 전면강화냐 다수강화냐를 둘러싸고 견해가 대립되었고, 강화조약과 미일 안보조약의 동시체결을 둘러싸고 '보수계 정치세력 대 혁신 · 진보계 정치세력' 간의 대립은 물론 진보계 세력 내부에서도 의견이 나뉘어 격렬한 균열 · 대립양상을 나타냈다.

따라서 1951년 9월 샌프란시스코 강화조약 및 미일 안전보장조약이 조인되자 당시 진보계의 대표적 정치세력이었던 사회당 내부는 이에 대한 대응을 둘러싸고 〈표 4-1〉과 같이 견해가 대립되면서 심각한 균열이 야기되었다.

〈표 4-1〉에 제시된 세 가지 안을 논의한 결과, 사회당 중앙집행위원회는 제 2안인 '강화조약 찬성, 안보조약 반대'를 당론으로 결정하였고, 사회당 중의원 · 참의원 양원 의원총회와 중앙위원회도 이를 승인하였다. 그러나 이 결정의 후유증으로, 1951년 10월 23일 개최된 사회당 제 8차 임시전당대회에서는 난투극이 연출되는 심각한 균열이 초래되었고, 아울러 10월 24일부터 사회당은 우파와 좌파로 분열되었다. 사회당 우파가 주권회복이라는 현실노선에 따라 '강화조약 찬성, 안보조약 반대'를 지지하였고, 이에 대해, 좌파는 '전면강화, 중립견지, 군사기지 제공 반대'의 평화 3원칙을 표방하면서 "강화조약, 안보조약 동시 반대"를 주장하였다. 좌파의 중립표방은 당시 일본국민들로부터 광범한 지지를 받았다.

이처럼 강화조약, 안보조약으로 초래되었던 대립 · 분열은 재군비

〈표 4-1〉 사회당의 강화조약, 안보조약에 관한 세 가지 안

제 1안	강화조약, 안보조약 동시 찬성
제 2안	강화조약, 안보조약 동시 반대
제 3안	강화조약 찬성, 안보조약 반대

노선을 둘러싸고도 나타났다.

요시다 총리는 제 3장에서 언급하였듯이 전후 복구와 경제부흥을 지향하여 국력을 집중투입하기 위해 미국의 동북아전략에 부응하면서 미일 안보체제의 틀 내에서 일본의 안보를 확보하려는 전략적 사고에서 소규모의 제한적 재군비를 점증적으로 추구하려 했는데, 이에 대해 보수, 진보·혁신계 세력이 비판을 가하면서 재군비 노선을 둘러싼 뜨거운 논쟁이 전개되었다.

1947년 9월 미일 안보조약으로 연계되는 중요한 정책제시인 〈아시타 메모랜덤〉을 작성한 민주당 총재인 아시타 히토시는 냉전이 심화되는 국제상황에 주목하여 덜레스 고문과 같은 인식으로 요시다 총리의 점증적 재군비 노선을 신랄하게 비판하면서, 한정적 소규모의 재군비가 아닌 보다 표면화된 재군비를 적극적으로 추진할 것을 주장하였다. 이와 같은 확실한 재군비론의 주장은 자유당 내 반(反) 요시다 세력들에 의해서도 제시되었다. 즉, 냉전의 심화에 따른 GHQ의 점령정책의 전환에 의해 공직추방이 해제되어 1951년 8월 정계에 복귀한 하토야마 이치로〔鳩山一郎〕 전 자유당 총재 등은 확실한 재군비론을 주장했다.[3)]

그리고 사회당을 비롯한 진보계 세력도 요시다의 재군비 노선을 반대하였다. 즉, 사회당은 일본의 주권회복 후에는 어떠한 재무장도 일

3) 하토야마는 추방해제 직전, 강화협상을 위해 방일한 덜레스 특사와의 회견에서 일본의 재군비가 필요하다는 자신의 의견을 담은 편지를 건넸다.

본을 동서냉전의 인질로 전락시키는 것이라고 우려를 표명하면서, 미일 안전보장체제의 편입에 따른 일본의 안보확보가 아닌 UN에 의한 일본의 안보확보를 주장하였다.

이와 같은 재군비를 둘러 싼 논쟁은 1952년 10·1 총선거 및 1953년 4·24 총선거를 거치면서 약화되었다. 1952년 10·1 총선거는 일본의 주권회복 이후의 첫 선거이기도 한데, 재군비가 선거쟁점이었다. 자유당도 요시다 파와 하토야마 파가 분열되어 각기 서로 다른 재군비론을 주창하면서 선거전을 전개하였는데, 선거결과는 젊은 세대와 여성층의 강한 재군비 반대의 영향으로 요시다 파와 좌파 사회당의 약진으로 나타났다. 즉, 자유당 240석(요시다 파 73석, 하토야마 파 68석, 중간 파 99석), 개진당 85석, 좌파 사회당 54석, 우파 사회당 57석 등이었으며, 요시다 총리는 재집권하였다.

그리고 주권회복 후 두 번째의 총선거인 1953년 4·24 총선거에서는 좌파 사회당의 대약진, 요시다 파 자유당의 현상유지, 하토야마의 자유당 및 개진당의 약화, 우파 사회당의 다소 약진 등의 결과가 나타났다. 즉, 확실한 재군비론자인 하토야마의 자유당 및 개진당의 세력이 약화되고, 우파 사회당의 약진 속에서도 재군비론자는 낙선되었으며, 요시다 총리는 또 다시 재집권하게 되었다.

요컨대, 주권회복 이후 치러진 두 번의 총선거에서 요시다 총리가 재집권하게 됨으로써 재군비를 둘러싼 논쟁은 약화되고, 요시다 총리의 점증적 재군비 노선이 일본의 안보정책 노선으로 정착하게 되었다. 즉, 요시다 노선에 따라 방위 관련 법안이 성립되고, 방위청이 발족되었으며, 육·해·공 3자위대가 창설되었다.

② 방위청 및 육상·해상·항공자위대의 발족

전후 일본의 출발과 더불어 치러진 1952년 10·1 총선거 및 1953년 4·24 총선거의 결과 정계재편이 이루어지고, 요시다 총리의 주도 아래 자유당을 비롯한 보수 3당은 자위대 발족을 둘러싸고 절충을 위한 교섭을 전개하였다.

보수 3당은 자위대의 임무, 국방회의의 구성, 통합막료회의의 권한, 국방담당 부처의 위상, 법제문제 등을 둘러싸고 대립하였다. 마침내 절충결과 자위대의 임무는 외부로부터의 직·간접적 침략에 대한 방위로 규정되었고, 국방회의의 구성문제는 결말을 보지 못해 방위청 설치법에 국방회의의 설치와 역할만을 규정하는 수준에서 합의가 이루어졌으며, 통합막료회의의 권한에 관해서는 육·해·공 3자위대의 조정과 방위청장관의 보좌수준으로 결정되었다. 그리고 국방담당 부처의 위상문제로 청(廳)수준 이상의 성(省)으로 승격하는 안이 제기되었지만 실현되지 못하였고, 법제문제는 절충결과 방위청설치법과 자위대법의 동시 처리로 귀결되었다.

이상과 같은 협의와 절충의 결과, 보수 3당에 의해 마련된 방위청설치법과 자위대법은 1954년 3월 8일 각료회의에서 결정되어 3월 11일 국회에 제출되었으며, 진보·혁신계 정치세력과의 매우 거친 논란을 거친 후에 5월 7일 중의원을 통과, 6월 2일 참의원을 통과하여 1954년 7월 1일부터 시행되었다.

1954년 7월 방위관계법의 시행과 더불어 방위청이 설치되고, 아울러 3자위대 즉, 육상·해상·항공자위대가 발족하였다. 육상·해상·항공자위대의 전력수준은 〈표 4-2〉와 같다.

〈표 4-2〉 창설 당시 육상·해상·항공자위대의 전력 수준

육상자위대	13만 명, 1방면대, 5관구대
해상자위대	1만 5천 명, 약 5만 8천 톤
항공자위대	6,287명, 약 150기

(3) '국방의 기본방침'과 방위력 정비계획

보수 3당의 협의에서 결말을 보지 못했던 국방회의 구성문제는, 1955년 보수연합에 의한 자민당의 발족 이후 자민당 정권에 의해 1956년 7월에 내각 자문기관으로 국방회의가 설치되었다.

국방회의는 방위청이 수립한 전후 일본 안보정책의 기본방침이 된 '국방의 기본방침'을 검토하였고, 국방회의의 사무국에 의해 정리된 최종안은 1957년 5월 20일 각료회의에서 결정·발표되었다.

① 국방회의

1950년 중반 일본의 국내정치 상황은 농민단체나 중소기업을 지지기반으로 하는 자유당, 민주당 등의 보수정당이 있었고, 도시의 젊고 근대적인 주민층을 대표하면서 노동조합을 지지기반으로 하는 사회당 등의 진보·혁신정당이 있었다. 이와 같은 이념정당들은 한국전쟁 이후 동서냉전의 격화 속에서 동아시아 냉전의 구조화가 전개되는 상황에서 이데올로기를 축으로 보수 대 진보의 대립을 심화시키고 있었다. 즉, 1950년대 중반의 일본 정치사회는 '보수 대 진보·혁신'이 이데올로기를 축으로 대립하는 문화정치의 시대였다.

이처럼 국내외의 냉전적 상황에서 치러진 1955년 2월 총선거에서 좌·우파 사회당은 매우 선전하여 큰 성과를 거두었다. 즉, 1951년 10월 24일 강화조약과 안보조약의 체결을 둘러싼 갈등·대립으로 분열하였던 좌·우파 사회당은 헌법개정이 주요 쟁점의 하나로 부각되었던

1955년 2월 총선거에서 각기 선전하여 헌법개정을 저지할 수 있는 의석수를 확보하였다. 따라서 좌・우파 사회당은 '보수정권 타도, 정권 재탈환'을 명분으로 같은 해 10월 12일 각각 당을 해체하는 해당대회(解黨大會)를 개최한 뒤, 10월 13일 당을 재차 통합하였다.

그리고 사회당의 재통일에 위기의식을 느낀 보수정당인 자유당과 민주당은 1955년 11월 15일 통합하여 자유민주당(이하, 자민당으로 약칭)을 결성하였다.

이로써, 일본 정치는 '보수 대 진보'의 대립구도 아래 자민당 지배를 특징으로 하는 2대 정당제의 시대, 이른바 '55년체제'의 시기를 맞이하게 되었다.

55년체제는 동서냉전시대에 '통상국가 일본'을 '경제대국 일본'으로 발전시키는데, 55년체제의 출범과 더불어 GHQ의 공직추방이 해제되어 정계에 복귀한 하토야마 이치로가 자민당의 초대 총재로서 연이어 총리에 취임함에 따라 제3차 하토야마 내각이 같은 해 11월 22일 출범하였다.

확실한 재군비론자였던 하토야마 총리는 안보정책을 한층 체계적이고도 적극적으로 추진하였다. 그 결과의 일환으로 국방회의가 설치되는데, 하토야마 내각은 1956년 7월 2일 '국방회의구성법'을 공포한 뒤 국방회의를 구성하였다. 국방회의는 내각 총리대신을 의장으로 하고 부총리인 국무대신, 외무대신, 방위청장관, 경제기획청장관으로 구성되었고, 의장의 판단으로 필요하다고 인정될 때에는 관계 국무대신, 통합막료회의 의장 등 관계자들을 회의에 출석시켜 의견을 제시하도록 하였다.

국방회의는 〈표 4-3〉과 같은 안보정책의 기본방침, 중요사항 등에 관해 총리의 자문에 응하였다. 즉, 국방회의는 '국방의 기본방침', 방위력 정비계획, '방위계획대강' 등의 수립에 중요한 역할을 수행하였다.

〈표 4-3〉 국방회의의 주요 자문분야

1. 국방의 기본방침
2. 방위계획대강
3. 방위계획에 관련된 산업 등의 조정계획의 대강
4. 방위출동의 가부
5. 기타 내각 총리대신이 필요하다고 인정하는 국방에 관한 중요사항

② 국방의 기본방침

하토야마 총리는 대미 편중외교를 탈피하여 소련과의 국교정상화를 추구하였다. 즉, 1953년 7월의 한국전쟁의 정전, 1957년 7월의 인도차이나 전쟁에 관한 제네바협정, 1955년 4월의 아시아 · 아프리카 반둥회의의 개최 등 아시아의 국제정세가 긴장완화의 분위기를 나타내는 상황에서 하토야마 총리는 소련과의 국교정상화를 전후 처리의 외교적 사명으로 인식하고, 1956년 10월 12일 모스크바를 방문하여 직접 국교정상화를 지휘하였다. 그 결과 같은 해 10월 19일 국교회복에 관한 선언에 조인하게 되었고, 일본-소련 관계는 국교정상화를 이룩하게 되었다. 그러나 이와 같은 하토야마 총리의 적극적인 대소 국교회복 추구는 미국을 매우 자극하였고, 미일관계를 냉각시켰다.

따라서 하토야마 내각의 퇴진 후, 1957년 2월 25일에 출범한 기시 내각은 미국과의 관계개선을 위해 친미외교 및 대미 의존외교 노선으로 전환하여야 했다.

기시 노부스케〔岸信介〕 총리는 대미관계 개선을 위한 전략적 차원에서 '국방의 기본방침'과 방위계획의 수립을 지시하였고, 1957년 6월 16일의 방미 이전인 같은 해 5월 20일 '국방의 기본방침'이 수립 · 발표되었으며, 6월 14일 '제 1차 방위력 정비계획'이 각료회의에서 결정되었다.

'국방의 기본방침'은 〈표 4-4〉에 나타난 바와 같이, 국제협조와 평화노력의 추진, 내정의 안정에 의한 안전보장의 기반확립이라는 비군

〈표 4-4〉 국방의 기본방침

국방의 목적은 직접 혹은 간접의 침략을 미연에 방지하고, 만일 침략이 감행되어 올 때에는 이를 배제하며, 그렇게 함으로써 민주주의를 기조로 하는 일본의 독립과 평화를 지키는 데 있다. 이러한 목적을 달성하기 위한 기본방침을 다음과 같이 정한다. 1. 국제연합의 활동을 지지하고 국제간의 협조를 도모하며 세계평화의 실현을 기한다. 2. 민생을 안정시키고 애국심을 고양시켜 국가의 안전을 보장하는 데 필요한 기반을 확립한다. 3. 국력 및 국정에 따라 자위를 위해 필요한 한도 내에서 효율적 방위력을 점진적으로 정비한다. 4. 외부로부터의 침략에 대해서는 장래 국제연합이 유효하게 이를 저지하는 기능을 다할 수 있을 때까지 미국과의 안전보장체제를 기조로 하여 이에 대처한다.

출처: 《1970年度 防衛白書》.

사적 수단의 활용을 꾀하면서, 군사적으로는 미일 안전보장체제의 견지와 방위력의 점진적 정비를 추구하는 것을 기본방침으로 하는 방위구상이다. 즉, '국방의 기본방침'에는 군사적, 정치적 안보를 위한 포괄적 안보를 지향하는 전략사고가 나타났다.

③ 방위력 정비계획

전후 일본에서는 '국방의 기본방침'의 구상에 따라 정부차원의 공식적인 장기 방위력 정비계획이 처음으로 수립되었다. '제 1차 방위력 정비계획'부터 '제 4차 방위력 정비계획'까지의 방위력 정비계획은 1958년부터 1976년까지 방위비가 매년 약 2배 정도 증가하는 가운데 추진되었다. 이 기간 동안에 일본은 소요 방위력을 점진적이고도 단계적으로 정비하였다.

그리고 '제 4차 방위력 정비계획'(1972~1976년) 이후의 방위력 정비계획의 수립에서는 1970년대 중반경의 '데탕트적' 국제정세를 '공존과

항쟁'의 동서관계로 특징지워 인식하면서, 방위력 정비를 양적 증대로부터 질적 증강으로의 전환을 추구하게 되는데, 이와 같은 전략구상은 1976년 10월에 결정된 '방위계획대강'에 반영되어 나타났다.

2) 방위계획대강의 전략구상과 안보전략

국제정치 · 군사환경의 데탕트적 상황 속에서 국제경제 문제가 정치화되면서 정치력과 경제력이 점점 복잡하게 얽히고 있던 시기에, 일본정부는 '통상대국'의 입장에서 자원 · 에너지의 위기를 국가생존의 위협으로 간주하고, 경제안전보장을 국가안전보장 차원에서 종합적 전략으로 추구해야 한다는 인식 아래 안보정책의 지침을 수립하였다. 즉, 일본정부는 능력과 의도에 관한 전략적 사고를 기반으로 1976년 10월 '방위계획대강'을 수립 · 발표하였다.

(1) 2개의 방위력 정비구상과 '기반적 방위력 구상'

제 1차에서부터 제 4차까지의 방위력 정비계획이 끝남에 따라 '제 4차 방위력 정비계획' 이후의 방위력 정비구상을 하게 되었다. 이 방위력 정비구상을 둘러싸고 2개의 구상이 나타났다.

먼저 이른바 '제복조'(制服組)라는 현역 자위대원들에 의해 주장된 전략구상을 보면, 그것은 침략사태를 전제로 하지 않는 방위력 건설은 있을 수 없다는 인식하에서 특정의 침략사태에 대항할 수 있는 방위력을 정비해야 한다는 전략구상이다.

그리고 다른 한 구상은 방위청 내국(內局)의 문관(*civilian*)들에 의하여 주장된 것인데, 어느 특정의 침략사태를 염두에 두지 말고 전체로서 균형을 갖춘 방위력을 정비하자는 전략구상이다. 이 안은 1973년 2월 국회에 제출된 '평화시의 방위력'의 전략구상에 상당히 영향을 받은 것이다.

이 2개의 방위력 정비구상은 서로 대립하면서 격렬한 논의를 거치게 되었다. 일본 방위청으로서는 어느 특정의 침략사태에 대항하자는 안보다는 전체로서의 균형을 갖춘 방위력을 정비하자는 안을 채택하여, 이 안을 '기반적 방위력 구상'이라는 방위구상으로 제시하였다.

따라서 '기반적 방위력 구상'은 《1976년도 방위백서》를 통하여 '제 4차 방위력 정비계획' 이후의 방위력 정비계획 구상으로 거론되어 나타나게 되었다.

《1976년도 방위백서》에 나타난 '기반적 방위력 구상'은 〈표 4-5〉와 같은 국제환경과 그와 같은 국제환경 아래에서는 미일 안전보장체제가 유효하게 유지될 것이라는 것을 전제로 하였다. 그리고 그와 같은 전제조건이 크게 변하지 않는 한 외국으로부터 일본에 대한 본격적이고도 대규모적인 침략가능성은 거의 없겠지만, 일본주변지역에서 일어난 무력분쟁의 파급이나 소규모 군사침략의 가능성은 거의 배제할 수 없다는 인식 아래 '전체로서의 균형'을 갖춘 방위력을 구비할 것을 주장하였다. 즉, '기반적 방위력 구상'에서는 일본이 보유할 방위력으로서 어느 특정침략에 대항하기 위한 방위력보다는 '한정적'인 침략에 항시 대처할 수 있는 전체로서의 균형을 갖춘 방위력을 주장하였다.

그러므로 '기반적 방위력 구상'에서는, ① 직·간접적 침략, 영공침범에 대한 신속하고도 적절하게 대응할 수 있는 즉응태세, ② 미일 안전보장체제의 유효한 기능발휘를 위한 미군과의 원활한 제휴, ③ 국제정세의 변화에 의해 방위력의 증강이 요구될 때 원활하고도 유연하게 증강할 수 있는 능력 등이 강조되었다.

〈표 4-5〉 '기반적 방위력 구상'의 전제가 되는 국제환경

1. 미소 쌍방은 핵전쟁을 회피할 것이며, 아울러 본격적으로 말려들어 갈 재래식 무기에 의한 전쟁을 피하려는 노력도 할 것이다.
2. 소련에서 구주(歐洲) 문제 — NATO와의 대치, 동구제국(東歐諸國)의 통제 — 는 존속할 것이다.
3. 중소관계는 부분적 개선을 얻을지라도 대립이 해소될 가능성은 적다.
4. 미중관계는 상호관계조정이 금후에도 계속될 것이다.
5. 한반도에서는 현상유지가 계속될 것이며 큰 무력분쟁의 가능성은 적다.

출처: 《1976年度 防衛白書》.

(2) '방위계획대강'의 전략구상

① '방위계획대강'의 '기반적 방위력 구상' 채용

앞에서 언급한 '기반적 방위력 구상'은 더욱더 구체화되고 발전되어 1977년 이후의 일본 방위력 정비계획의 지침인 '방위계획대강'으로 나타났다. 즉, 1976년 10월 결정된 '방위계획대강'은 '기반적 방위력 구상'의 주장을 수용하여 보다 구체적으로 발전시킨 전략구상이다.

그러므로 ① 위협에 대한 인식과, ② 그에 따른 일본의 보유 방위력에 대한 전략적 사고를 '방위계획대강'의 전략구상의 특징으로 지적할 수 있다.

먼저 '방위계획대강'의 위협에 대한 인식을 살펴보면, 〈표 4-6〉에 나타나 있는 것처럼 위협이라는 것은 침략할 수 있는 능력에 침략하겠다는 의도가 결합될 때 비로소 현실적인 것이 되며, 침략이라는 행위로도 나타날 수 있다고 규정하였다.[4] 즉, 능력이 아무리 크더라도 의도가 없으면 위협은 현실적인 것이 될 수 없다는 것이었다.

여기서 '의도'라는 것은 타국에 대한 침략의사인데, 객관적이고 외형

---

4) 《1977年度 防衛白書》, pp. 52~54.

〈표 4-6〉 위협과 '기반적 방위력'

위협 = 능력 × 의도 ⇒ 기반적 방위력

〈표 4-7〉 능력과 의도의 특성

능 력	의 도
1. 객관적 2. 물적 · 외형적 형태 3. 정비에 장시간 소요 4. 능력의 양 · 질	1. 주관적 2. 인지하기 어려움: 상황적이고 불안정성 내포 3. 의도하는 침공규모와 비례하는 제약이 존재할 수 있음. 국제정세, 국제정치구조

적인 능력에 비해 주관적이고, 상황에 따라 변화할 수 있는 불안정성을 내포하며, 따라서 인지하기 어려운 것을 의미한다. 반면, 의도는 실제문제로서 국제정세 혹은 국제정치구조 등과 얽혀있으므로, 침공규모가 크면 클수록 의도에 대한 제약도 비례해서 작용할 수 있는 것이기도 하다(〈표 4-7〉 참조).

이와 같은 의도와 능력에 관한 인식을 기반으로 하는 '방위계획대강'은 〈표 4-5〉와 같은 국제정세가 당분간 크게 변화하지 않는다는 전제하에서, 위협을 인식하는 데 있어 상대방의 의도파악을 강조하였고, 따라서 일본의 보유 방위력에 관해서는 미일 안전보장체제의 틀 속에서 '한정적이고 소규모적인 침략'에 항시 대처할 수 있는 전체로서의 균형있는 방위력 정비를 추구하는 전략구상을 나타냈다.

즉, 한정적이고 소규모적인 침략이란 사전에 침략의도가 탐지되지 않고 별다른 특별한 준비 없이 기습적으로 감행되어 단기간에 승부를 결정짓는 침략을 의미하는 것이므로, '방위계획대강'은 전체로서 균형을 이룬 방위력의 정비뿐만 아니라 국제정세나 전략환경의 동향을 항시 빠르고 정확하게 분석하여 적시에 방위정책에 반영하는 것을 극히 중요시하였다.

② '방위계획대강'의 전략구상과 방위체제

'방위계획대강'은 당시의 국제상황, 즉 동서관계의 데탕트적 분위기 아래에서 동북아지역에서는 미·중·소 3극구조의 전략적 상호작용으로 결정적인 군사적 대립은 전개되기 어렵다는 전략적 판단 아래, ① 핵 위협에 대해서는 미국의 핵 억지력에 의존하고, ② 재래식 무기에 의한 한정적이며 소규모적인 침략에 대해서는 일본의 자력으로 대처하며, ③ 그 이상의 대규모 침략에 대해서는 미국과의 협력으로 대처한다는 전략구상을 추구하였다.

즉, '방위계획대강'의 전략구상은 미일 안전보장체제를 원활히 운용하여 침략을 미연에 방지하는 것을 기본으로 하며, 침략사태가 발생했을 경우에는 한정적이며 소규모적인 침략까지는 '스스로의 힘'(自力)으로 격퇴한다는 것을 핵심으로 하였다.

그러므로 '방위계획대강'은 육상·해상 및 항공자위대 가운데 특정 부문에 역점을 두고 전력증강을 하는 것보다, 전체로서의 균형을 갖춘 방위력을 정비한다는 기본방침 아래 육상·해상 및 항공자위대의 종합적 방위체제를 지향하는 전력정비를 추구하였으며, 특히, '방위계획대강'은 각 자위대의 유기적 협력체제의 촉진과 종합운용 효과의 발휘를 중요시하였다. 아울러 '방위계획대강'은 이와 같은 전력정비 구상에 따라 일본 방위력의 거부능력을 향상시키기 위해 육상·해상·항공 3자위대의 조직배치에 균형을 취하고, 무기체계의 근대화 및 속전능력의 개선 등의 질적 증강을 지향하였다.

제 5 장

신냉전적 상황으로의 전환과 일본 안보전략의 질적 변화

1. 신냉전 상황의 도래와 일본의 군사전략

1970년대 말, 동서관계가 데탕트적 상황에서 신냉전적 상황으로 전환됨에 따라 일본열도를 둘러싼 전략환경은 질적으로 변화하게 되고, 따라서 미일 군사협력은 양적·질적으로 강화되었으며, 아울러 일본의 군사전략 및 군사력 정비 역시 질적으로 매우 증강되는 변화를 나타냈다.

그 변화는 '1981 중기 업무견적'(中期 業務見積)에서 나타나기 시작하여 '1986 중기 방위력 정비계획'(中期 防衛力 整備計劃)을 통하여 두드러지게 나타났다. 즉, 일본정부의 주장과는 달리 '방위계획대강'의 성격변화가 나타났다.

1) '방위계획대강'의 성격변화와 '1981 중기 업무견적'의 전략구도

(1) 신냉전적 상황으로의 변화와 대소 위협의 인식변화

1970년대 말의 국제환경은 동서관계가 데탕트적 상황에서 신냉전 상황으로 전환되었는데, 그와 같은 국제환경의 변화는 일본의 방위전략에 적지 않은 영향을 미치게 되었다.

즉, 국제환경이 신냉전적 상황으로 변화함에 따라 미일 방위협력은 강화되고, 대소 위협의 인식도 점차 다르게 되었고, 그와 같은 변화는 '1981 중기 업무견적'에 투영되어 일본의 방위력 정비에 영향을 미쳤다.

먼저 일본의 방위백서에 나타난 국제환경의 변화에 대한 인식은 대소 위협론이 두드러지게 나타난 것이 특징이다. 일본의 소련 군사력에 대한 인식을 보면 《1979년도 방위백서》에서부터 소련의 군사력이 위협에 가까운 존재라는 인식을 나타내기 시작하였고, 《1980년도 방위백서》부터는 소련의 군사력 증강을 잠재적 위협의 증대로서 인식하기 시작하였다.

그와 같은 대소 위협론의 인식은 1980년대의 방위백서를 통하여 계속해서 나타났다. 즉, 일본은 방위백서를 통하여 소련은 극동방면에서 군사력을 양·질 면에서 모두 증강시키고 있으며, 이는 일본의 안전보장에 잠재적 위협을 증대시키는 것이라고 대소 위협론을 일관되게 강조해왔다.

일본이 방위백서를 통하여 대소 위협론을 나타내지 않게 된 것은 《1990년도 방위백서》부터이다.[1)]

---

1) 《1990年度 防衛白書》, p. 46. 《1990年度 防衛白書》에서는 소련이 타국에 대하여 침략적 행동을 하기에는 종래에 비하여 곤란한 상황에 있다고 지적하였다.

(2) 극동소련군의 증강에 따른 전략환경의 변화

1970년대 후반부터 1980년대 초반에 걸쳐 극동소련군의 증강에 따른 전략환경의 변화를 일본의 방위백서에서는 구체적으로 상황분석을 하였다.

1980년대 초반의 방위백서에서는 미국은 베트남전쟁 종료 후 일본주변을 포함한 서태평양지역에서 병력배치를 대폭 삭감하였고, 게다가 소련의 아프가니스탄에 대한 군사개입을 계기로 항공모함 기동부대를 인도양 방면으로 배치시킴에 따라 서태평양지역에서 미국의 전략은 상대적으로 저하된 것에 비해, 소련은 대조적으로 1969년 3월 중소국경에 있는 다만스키 섬에서의 무력충돌 이후 세계전략 차원에서 극동의 군사력을 증강하기 시작하여 1970년대 후반부터는 핵 전력 배치와 함께 두드러진 질적 증강을 꾀하고 있다는 견해를 나타냈다.

특히, 1980년대 초반의 방위백서에서는 소련군의 베트남 해·공군기지의 항시사용, 북방도서(北方島嶼)인 쿠나시리〔國後〕, 에토로후〔擇捉〕 및 시코탄〔色丹〕의 소련 지상 군부대 배치 및 기지건설,[2] 극동에서의 소련 핵무기 배치 등은 미소 군사균형에 커다란 영향을 주고 있고, 아울러 일본의 안전보장에 대해서도 잠재적 위협을 증대시키고 있다고 대소 위협의 인식을 나타냈다.

이와 같은 대소 위협인식은 일본의 방위력 증강을 위한 명분으로 작용하면서 방위력 정비에 상당한 영향을 미치게 되었다. 아울러 극동에 배치된 핵무기는 전략환경의 변화를 초래함과 동시에 미일 방위협력을 진전토록 하였다.

소련이 1978년부터 IRBM SS-20을 극동에 배치함에 따라 일본열도는 극동소련의 거의 모든 지역으로부터 공격받을 수 있는 사정권 내에 들어가게 되었다. 일본으로서는 미국 핵 억지력의 신빙성을 높이지 않

---

2) 《1980年度 防衛白書》, pp. 45~46 및 《1982年度 防衛白書》, pp. 28~82.

으면 안 되었다. 또, 소련이 1978년부터 델타급의 SSBN 잠수함을 극동에 배치하고, 1979년부터 백파이어 전폭기를 극동에 배치함에 따라 일본은 일본주변의 해상교통로의 안전확보 및 방공능력의 향상에 노력을 기울여야 했다. 따라서 일본은 미일 안전보장체제에 의거한 미일 방위협력을 진전시킴으로써 극동에서의 전략환경 변화에 대응하여야 했다.

(3) 미일 군사협력에 따른 전력증강과 '1981 중기 업무견적'

극동에서 소련의 전력증강에 대응하는 미일의 군사협력은 일본의 방위력 정비에 영향을 미치게 되었고, 그 영향은 '1981 중기 업무견적'의 방위력 정비계획에 투영되었다.

미일 방위협력의 진전에 관하여 살펴보면, 미국은 아시아·태평양 전략상 일본의 방위력 강화를 요구하였다. 1981년 5월 레이건·스즈키 미일 정상회담에서 1,000 해리 SEA LANE 방위를 요청하고, 나아가 같은 해 6월에는 하와이에서 개최된 제13회 미일 안보협의위원회의 '사무수준 협의'를 통하여 '방위계획대강'의 방위력 정비계획은 양·질에서 모두 불충분하고 특히 해상방공능력은 그 수준이 낮을 뿐만 아니라 시대에 뒤떨어진다고 신랄하게 비판하면서 〈표 5-1〉과 같은 방위력 증강안을 제시하였다.

미국 측의 증강안은 '방위계획대강'의 수준을 넘는 것으로서 특히, ① P-3C의 100기 보유, ② 1980 미국 회계연도부터 미군에 도입되기 시작한 최신예 지대공 미사일 패트리어트의 신규도입, ③ 방공경계 관리시스템(파지시스템)의 컴퓨터 처리용량의 대폭 증대에 의한 대상공역(對象空域)의 확대와 다른 지휘·통제·통신시스템과의 연동기능의 강화 등을 제시한 것에 특징이 있다.

그것은 동아시아, 서태평양지역에서 미국이 소련과 군사적으로 대치하는 정면이 해양에 있으며, 일본열도는 지정학적 견지에서 해상전력(특히 대잠수함 능력)과 방공전력(防空戰力)의 우선도가 높다고 판단했기 때문이다. 따라서 미국은 일본에 주변 해공역(海空域)에서의 해상방공능력을 갖출 것을 요구한 것이다.

일본도 일본을 둘러싼 전략환경의 변화에 대한 인식으로부터 일본의 안전보장을 위한 방위력 정비의 필요성과 미일 안전보장체제의 신뢰성의 유지·강화의 중요성을 다시 한번 느끼게 되었다.

〈표 5-1〉 미국 측의 방위력 증강안과 '방위계획대강'의 수준 비교

<table>
<tr><th colspan="3"></th><th>미국 측 요구</th><th>방위계획대강</th></tr>
<tr><td rowspan="10">미국 측 증강안</td><td rowspan="3">해상자위대</td><td>고정익 대잠 초계기
(이 가운데 P3C는 100기)</td><td>125기</td><td>약 100기(P3C는 1978 중기업무견적 기간 내에 45기)</td></tr>
<tr><td>유도미사일 호위함</td><td>70척</td><td>호위함 약 60척
(현재 80척 보유)</td></tr>
<tr><td>잠수함</td><td>25척</td><td>16척(현재 14척 보유)</td></tr>
<tr><td rowspan="4">항공자위대</td><td>요격전투기(F15, F4E 등)</td><td>14개 비행대</td><td>10개 비행대</td></tr>
<tr><td>대지 공격전투기(F1 등)</td><td>6개 비행대</td><td>3개 비행대</td></tr>
<tr><td>수송기(C130 등)</td><td>5개 비행대</td><td>3개 비행대</td></tr>
<tr><td>조기경계기(E2C 등)</td><td>2개 비행대</td><td>1개 비행대</td></tr>
<tr><td rowspan="3">육상자위대</td><td>지대공 유도미사일</td><td>패트리어트 도입</td><td></td></tr>
<tr><td>탄약(기전, 어전, 미사일, 탄약 등)</td><td>60일분
가능하면 90일분</td><td>현재 10일분 보유</td></tr>
<tr><td>방공경계관계시스템
(퍼지)</td><td>컴퓨터 처리용량의 대폭 증대</td><td></td></tr>
</table>

출처: 《朝日新聞》, 1981. 6. 24.

군사안보문제에 대해서 매우 소극적이었던 스즈키 내각[3]에서도 방위청은 미국 측의 대일본 방위력 증강론을 일본의 방위력 정비계획에 반영하고자 하였다. 따라서 '1981 중기 업무견적'의 방위력 정비계획에 미국 측의 증강안이 반영되어 나타나게 되었다.

1982년 7월 국방회의에서 승인된 '1981 중기 업무견적'은 국제전략환경 특히 동북아시아의 전략환경 변화를 인식하고, 미일 안전보장체제의 신뢰성을 유지, 향상시키기 위해 미국의 대일본 방위력 증강안에서 제시되었던 해상방공전력의 정비에 역점을 둔 방위력 정비계획인데, 전략적 목표는 미국의 극동전략에 부응하면서 '방위계획대강'에서 규정한 방위력 수준의 달성을 추구하는 것이었다.

그러므로 '1981 중기 업무견적'의 전략구도는 방위력 강화의 우선순위로서 방공능력, 대잠수함 능력, 해안선 방위능력을 제시하였고, 전자전 능력, 속전능력, 즉응태세 및 지속적인 저항능력의 향상을 중시하였다.

'1981 중기 업무견적'은 그와 같은 전략구도에 따라 방공능력, 대잠수함 능력의 충실에 최중점을 두었고, 대공수 및 대상륙작전 능력의 향상에도 큰 비중을 두었다. 이와 같은 '1981 중기 업무견적'의 특징은 한 대에 백억 엔 이상을 호가하는 F-15 요격전투기 및 P-3C 대잠수함 초계기 등의 대량조달을 꾀했다는 데에서 상징적으로 나타났다.

요컨대, '1981 중기 업무견적'은 해 · 공에서의 방위력을 우선적으로 정비하고, '방위계획대강'에서 전혀 언급되지 않았던 SEA LANE 방위능력을 갖추겠다는 방위력 정비계획인데, 이는 '방위계획대강'의 전략적 취지가 변하고 있다는 조짐을 나타내는 것이기도 하다.

---

3) 스즈키 내각은 군사안보문제에 대하여 매우 소극적이었다. 특히, 스즈키 총리의 군사안보문제에 대한 이중적이고 우유부단한 태도는 외무대신의 사임을 초래하는 정치적 파문을 초래하였고, 미일관계를 '신뢰성의 위기관계'로까지 악화시켰다.

즉, '방위계획대강'의 전략적 취지가 육상·해상·항공 3자위대의 균형을 이룬 군사력의 근대화를 추구하고, '방위계획대강'의 결정 후 최초의 5개년 계획인 '1978 중기 업무견적'(1979년 8월 결정, 1980년부터 1984년까지의 5개년 계획)이 '방위계획대강'의 전략적 취지에 따라 3자위대의 균형을 이루면서 군사력을 정비하는 것이었는데, '1981 중기 업무견적'은 해·공에서의 군사력을 우선적으로 정비하고 나아가 '방위계획대강'에서 전혀 언급되지 않았던 SEA LANE 방위능력을 추구하는 것이었으므로, '방위계획대강'의 취지가 '1981 중기 업무견적'에 의해 변하게 되었다고 지적할 수 있다.

2) '1986 중기 방위력 정비계획'의 전략구도

(1) '1984 중기 업무계획'의 격상과 '1986 중기 방위력 정비계획'

방위청은 '1981 중기 업무견적'의 차기 방위력 정비계획으로서 '1984 중기 업무견적'(1986년도부터 1990년도까지의 5개년 계획)을 책정했는데, 이 계획은 검토중에 새로운 정부계획으로 격상되었다. 즉, 1985년 8월의 국방회의에서는 '1984 중기 업무견적'을 기본으로 하여 새로운 방위력 정비 5개년 계획을 작성하게 되었고, 따라서 방위청 수준의 계획인 '1984 중기 업무계획'은 정부계획으로 격상되어 같은 해 9월 '1986 중기 방위력 정비계획'으로서 결정되고 각료회의에서 승인되었다.[4]

소요경비가 18조 4천억 엔인 '1986 중기 방위력 정비계획'은[5] 일본을 둘러싸고 있는 전략환경에 관하여 극동소련군의 증강에 대한 대소

---

4) '1986 중기 방위력 정비계획'의 소요경비는 18조 4천억 엔이다. '방위계획대강' 책정 이후 방위비가 GNP의 1% 내에서 매년 책정되었는데, '1986 중기 방위력 정비계획'은 그와 같은 '단년도 방식'이 아닌 '총액 결정방식'을 채택하였다. 즉, 18조 4천억 엔이라는 총액 틀 내에서 방위비를 GNP의 1% 정도에서 결정하는 것이다.

5) 《1980年度 防衛白書》, pp. 45~46 및 《1982年度 防衛白書》, pp. 28~32.

위협론을 한층 더 강하게 역설하고, 따라서 정면장비를 해·공에서의 방위력 강화에 역점을 두면서 전수방위(專守防衛)의 틀을 넘을 수 있는 수준까지 정비하는 것이었다. 즉, '1986 중기 방위력 정비계획'을 통하여 해상 및 방공방위력의 강화에 중점을 두겠다는 일본의 전략적 의도는 더욱 두드러지게 나타났다.

(2) '1986 중기 방위력 정비계획' 책정시의 극동소련군의 전력증강

'1986 중기 방위력 정비계획' 책정시의 일본을 둘러싼 전략환경, 특히 소련군의 전력증강은 '1986 중기 방위력 정비계획'의 전략구도 수립에 상당한 영향을 주었다.

따라서 '1986 중기 방위력 정비계획' 책정시의 일본을 둘러싼 전략환경에 관해 '방위계획대강'의 책정시와 비교하면서 극동소련군의 세력추이에 주목하여 분석한다.

《1983년도 방위백서》는 극동소련군이 소련 전체 군사력의 4분의 1에서 3분의 1에 해당한다고 지적하고 특히, '방위계획대강' 책정시에 전혀 배치되지 않았던 '전략 핵전력'의 배치를 강조했다. 동 백서에 의하면 ICBM 및 전략폭격기가 시베리아 철도연변을 중심으로 배치되어 있고, 또한 SLBM을 탑재한 델타Ⅲ급 SSBN과 빅타Ⅲ급 SSN 등의 원자력 잠수함이 오호츠크해를 중심으로 극동해역에 배치되어 있는데, 이들 SLBM에는 고성능 미사일 SS-18, SS-N-1 등이 탑재되어 있다는 것이다. 즉, 동 백서는 1976년경 전혀 배치되지 않았던 중거리 핵전력이 1970년대 후반에 배치된 이후 급속히 증가하고 있음을 지적하면서 극동소련군의 질적 증강을 강조한 것이다.

이와 같은 소련 핵전력의 극동배치가 갖는 전략적 의미는 소련이 극동지역으로부터 일본열도뿐만 아니라 미국본토까지도 직접 공격할 수 있게 되었다는 점이다. 1978년 시베리아 중앙부와 바이칼호 동부지역에 SS-20이 배치됨으로써 일본열도는 소련 극동지역의 거의 모든 지

점으로부터 공격받을 수 있는 사정거리 내에 들게 되었고, 1979년 백파이어의 극동배치에 따른 극동소련군의 대지·대잠수함 공격능력의 강화는 일본의 방공태세나 주변 해상교통 보호 등에 커다란 영향을 미치게 되었다.

또, 1978년부터 배치된 델타 Ⅲ SSBN(SS-N-18 SLBM×16기 탑재)은 오호츠크해에서 SLBM으로 직접 미국본토를 핵공격할 수 있게 되었는데, 이는 전략방위구상(SDI) 연구계획에 참가하는 일본의 역할에도 중요한 영향을 미치게 되었다.

《1985년도 방위백서》는 '방위계획대강'의 책정시와 비교하여 지상병력·항공병력·해상병력에서도 극동소련군의 전력이 질적·양적으로 현저하게 증강되었음을 지적했다(〈표 5-2〉 참조). 게다가 《1985년도 방위백서》는 소련의 세계전략 및 소련의 일본에 대한 정치적 전략[6]이라는 관점에서, 오호츠크해가 소련 SSBN의 활동해역이 됨에 따라 그 전략적 가치가 상승하였고, 아울러 오호츠크해와 태평양을 경계짓는 북방도서의 전략적 중요성이 커지게 되었다고 지적하면서 북방도서에 주둔해 있는 소련 지상군의 전력증가에 우려를 표명했다.

예컨대, 1978년 이후 쿠나시리, 에토로후 및 시코탄에 재배치된 소련 지상군 부대는 북방도서의 전략적 가치가 높아짐에 따라 1980년도 중반경에 이르러 그 규모가 사단규모로 커졌으며, 에토로후의 비행장에는 MIG-23 전투기 40기 정도가 증강배치된 것이다.

《1983년도 방위백서》나 《1985년도 방위백서》에서 극동소련군의 전력증강에 대한 지적은 일본이 일본주변 군사정세의 변화를 파악하고 있음과 동시에 대소 위협론의 증대에 따른 대응책을 강구하고 있음을 나타내는 것이기도 하다.

---

6) 《1980年度 防衛白書》, p. 55. 소련의 정치적 전략이라는 것은 북방도서에 대한 소련의 점거를 일본에 용인시키고자 하는 것을 의미한다.

〈표 5-2〉 극동소련군의 세력추이

구 분	'방위계획대강' 책정시(1976년)	'1986 중기 방위력' 책정시(1985년)
중거리 핵전력	SS-20 0기 백파이어 0기	SS-20 135기 이상 백파이어 약 85기
지상병력	31개 사단 약 30만 명	41개 사단 약 37만 명(T-72전차, 장갑보병전투차 등으로 화력, 기동력을 강화)
항공병력	작전기 약 2,030기	작전기 약 2,200기(TU-22M 백파이어 폭격기, MIG-23/27 부로가, SU-24 핸사 전투기 등 고성능 신예기 도입)
해상병력	약 755척, 약 125만 톤	약 835척, 약 178만 톤(키에프급 항공모함, 카라급 미사일 순양함 등 대형 신예함 증강 배치, 특히 델타Ⅲ급 SSBN 배치)

출처: 《1985年度 防衛白書》.

(3) '1986 중기 방위력 정비계획'의 전력정비와 전략구도

일본의 전략환경 변화에 대한 대응노력은 '1986 중기 방위력 정비계획'을 통하여 명백히 나타났다. '1986 중기 방위력 정비계획'은 해상방위 및 대공방위능력을 질적으로 강화한다는 방위력 정비방향을 '1981 중기 업무견적'보다 한층 더 명백히 하였고, 아울러 일본 동북지방의 방위를 중시함을 나타냈다.

즉, '1986 중기 방위력 정비계획'은 방위력 정비의 중점목표로서 본토방공능력의 향상, 주변해역의 방위 및 해상교통의 안전확보능력의 향상, 해상 및 해안선 격파능력 강화 등을 제시함으로써, 대공수 및 대상륙작전 능력의 향상, 해(海)·공(空) 방위력의 질적 강화 등을 추구함을 나타냈고, 육상부대의 경우는 홋카이도를 중심으로 아오모리〔青森〕 이북지역에 중점적으로 배치할 것임을 나타냈다.

'1986 중기 방위력 정비계획'의 방위력 정비에 관하여 구체적으로

살펴보면, 본토방위능력의 향상을 위해서는 F-15 요격전투기,[7] 조기 경계기를 정비하여 요격방공능력의 충실화·근대화를 추구하였고, '방위계획대강'에서 정한 6개 군 가운데 5개 군의 지대공 유도탄(SAM)을 나이키에서 패트리어트로 교체함으로써 주요 지역의 방공화력의 강화를 도모하였다.

주변해역의 방위 및 해상교통의 안전확보능력을 갖추기 위해서 호위함(9척), 잠수함(5척) 등의 건조를 추구하였는데, 특히 호위함을 건조하는 데는 대잠수함 능력에 충실을 기하고, 대잠수함 및 대공능력의 향상을 위한 미사일의 장비화를 추진하여 해상방공태세의 정비를 꾀하였다.

더욱이 항공기에 의한 해상방위능력의 충실화·근대화를 위하여 P-3C 고정익 대잠수함 초계기(50기), 대잠수함 헬리콥터〔66기, 신(新)함재형 대잠수함 헬리콥터 포함〕, MH-53E 심해 헬리콥터(12기) 등의 정비를 추구하였다.

대공수 및 대상륙작전 능력을 갖추는 데는 일본이 섬나라라는 지정학적 특성을 고려하여 해륙 및 해안선 격파능력의 강화를 도모하였다. 즉, 새로이 지대함 유도탄 54기를 도입하여 3개의 SSM부대를 신설하고, 전차(246대), 화포(277문), 장갑차(310대) 등을 정비하여 사단편성에 다양화를 꾀하였는데, 즉응태세의 향상을 위해 약 140대의 전차를 홋카이도에 배치하여 초기대처능력의 향상을 도모하였고, 또한 AH-IS 대전차 헬리콥터(43기)를 정비하여 공중화력을 강화하였다.

이와 같은 주요 장비의 정비와 함께 대소 전략적 전력배치는 육상부대의 경우, 홋카이도를 비롯한 아오모리 이북지역에 전체 전차의 60%

---

7) '1986 중기 방위력 정비계획'을 정부계획으로서 결정한 1985년 9월 18일의 국방회의에서는 F-15의 도입 수 155기를 187기로 할 것을 결정했다. F-15 155기의 도입은 1982년 7월 23일의 국방회의에서 결정되었고 각의에서 승인되었다.

를 집중배치하고, 신설하는 SSM의 3개 부대와 패트리어트 1개 군의 경우 홋카이도에 배치하는 것이 주목된다.

이상의 방위력 정비[8]에서 나타난 '1986 중기 방위력 정비계획'의 전략구도는 본토 방공능력과 해안선 격파능력을 확립하면서 해상교통의 안전확보능력 및 해상격파능력의 강화를 추구하기 위하여 해·공의 방위력을 중시하는 것이었고, 아울러 대소 위협론의 증강에 따라 육상부대의 배치를 극동소련군이 홋카이도 및 일본 동북지방에 공수 및 상륙하는 것에 대비하여 북방지역에 중점적으로 하는 것이었다.

그리고 '1986 중기 방위력 정비계획' 기간중에 OTH 레이더, 공중급유기, 이지스(AEGIS)함 등의 도입이 검토되었다는 것은 일본의 방위전략이 궁극적으로 해상방위전략을 추구한다는 것을 의미한다. 따라서 '1986 중기 방위력 정비계획'의 전략구도는 해·공 방위력의 질적 증강을 꾀하여 해상교통의 안전확보능력을 향상시키고, 궁극적으로는 해상방위체제를 구축하여 조기경계 및 전방대처를 추구하는 데 그 특징이 있다고 하겠다.

아울러 '방위계획대강'의 질적 변화 및 전수방위의 개념변화라는 관점에서 '1986 중기 방위력 정비계획'을 보면, 양적 수준에서는 '방위계획대강'의 틀 속에서 전개되었으므로 자위대 병력구성에서는 기본적 변화를 나타내지 않았다.

그러나 '1986 중기 방위력 정비계획'의 전략구도가 SEA LANE 방위 및 항공방위를 중시하여 방위력의 정비를 해·공군력 증강에 중점을 두었고, 아울러 육상부대를 홋카이도 등 동북지방에 중점적 배치를 추구하였다는 점에서 '방위계획대강'이 질적으로 변화하게 되었다고 지적할 수 있다. 또, OTH 레이더, 공중급유기, 이지스함의 도입검토는 전수방위의 수준을 넘어서는 것이며, 따라서 전수방위의 개념에 변화

---

8) '1986 중기 방위력 정비계획'의 달성상황에 관해서는, 《1990年度 防衛白書》, pp. 191~195 참조.

를 가져오는 것이라고 지적할 수 있다.[9]

그러나 이와 같은 '1986 중기 방위력 정비계획'의 전략구도는 일본의 방위전략 차원 이상, 즉 미일 안전보장체제와 일본의 전략적 역할이라는 차원도 고려한 것이다.

2. 일본의 전략적 역할과 SEA LANE 방위

일본이 '1981 중기 업무견적'과 '1986 중기 방위력 정비계획'을 통하여 해·공군력의 증강에 역점을 두고 방위력을 정비하고자 한 것은 섬나라라는 전략지정학적 견지에서 일본의 방위전략을 추구하고, 아울러 미일 안전보장체제에 근거한 전략적 역할을 수행하기 위함인데, 그 전략적 역할이란 미국의 '대일 방위요청 구상'에 따른 SEA LANE 방위를 하는 것이다.

1) 미일 역할분담과 SEA LANE 방위

1981년 미국 레이건 정권의 등장과 함께 '대일 방위요청 구상'이 구체적으로 '일본의 1,000 해리 방위구상'으로 나타났다. '일본의 1,000 해리 방위구상'은 1981년 5월의 레이건·스즈키 수뇌회담의 공동성명과 스즈키 수상의 워싱턴 내셔널프레스 클럽에서의 기자회견을 통하여 나타났다.

레이건·스즈키 공동성명에서 미일 안전보장체제가 일본의 방위와 극동의 평화 및 안전의 기초임이 재인식되었고, 이를 위하여 미일의 적절한 역할분담이 바람직하다고 표명되었다. 그리고 스즈키 수상은

9) 《朝日新聞》, 1985. 10. 12.

내셔널프레스 클럽의 기자회견에서 행한 "새로운 미일관계와 일본의 역할"이라는 연설을 통하여 SEA LANE 방위의 범위가 1,000해리임을 명백히 하였다.

이와 같은 '일본의 1,000해리 방위구상'은 '1981 중기 업무견적'의 방위력 정비에 영향을 미치게 되었고, 뒤이은 나카소네 내각의 미일 운명공동체 노선하에서 '1986 중기 방위력 정비계획'을 통하여 보다 적극적으로 추진되었다.

1983년 1월 미국을 방문한 나카소네 총리는 레이건 대통령과의 수뇌회담을 통하여 미국과 일본은 태평양을 사이에 둔 '운명공동체'로서의 동맹관계에 있음을 재인식시키고, 나아가 《워싱턴포스트》지와의 인터뷰를 통해서는 '일본열도 불침항모화'와 함께 해협방위 및 SEA LANE 방위를 표명했다.[10)]

나카소네 총리는 《워싱턴포스트》지와의 인터뷰에서, ① 소련의 백파이어 폭격기 침입에 대해 일본열도를 불침항모화하고, ② 일본열도의 해협을 완전히 지배하여 소련잠수함의 통과나 그 밖의 소련선박의 활동을 저지하며, ③ 괌과 도쿄, 대만해협과 오사카 사이의 SEA LANE 방위를 명백히 한 것이다.

요컨대, 나카소네 총리는 미일 운명공동체 노선과 함께 일본열도 불침항모화를 표명함으로써 스즈키 수상의 방미시 문제가 되었던 미일동맹관계의 의미에 군사적 측면이 포함되어 있음을 국내외적으로 명백히 하고 아울러 굳건한 미일동맹관계를 구축하고자 하였다.

나카소네 총리의 이와 같은 대미노선에 따라 1983년 3월부터 SEA LANE 방위를 위한 미일 공동연구가 시작되었고, '1986 중기 방위력 정비계획'에서는 대소 경계를 위한 북방중시와 함께 SEA LANE 방위를 위한 방위력 정비를 추구하게 되었다.

---

10) *The Washington Post*, 1981. 1. 19 및 《朝日新聞》, 1983. 1. 20.

1983년 3월에 시작된 SEA LANE 방위를 위한 미일 공동연구는 미군 측에서 재일미군사령부 제 5부, 일본 측에서는 통합막료회의 제 3 막료실이 중심이 되어 진행되었다.

SEA LANE 방위의 공동연구의 개요는 1984년 6월 말 하와이에서 열린 미일 안전보장 사무수준 협의석상에서 중기보고의 형태로 보고되었는데, 그 보고내용을 보면 일본은 일본열도 주변의 해상교통을 자력으로 지키는 것을 원칙으로 하되, 자력으로 방어하지 못할 경우에는 미군의 지원을 받는 것이 기본골격이다.

중요한 것은 그와 같은 기본골격에는, 유사시 미 해군이 그 위협의 원천인 극동소련의 해 · 공군기지를 공격하고, 일본의 해상자위대는 미국의 항공모함을 호위하면서 이를 지원하며, 나아가 소련함대의 3 해협 통과를 저지하면서 봉쇄한다는 전략이 포함되어 있다.[11] 이는 일본의 SEA LANE 방위를 위한 전략구도가 3해협방위와 해상방공에 역점을 두게 되는 것을 의미한다.

그러므로 '1981 중기 업무견적'이 방공 및 대잠수함 능력의 충실에 최역점을 둔 것이나, '1986 중기 방위력 정비계획'이 육상자위대의 배치에서 북방중시를 명백히 나타내고, 해 · 공군력의 증강에 역점을 두면서 해상방위체제를 지향한 것은 SEA LANE 방위를 추구하기 위한 방위력 정비의 노력인 것이다.

2) SEA LANE 방위의 전략적 배경과 전략구도

(1) SEA LANE 방위의 전략적 배경

SEA LANE 방위의 전략적 배경은 1970년대 말 중동지역의 정세변화와 이에 대응하려는 미국의 해상방위전략과 관계가 있다. 1979년 2월 이란의 이슬람혁명에 이어 같은 해 12월 중동산유지대에 근접해 있

---

11) 《朝日新聞》, 1984. 7. 7.

는 아프가니스탄에 대한 소련의 군사적 개입은 중동지역을 세계에서 가장 긴장이 높은 지역 가운데 한 곳으로 만들었고 동서관계를 결정적으로 악화시켰다.

그와 같은 변화로 미국은 '중동-인도양'에서 미소 간의 충돌이 일어날 가능성이 가장 높다고 인식하고, 아울러 '중동-인도양'에서의 충돌은 아시아, 유럽으로도 파급될 것이라고 판단하였다. 따라서 미국은 세계적 수준에서 해상전략을 검토하게 되었다. 1982년 10월 미 해군 당국이 일본 방위청의 해상전문가에게 설명한 해상방위전략의 골자는 다음과 같다.[12)]

첫째, 미 해군은 '중동-인도양'지역을 가장 중시하며, 이 지역에서 분쟁이 발발할 시에는 항공모함을 집중투입한다.

둘째, 유럽에서는 GUIK라인(그린란드, 아이슬란드, 영국의 선)에서 해·공을 봉쇄하는 체제에 들어간다.

셋째, 아시아에서는 페트로파블로프스크, 쿠릴열도를 전술적 공격 대상으로 한다. 그런데 미 해군의 주력이 일본 근처까지 오는데 2~3개월이 걸리므로, 그동안에는 일본이 해협방위 등을 통하여 극동소련군을 무력화함이 바람직하다.

요컨대, 미국의 해상방위전략은, ① '중동-인도양'지역의 안전확보에 가장 역점을 두고 이 지역에서 미소 간에 충돌이 발생할 경우, 인도양에 미 해군의 항공모함을 집결시킴과 동시에 유럽의 GUIK라인에서 소련의 해·공군을 봉쇄하여 대서양으로의 진출을 차단하고, 아울러 ② 아시아에서는 캄차카반도의 첨단에 있는 페트로파블로프스크와 쿠릴열도를 해·공에서 공격하여 극동소련군의 방위를 무력화시키며, 핵잠수함(SSBN)이 있는 오호츠크해로의 공격루트를 여는 것이다. 그 경우, 일본에 대해서는 3해협 봉쇄에 협력을 요구하는 것이다.

---

12) 《讀賣新聞》, 1982. 11. 1.

이와 같은 미국의 해상방위전략에 따라 극동미군과 하와이 또는 미국 본토로부터 파견되는 부대는 그 행동반경이 '중동-인도양'에 까지 확대되었고, 따라서 극동미군은 동아시아를 중계지점으로 하여 '중동-인도양'으로의 출동에 대비하여야 했다. 그리고 미국은 일본의 타격력 증강을 도모하기 위한 일환으로서 1985년부터 미사와[三澤]기지에 F-16 전투기를 배치했다.

일본의 SEA LANE 방위의 전략적 배경은 미국의 해상방위전략에 따라 극동소련군의 위협에 대처하고, 행동반경이 중동, 서남아시아에까지 확대된 극동미군을 보완하기 위함이며, 미일 공동대처에 의하여 일본의 생명선인 해상수송로의 안전확보를 도모하기 위함인 것이다.

(2) SEA LANE 방위의 전략구도

SEA LANE 방위의 전략구도는 유사시 미 해군의 위협의 원천인 극동소련 해·공군에 대처하기 위해 3해협방위와 해상방공전략을 중심으로 하는 것이다. 그것은 일본열도의 지정학적 위치 및 3해협의 지전략적(*geostrategic*) 위치와 관계가 있다.

일본열도는 극동지역에서 대륙세력과 해양세력이 서로 접하는 요로에 인접해 있고, 게다가 소련의 중요한 극동해군기지가 있는 연해주에 아주 근접하면서 길게 놓여져 있다. 3해협은 동서진영의 극동에서의 접점에 위치해 있고, 소련해군이 태평양으로 나갈 경우의 애로(隘路)를 이루고 있다. 즉, 3해협은 소련의 태평양함대가 동해로부터 태평양으로 나갈 경우 반드시 통과해야 하는 지정학적 위치와 함께 좁은 해로방위의 이점을 활용할 수 있는 전략적 요충지이다.

SEA LANE 방위에서 3해협방위는 다음과 같은 전략지정학적 가치가 있다.

첫째, 3해협은 소련 태평양함대에게 있어 천연의 요해지(要害地)이고, 미일에게는 천연의 요충지이다. 즉, 소련의 태평양함대는 인도양, 태평양 방면에서 작전을 끝내고 기지로 돌아올 경우에도 3해협을 통과하여야 하기 때문이다.

둘째, 역으로 소련의 3해협을 통제할 수 있게 되면, 동해 및 오호츠크해는 소련의 호수가 되어 극동소련군은 자신의 방위에 만전을 기할 수 있게 되고 외양(外洋)으로의 진출로를 확보하게 되므로, 소련은 극동 및 아시아, 그리고 서태평양에서 매우 유리한 전략적 입장에 설 수 있게 된다.

그러므로 3해협의 봉쇄는 태평양 전체의 전략환경을 좌우할 수 있는 것이며, 아울러 3해협의 방위태세를 정비하는 것 자체가 전쟁억지에 기여하는 것일 수 있다.[13]

일본의 3해협 방위전략은 소야〔宗谷〕, 쓰가루〔津輕〕, 쓰시마〔對馬〕이 3해협 가운데서도 소야해협의 방위를 가장 중시하였다. 그것은 소야해협이 동해와 오호츠크해를 연결하는 지점에 위치하는 전략지정학적 가치 때문이다.

1970년대에 들어와서 소련해군이 전방방위구상에서 해상요새구상으로 전환하게 되면서, 극동소련의 태평양 연안지역은 새로운 소련의 중요한 전략적 중핵지대가 되었다.[14] 블라디보스토크에서 캄차카반도의 페트로파블로프스크에 이르는 소련의 병참선은 소야해협을 경유하여야 했고, 소련의 SSBN이 연해주지역의 기지에서 외양으로 진출할 경우에도 소야해협을 경유하여야만 했다. 즉, 소야해협은 소련 태평양 함대가 외양으로 진출할 경우 통과해야 하는 요로에 있으며, 게다가 소련이 핵전략 및 제 3세계 전략을 전개할 경우에도 경유해야 하는 전

13) NHK取得班, 《シ-レ-ン海の防衛線》(東京: 日本放送出版協會, 1983), pp. 258~259; 北村謙一, 《いま, なぜシ-レ-ン防衛か》(東京: 進學出版, 1988), p. 87.

14) 西村繁樹, "日本の防衛戰略を考える," 《新防衛論集》 제 12권 1호(1984년 7월), pp. 58~64.

략적 요로에 있다.

따라서 소련이 동해와 오호츠크해에서 항공력의 우위와 제해권을 가지게 되면, 오호츠크해의 SSBN의 안전을 확보하게 되고, 아울러 동해→소야해협→오호츠크해 경유의 외양 진출로를 통제할 수 있게 되는 것이다. 이는 소련의 핵전략에서 SLBM에 의한 제 2격 능력 (*second strike*)을 확보하게 되고, 소련 태평양함대의 행동반경이 기지 항공기의 지원하에서 북서태평양까지 확대되는 것을 의미한다.

그러므로 일본은 소야해협의 봉쇄가 갖는 전략적 가치를 매우 높이 평가하였고, 아울러 겨울철 소야해협의 결빙시에는 쓰가루해협의 안전확보도 전략적으로 매우 중요하다는 인식하에서 '1986 중기 방위력 정비계획'을 통하여 북방중시의 전략을 취한 것이다.

SEA LANE 방위에서의 해상방공전략은 앞서 언급했듯이, 1981년 6월의 제 13회 미일 안보협의위원회 사무수준의 협의에서 미국 측으로부터의 요구가 있었던 것인데, 일본으로서는 《1983년도 방위백서》를 통하여 해상방공전략이 중시될 것임을 나타냈다. 그리고 '일본열도 불침항모'론을 제창했던 나카소네 수상에 의해 1985년 2월 중의원 예산위원회에서 해상방공전략의 중요성이 역설되었다.[15)]

일본의 해상방공능력을 갖추고자 하는 방위력 정비노력은 '1986 중기 방위력 정비계획'에서 명백히 나왔고, 보다 구체적인 전략구상은 '해상방공체제 연구회'의 1987년 8월의 중간보고인 〈해상방공 구상의 기본적 사고〉나 같은 해 12월의 안전보장회의에서 승인된 〈해상방공체제에 관한 검토결과〉 등에서 나타났다.

해상방공체제 연구회의 보고서인 〈해상방공 구상의 기본적 사고〉나 〈해상방공체제에 관한 검토결과〉는 '1986 중기 방위력 정비계획'에 입각하면서 OTH 레이더, 공중급유기, 이지스함 등의 도입을 전제로

---

15) 《朝日新聞》, 1985. 2. 5.

하여 고안된 것이다. 그 보고서들에 의하면 해상방공의 전략구상은 4개의 단계로 이루어져 있고, 해상방공체제는 그와 같은 전략구상에 따라 3개의 기능을 수행하도록 되어 있다.

해상방공을 위한 전략구상의 4개 단계는 다음과 같다.

첫째, 초원거리에 있는 상대의 동태를 OTH 레이더로 파악한다.

둘째, 원거리에 있는 상대기에 대해서는 조기경계기로 정확히 포착하여 요격을 지시한다.

셋째, 상대의 모기(母機)가 목표에 미사일을 발사하기 전에 F-15 전투기로 요격한다.

넷째, 상대의 모기로부터 미사일이 발사되었을 때에는 최신예 대공미사일시스템을 탑재한 이지스함으로 대처한다.

해상방공체제는 이와 같은 단계별 전략구상을 실현하기 위하여 3개의 기능, 즉 조기경계 · 감시기능, 미사일 발사 모기 대처기능, 미사일 대처기능을 수행하는 것이다(〈표 5-3〉 참조).

조기경계 · 감시기능은 가능한 한 조기에 상대방을 탐지하는 기능이고, 미사일 발사 모기 대처기능은 미사일 발사 전 모기 그 자체를 요격하는 기능이며, 미사일 대처기능은 발사된 미사일 그 자체를 요격하는 기능이다. 요컨대, 이와 같은 해상방공체제는 앞서 언급한 바 있듯이 조기경계 및 전방대처를 추구하는 전략적 특징을 나타냈다.

그리고 SEA LANE 방위를 위한 3해협방위 및 해상방공의 전략적 목적 등에 대해서는 다음과 같이 지적할 수 있다.

첫째, 3해협방위 및 해상방공의 전략적 목적은, ① 극동소련의 태평양지역이 소련의 새로운 전략적 중핵지대가 되고, 아울러 극동소련군의 질적 증강이 두드러지게 이루어지고 있는 것에 대응하면서, ② 일본의 생명선이라고 일컫는 해상수송로의 안전확보를 도모하고, 유사시 일본 본토에 대해 해 · 공을 경유하여 행해지는 침략에 대처하며, 미국으로부터의 구원 해상로의 확보를 도모하는 것이다.

〈표 5-3〉 해상방공체제의 3개 기능

1. 조기경계감시기능	OTH 레이더
2. 미사일 발사 모기 대처기능	조기경계기와 F-15 요격전투기
3. 미사일 대처기능	호위함의 대공 미사일시스템

출처: 《1988年度 防衛白書》.

둘째, 3해협방위 및 해상방공의 전략적 목적은, ① 소련 태평양함대의 외양진출을 억지하고, ② 백파이어 등 소련의 전투폭격기가 태평양 상공으로 진출하여 미 해군의 항모 기동부대에 대한 공격을 억지하는 것이다.

요컨대, 1980년대 일본의 방위전략은 일본의 종합안전보장전략 및 '경제-정치'형 국가전략을 추진하던 시기에, 극동소련군의 증강에 따른 전략환경의 변화에 대응한다는 명분 아래 미일 안전보장체제를 기반으로 미국의 전략에 응해 전략적 역할을 수행하면서 전개되었다.

제 3 부

탈냉전시대 일본의 국가전략과 안보전략

제 6 장

탈냉전기 일본의 정치변동과 국가전략 및 안보전략 노선

1. 전환기의 정치변동과 정치공간의 보수화

1) 1993년 7·18 총선과 자민당 장기집권의 붕괴

전후 38년간 집권해온 자민당이 제도적 피로와 정치개혁 능력의 한계성을 노출하면서 일본정치는 지각변동을 겪기 시작하였다. 그와 같은 일본정치의 일련의 지각변동은 직접적으로는 정계의 부패, 정치개혁을 둘러싼 자민당 내부의 갈등 및 여야 간의 대립, 자민당 정권의 정치개혁 실패 등에 의한 것이고, 간접적으로는 일본사회의 변화, '정책-정치' 공간의 확대와 자민당 정권의 한계성, 동서냉전체제의 붕괴 등에 의한 것이었다.

일본의 정치변동이 시작되는 상황에서 치러진 1993년의 7·18 총선 직후 제 1당 자민당은 연립정권 수립의 실패와 더불어 38년 만에 붕괴하고, '자민 대 비(非)자민'이라는 대립구도 아래 신보수계 · 중도계 · 진보계 정당간의 세력규합에 의해 비(非)자민 · 비(非)공산의 8당파 연립정권이 성립하였다. 이후 일본정치는 '비(非)자민 연립정권 대 야당 자민당'이라는 대립구도 아래 일련의 이합집산에 따른 정계개편의 진통을 겪었다.

2) 7 · 18 총선의 정치적 의의

전후 일본정치사에서 1955년이 55년체제의 형성으로 분기점이 되는 해라면, 1993년 역시 7 · 18 총선으로 한 획을 긋는 정치적 의의가 큰 해인데, 7 · 18 총선의 정치적 의의에 관하여 다음과 같이 지적할 수 있다.

첫째, 7 · 18 총선 그 자체가 일본의 정치변동을 직접적으로 일으킬 정도는 아니었지만, 자민당이 연립정권의 구성에 실패할 경우 커다란 정치적 변화를 초래할 수 있는 잠재적 요소를 내포하는 것이었다. 즉, 7 · 18 총선결과는 자민당의 과반수 의석 획득실패, 사회당의 대참패, 3개의 새로운 보수정당의 약진에 전반적 특징이 있다.

둘째, 과거 일본정치의 경우, 즉 사회당에서 이탈한 민사당이나 자민당에서 탈당한 신(新)자유클럽의 경우 그 직후의 총선에서 대참패하였다. 그러나 7 · 18 총선에서는 자민당이 현상유지를 하는 가운데 자민당을 이탈한 신생당(新生黨)이나 신당(新黨) 사키가케가 약진하였고, 아울러 자민당을 외부에서 비판하면서 '개혁정치'를 주장하였던 일본신당(日本新黨)은 급부상하였다. 그리고 중도정당인 민사당이나 공명당은 현상유지를 하였지만, 사회당은 64석이나 잃는 대참패를 하였다. 즉, 새로운 정치가 요구되는 상황에서 혁신계인 사회당은 대참패하였고, 신보수계의 정당들은 두드러진 약진을 한 것이다. 이는 전후의 정치체제 즉, 자민-사회의 양당체제 및 보혁 대결의 구도를 근간으로 출발해서 1960년대 이후 보수·중도·혁신의 다당체제 아래 발전해왔던 55년체제가 한 축인 혁신계의 몰락으로 붕괴하게 된 것을 의미한다. 그러므로 보수·혁신 대결구도의 붕괴에 따라 사회당의 변모 또한 일본정치의 변화에 주요 변수로 작용할 수 있게 된 것이다.

셋째, 자민당을 비판하면서 정치개혁을 주창했던 새로운 보수정당들이 약진한 것은 자민당에 커다란 자극이 됨과 동시에 질적 변화를 추구하도록 하였다. 즉, 자민당으로 하여금 '정치개혁과 세대교체'를 축으로 하는 당내변화를 겪게 하였다.

넷째, 7·18 총선을 통하여 젊은 정치인들이 정계에 많이 들어오게 되었고, 게다가 호소카와 모리히로〔細川護熙〕, 오자와 이치로〔小澤一郎〕, 하타 쓰토무〔羽田孜〕, 고노 요헤이〔河野洋平〕, 하시모토 류타로〔橋本龍太郎〕, 하토야마 유키오〔鳩山由紀夫〕 등 쇼와세대가 일본정치의 주역으로 등장하게 되었다. 이는 일본정계에 세대교체가 이루어지고 있음과 더불어 쇼와세대의 신보수세력이 일본정계의 중심세력으로 등장하고 있음을 나타내는 것이다. 쇼와세대의 신보수세력은, ① 전후 민주교육을 받은 세대로서 그 이전의 세대와 비교하여 상대적으로 과거사 및 대미 콤플렉스를 덜 가지는 특징을 나타냈고, 그러므로 ② 과거의 일본 군국주의가 일으킨 전쟁에 대하여 반성과 사죄를 표명함으로써 전후 총결산을 단행하고, 아울러 국제사회에서 일본의 역할강화론을 주창하면서 보다 적극적으로 정치대국화를 추구하고자 하는 특징을 나타냈다.

3) 연립정권시대의 개막과 정치공간의 보수화

7·18 총선을 계기로 일본정치는 일련의 변화를 겪게 되었다. 즉, 각 정당 및 정파는 일련의 합종연횡에 따른 정계개편을 겪으면서, ① '비자민 연립정권' 대 '야당 자민당', ② '무라야마 사회당 총리의 연립

정권' 대 '통합야당 신진당(新進黨)', ③ '오자와 신진당 당수' 대 '하시모토 자민당 총리의 연립정권' 등과 같은 대립구도를 형성함으로써 연립정권시대를 개막하였다.

그리고 정치변동에 따른 연립정권시대, 즉 ① 호소카와 연립정권(1993. 8~1994. 4), ② 하타 연립정권(1994. 4~1994. 6), ③ 무라야마 연립정권(1994. 6~1996. 1), ④ 하시모토 연립정권(1996. 1~1996. 11)을 거치면서, 일본정치는 다음과 같은 변화를 나타냈다.

첫째, 공산당을 제외한 다른 정당들은 모두 연립정권에 참여하여 여당경험을 하게 되는데, 그와 같은 일본정당의 여당화는 일본의 정치공간을 거의 보수화로 변모시켰다. 특히, 무라야마 연립내각의 출범과 더불어 사회당은 현실노선으로 전환하게 되는데, 이로써 공산당을 제외한 모든 정당들은 기본이념이나 정책노선에서 거의 차이를 보이지 않게 되었다. 즉, 1996년 1월에 치러진 자민당, 신진당, 사회민주당의 전당대회에서 제시된 정계개편 및 주요 정책에 대한 기본방침에는 명확한 정책의 대립이 나타나지 않았다.

둘째, 55년체제에서 제1야당이었던 사회당이 연립정권시대를 거치면서 계속 침하함에 따라 일본의 정치구도는 '보수 대 혁신'의 구도에서 '보수 대 보수'의 구도로 전환하였다. 이러한 정치변화와 더불어 사회당은 당명을 '사회민주당'으로 변경하였다.

셋째, 정계개편 등 일련의 정치적 변화 속에서 호소카와 모리히로, 오자와 이치로, 하타 쓰토무, 고노 요헤이, 하시모토 류타로, 하토야마 유키오, 간 나오토〔管直人〕 등의 쇼와세대가 국정을 담당하며 일본정치의 핵심 주역으로서 등장하게 되었다. 이는 일본정계에 세대교체가 실질적으로 이루어지고 있음을 의미하는 것이고, 아울러 신보수세력이 일본정계의 중심세력으로 실질적으로 정국을 주도하고 있음을 의미하는 것이다.

요컨대, 탈냉전기 전환기의 일본정치는 거의 모든 정당의 여당화에 따른 정치공간의 변화 및 정치주도세력의 세대교체라는 큰 변화를 나타냈다. 즉, 탈냉전기에 접어들어 자민당 장기정권이 확대된 정책-정치공간에 제대로 대응하지 못한 채 제도적 피로 및 정치개혁 능력의 한계성 노출과 더불어 붕괴함에 따라, 일련의 정치변동기에 등장한 호소카와 연립정권, 하타 연립정권, 무라야마 연립정권 등 비자민 연립정권들은 거의 모든 정당의 여당화 및 진보정당의 현실노선 추구에 따른 탈진보화를 초래하면서 정치공간을 거의 보수화로 변모시켰으며, 아울러 이들 비자민 연립정권들의 리더십 부족과 국정운영 능력의 한계 노정은 국제환경의 변화에 대한 대응 및 경기불황의 타파를 위한 근본적 경제개혁을 추구할 수 있는 '강력한 리더십의 정치'가 요망되었다.

그리고 이와 같은 정치공간의 양적·질적 변화 속에서 신보수세력이라는 전후세대가 국정을 리더하며 일본정계를 주도하는 중심세력으로 등장하였다.

2. 신보수세력의 국가개혁 지향과 보수 대연합

동서냉전시대의 55년체제가 '통상국가 일본'을 '경제대국 일본'으로 발전시켰다면, 탈냉전시대의 7·18 총선을 계기로 형성되는 새로운 체제는 '경제대국 일본'을 '정치대국 일본'으로 발전을 지향하여야 할 것이다.

따라서 7·18 총선 이후 일본정치의 주도세력으로 등장한 신보수세력은 '21세기 정치대국 일본'을 지향하여 국가개혁을 추구하고 있는 것이다. 즉, 정계개편과 보수 대연합, 주도세력으로서 신보수세력의 부상과 개혁정책 추구 등도 '21세기 정치대국 일본을 지향한 국가개혁의 추구'라는 큰 흐름 속에서 전개되고 있다.

1) 하시모토 자민당 단독내각의 등장과 국가개혁의 주창

(1) 하시모토 자민당 단독정권의 등장

일본정치의 변화, 특히 일본 정치공간의 보수·우경화와 신보수세력의 등장은 1996년 10월 20일의 중의원 총선에도 상당한 영향을 미쳤다.

10·20 총선은 과거의 중선거구제(한 선거구에서 2~6명 선출)가 아닌 소선거구·비례대표제 병립제(한 선거구에서 1명 선출, 비례대표는 11개 블록별로 정당득표에 따라 당선) 아래 처음으로 치러진 선거였는데, 그 결과는 자민당 승리(211→239), 신진당 패배(160→156), 민주당 현상유지(52→52), 공산당 약진(15→26), 사민당 몰락(30→15) 등이었다.

10·20 총선결과에 관하여 전체적으로 보면 혁신계인 공산당이 다소 약진하였지만, 군소정당에 불과하므로 일본사회의 '총 보수화' 분위기 속에서 신보수세력이 중의원 의석의 절대다수를 차지한 것이다. 그리고 10·20 총선결과의 정치적 의미에 대해서는 보수정당인 자민당이 비록 과반수 획득은 못하였지만, 1996년 11월 7일 사민당과 신당사키가케의 각외(閣外) 협력[1]으로 하시모토 총리의 집권 2기 1차 내각(2차 개각)을 구성함으로써 3년 3개월 만에 자민당 정권을 부활시켰다는 점을 지적할 수 있다.

자민당 단독집권의 부활을 실현시킨 하시모토 총리는 국민들의 높은 지지[2]를 바탕으로 '21세기 일본을 위한 국가개혁'을 추구하게 되었는데, 개혁을 지향한 하시모토의 강력한 리더십은 자민당의 지지를 확산시켰다.

---

1) 각외 협력은 내각에 직접 참여하지 않으면서 협력하는 것을 의미한다.
2) 1996년 11월 하시모토 내각 출범시 국민들의 지지도는 매우 높은 56.6%였다.

그러므로 일본정치는 자민당의 세력확대와 더불어 자민당 장기집권시 권력운용의 핵심요체였던 파벌과 '족(族) 그룹'(특정 정책분야에서 강력한 영향력을 행사하는 국회의원 그룹)이 다시 부활되는 조짐을 나타냈다.

(2) 하시모토 정권의 국가개혁

하시모토 총리는 내각출범과 함께 21세기에 대비하는 '개혁과 창조'를 기치로 내걸고, '고비용-저효율'의 국가경영시스템을 근본적으로 개혁하는 작업에 착수하였다. 즉, 하시모토 총리는 1997년 1월 20일의 시정방침 연설을 통하여 행정개혁을 비롯하여 재정구조개혁, 경제구조개혁, 금융시스템 개혁, 사회보장구조개혁, 교육개혁 등 6대 국가개혁을 발표하고, 이를 강력하게 추진할 것을 명백히 하였다.

6대 국가개혁 가운데 행정개혁은 1996년 10・20 총선시 자민당을 비롯한 거의 모든 정당에 의해 공약으로 제시되었다. 즉, 관료기구의 비대화・경직화를 타파하고, 국가기능이 효율적으로 수행될 수 있도록 조직의 간소화・투명성의 제고를 추구하는 행정개혁이 주창되었다.

그러나 행정개혁은 현실적으로 중앙부처(省廳)・족그룹・관련 이익단체들의 이해가 얽혀 있어 가장 어려운 개혁으로 지적되었다.[3]

그러므로 하시모토 총리는 내각출범 이후 곧 '정부조직 개편'과 '지방분권 실현'을 최우선 개혁과제로 선정하고, 아울러 6대 국가개혁의 발표 이전에 이미 총리직속기구로서 '행정개혁회의'(1996. 11, 본부장: 하시모토 총리)를 설치함과 더불어 행정개혁작업에 착수하였다.[4]

행정개혁의 지향내용은 경직된 관료제를 타파하기 위해 중앙부처의 개편, 즉 중앙부처의 관료가 가지고 있는 권력・권한을 정치・지방・시장의 세 가지 분야에 분권시키는 것이었다. 따라서 분권화 작업의 사전작업으로서 정치・지방・시장에 대한 신뢰성 회복은 분권시스템

3) 그 이전의 총리들도 행정개혁에 착수하였지만 대체로 실패로 끝났다.
4) '지방분권추진위원회'는 무라야마 연립내각 때 설치되었다(1995. 7. 3).

을 성공적으로 구축하는 데 가장 중요한 과제였다.

'정치로의 분권'을 위해서는 총리권한 및 보좌기능 강화, 행정의 간소화 및 효율화 등을 지향하는 행정기구의 개혁, 국회개혁, 정당개혁을 추구하여야 했고, '지방으로의 분권'을 위해서는 중앙정부 권한의 지방정부로의 이양, 지방정부의 역량에 따른 '지방→지방'으로의 권한 이양 등을 추구하여야 했으며, '시장으로의 분권'을 위해서는 규제완화 및 철폐, 민영화 등을 추구하여야 했다.

이와 같은 행정개혁을 지향하고자 하였던 하시모토 내각의 '행정개혁회의'는 1997년 9월에 '행정개혁 중간보고'를, 같은 해 12월에 '행정개혁 최종보고'를 발표하였다. '행정개혁 최종보고'는, ① 22개 중앙부처(1府 12省 9廳)의 13개 중앙부처(1府 12省廳)로의 축소, ② 내각기능 및 총리권한의 강화, ③ 정부기능의 구분과 더불어 중앙정부는 정책기획업무만 담당, 기타 집행업무는 외청(*agency*)으로 이관, ④ 정책평가제도의 도입 등을 제시하였다.

하시모토 내각의 행정개혁에 대한 의욕적 추진은 내각의 지지도가 상당히 상승되도록 하였다.[5)]

그러나 사민·신당 사키가케와의 각외 협력을 바탕으로 한 자민당 단독내각은 원내 과반수 미달로 정국운영에 한계성을 노정하였다.

---

5) 하시모토 내각에 대한 국민 지지도는 '주페루 일본대사관 인질사건'(1996. 12) 등으로 일시적으로 하락추세를 보였으나, 1997년 9월에 행정개혁 중간보고안이 발표되는 등 개혁작업이 구체화되면서 56.1%라는 높은 지지율을 나타냈다.

2) 국가개혁 추구를 위한 국정운영 주도력 강화와 보수 대연합

(1) 오부치 내각의 등장과 보수 대연합의 추진

하시모토 내각을 계승하여 오부치 게이조〔小淵惠三〕를 총리로 하는 내각이 등장하였다.[6] 즉, 하시모토 내각의 국가개혁 작업은 오부치 내각에 계승되었다.

오부치 정권은 1998년 7월 30일 '경제회생' 및 '21세기 국가체제 정비'를 기치로 내걸고 출범하였으나, 국민들로부터는 그다지 높은 지지를 받지 못하였다. 오부치 총리는 낮은 국민 지지도, 참의원 여소야대에 따른 집권기반의 구조적 취약성 등으로 국정운영의 주도력을 장악하지 못하고 야당의 대여공세에 밀리기만 하였다. 게다가 오부치 정권

---

6) 하시모토 총리의 퇴진으로 그 후임을 둘러싸고 자민당 내에서는 '오부치 게이조 대 가지야마 세이로쿠'의 대결을 중심으로 고이즈미 준이치로, 고노 요헤이 등이 경합을 벌이다가 오부치가 자민당 총재 겸 총리후보로 선출되었다. 따라서 1998년 7월 30일의 중·참의원의 총리선거에서는 자민당의 오부치 게이조 총재와 민주당의 간 나오토 대표가 경합하게 되었다. 그 결과, 중의원에서는 오부치 게이조가 과반수 이상을 획득하여 총리로 선출되었고, 참의원에서는 간 나오토가 2차 결선투표에서 총리로 선출되었다〔제 143차 임시국회 개회(1999. 7. 30~10. 7)와 함께 실시된 총리 선거 결과, 중의원에서는 오부치 게이조 자민당 총재가 제 1차 투표에서 총 투표수(497표)의 과반수를 상회하는 268표를 획득하여 164표를 획득한 간 나오토 민주당 대표를 누르고 총리로 선출되었다. 그러나 참의원에서는 제 1차 투표에서 오부치 게이조가 103표, 간 나오토가 98표를 획득함으로써 과반수 획득에 실패함에 따라(총 투표수 248표) 2차 결선투표에 돌입하게 되었는데, 상위 1, 2위 후보를 대상으로 실시한 2차 투표에서는 공산당을 포함한 전 야당이 공동으로 지지한 간 나오토 민주당 대표가 142표를 획득하여 103표를 획득한 오부치 게이조 자민당 총재를 누르고 총리로 선출되었다〕. 즉, 중·참의원에서 서로 다른 총리가 선출된 것이다. 이에 중·참의원은 곧 양원협의회를 소집하여 총리지명을 위한 의견조정을 하게 되는데, 협의회의 합의도출이 실패함에 따라 중의원 우월원칙에 따라 오부치 게이조가 총리로 지명되었다.

은 '단명 약체정권', '11월 위기설'의 유포와 더불어 가중되는 정치적 어려움을 겪어야만 하였다. 따라서 집권 자민당은 국정운영의 주도력을 회복하고 이를 강화하는 방안마련에 부심하다가 구(舊)'공명당'계 세력이 중도노선 표방과 더불어 통합되어 1998년 11월 7일 원내 제3세력인 '공명당'으로 등장하게 되자,[7] 정책성향이 유사한 공명당 및 자유당과의 정책연대, 즉 '자민·자유·공명당 3당 연대'를 모색하게 되었고, 그 결과 1999년 1월 14일 공명당의 각외 협력[8]을 바탕으로 한 자민·자유당 연립내각의 발족과 더불어 보다 안정된 집권기반을 마련할 수 있게 되었다. 오부치 총리는 자민·자유당 연립정부와 공명당과의 정책연대를 통하여 주요 현안들을 원만하게 처리하면서 국정주도권을 장악해갔다.

그러나 자민·자유당 연정의 출범에도 불구하고, 여소야대(여 116, 야 136)의 참의원 구도가 타파되지 않았으므로, 오부치 총리는 정권기

7) 공명당은 1993년 8월에 호소카와 비자민 연립정권에 참여한 후 신생·민사당 등과 함께 1994년 12월에 통합야당인 신진당에 합당함으로써 해체되었다. 그러나 구공명당계는 당 해체 이후에도 지방조직을 '공명'으로 존속시키는 등 명맥을 유지하였는데, 신진당이 계파간 갈등을 극복하지 못하고 6개의 정파로 분열하게 되자 중의원은 신당평화로, 참의원은 여명클럽(공명으로 통합됨)으로 각각 독립하여 분당하였다. 그런데 창가학회와 지방조직을 중심으로 세력 단일화 요구가 분출되었다. 따라서 1998년 6월 29일 '신당 준비위원회'가 결성되고, '신당 준비위원회'는 같은 해 10월 12일 '신당평화'가 '공명'에 합류하는 형식으로 새로운 공명당을 재결성할 것을 결정하였다. 이에 '신당평화'와 '공명'이 같은 해 11월 7일 '공명당' 합당대회를 개최하고 집행부 및 기본정책을 채택하였다. 이로써 공명당은 당 해체 3년 10개월 만에 국회의원 65명(중의원 42, 참의원 23) 규모의 원내 제3세력으로 부활하게 된 것이다.

8) 공명당은 자민당의 '자·자·공 연대' 제안에 대하여 3당 연대에는 참여하지 않고 일단 자민당과 사안별로 협력하는 '부분연합' 노선의 추구를 표명하였다.

반의 구조적 안정을 확보하기 위하여 보수 대연합을 추진하였다. 즉, 공명당의 여권편입을 재차 강력하게 추진하여 마침내 1999년 10월 5일 자민 · 자유 · 공명 3당 연정'을 출범시켰다. 이로써 오부치 연립정권은 참의원 여소야대의 구도를 극복하게 되었는데, 자민 · 자유 · 공명 3당의 연립정권은 전후 일본정치사에서 최초로 중의원 70%(348/500석), 참의원 50%(141/252석) 이상을 장악한 거대정권이기도 하다.

(2) 오부치 연립정권의 국가체제 정비작업

오부치 총리는 국가개혁을 위한 보수 대연합이라는 명분 아래 제 1차 연정(자민 · 자유당 연립정권), 제 2차 연정(자민 · 자유 · 공명당 연립정권)을 성사시키면서 강화되는 집권기반을 바탕으로 국가체제 정비작업을 적극적으로 추진해 나갔다.

오부치 총리는 안보개혁과 관련해서 1999년 5월 24일 '미일 신방위협력지침'과 관련된 3개의 법안 즉, '주변사태법', '자위대법 개정안', '미일 물품역무 상호제공협정(ACSA) 개정안'을 성립시켰고, 행정개혁 차원에서 같은 해 7월 8일 '정부조직개편법' 및 '지방분권 정비법'을 성립시켰으며, 같은 해 7월 9일에는 히노마루 · 기미가요를 국기 · 국가로 공식화하는 '국기 · 국가법'을 성립시켰다. 또 같은 해 7월 29일에는 '헌법조사회'[9]를 설치하자는 '개헌추진연맹'[10]의 '국회법 개정안'이 가결되도록 하여 2000년 1월부터는 중 · 참 양원에서 개헌논의가 가능하도록 하였다.

그리고 오부치 정권은 21세기 국가 경쟁력을 제고하기 위한 노력의 일환으로 국회의 정책심의 및 입법능력을 제고시키는 개혁을 추구하였

9) 중 · 참의원의 여 · 야 의원으로 구성된 '헌법조사회'는 의안 제출권이 없는 5년 기간의 한시적 기구이다(중의원 의원 50명, 참의원 의원 45명).

10) 1997년 5월 공산당, 사민당을 제외한 초당파 의원(중 · 참의원 366명)으로 결성된 '개헌추진의연'은 개헌여론을 주도하는 단체이다.

다. 따라서 일본국회는 국회개혁 노력의 일환으로 1999년 7월 26일 '총리·야당당수 간 국회토론 정례화', '정부위원제도 폐지' 등을 골자로 하는 '국회심의 활성화법'을 제정하게 되었다. 이로써, 2000년 1월 정기국회부터 중·참의원 합동심의회, 즉 '국가 기본정책 심의회'를 국회에 신설하게 됨에 따라, ① 총리와 야당당수는 매주 1회 정례적으로 국정전반에 관해 의견을 교환할 수 있게 되었고, 아울러 ② 종래 총리가 국회에 출석하여 국회의원들의 질문을 모두 듣고 난 뒤, 일방적으로 일괄 답변함에 따라 실질적 정책공방이 이루어지지 못하는 폐단을 시정할 수 있게 되었다. 그리고 관료가 각료를 대신하여 국회에서 답변하는 제도인 '정부위원제도'가 1999년 정기국회(1. 19~8. 13)를 끝으로 폐지됨에 따라 1999년 가을 임시국회부터는 각료와 정무차관이 직접 답변에 나서게 되었다.[11] 이는 직접적으로는 책임과 전문성을 겸비한 국회답변을 위한 것이고, 간접적으로는 '관료주도의 정책-정치'를 '정치가 주도의 정책-정치'로 전환함과 더불어 정치가의 자질을 향상시키기 위한 노력의 일환에 의한 것이기도 하다. 2001년 1월부터 '정부조직개편법'이 시행되면서 정무차관은 부대신(副大臣)과 정무관(政務官)으로 대치되었고, 부대신과 정무관이 국회답변을 하게 되었다.[12]

또, 오부치 총리는 21세기에 대비하는 노력의 일환으로 1999년 5월에 총리의 사적 자문기관인 '21세기 일본의 구상' 간담회[13]를 발족시

11) 단, 전문·기술적 사안에 대해서는 관료가 정부 참고인으로서 답변할 수 있도록 예외적으로 인정한다.

12) 부대신은 각료와 사무차관의 중간지위로서 3·4선 경력의 의원 중에서 임명되며, 성청의 정책결정에 주도적으로 관여한다. 그리고 정무관은 초·재선의 소장의원들 가운데 충원되며, 각료가 지시한 특정 프로젝트를 담당한다.

13) '21세기 일본의 구상' 간담회는 다섯 개의 분과회, 즉 '제 1분과회'(세계에 통용되는 일본), '제 2분과회'(윤택함과 활력), '제 3분과회'(안심되고 정감 있는 생활), '제 4분과회'(아름다운 국토와 안전한 사회), '제 5분과회'(일

키기도 하였다. 동 간담회에서는 '새로운 세기의 국가상 모색'을 위해서는 발본적 개혁이 불가결하다는 문제의식 아래 주요 논점에 관해 집중적으로 논의하였다.[14)]

3. 고이즈미 총리의 등장과 보수적 정치공간의 개혁추구

1) 고이즈미 총리의 등장과 개혁정치의 추구

2000년 4월 2일 오부치 게이조 총리의 서거와 더불어 같은 해 4월 5일 모리 요시로〔森喜朗〕가 뒤를 이어 후임 총리가 되었다. 모리 총리는 취임 초기부터 실언에 따른 자질론 시비를 야기하였고, 정권의 구심력 약화 및 지지율 침하를 초래하였다. 즉, '천황중심의 신의 나라(神國)', '피랍(被拉) 일본인의 제 3국 발견' 등 잦은 실언은 야당의 정치적 공세와 함께 모리 총리의 자질론 시비를 초래하였고, 자민당 의원의 수뢰사건 및 외무성 간부의 공금횡령 사건 등은 정권의 구심력을 약화시켰다. 나아가, 미국의 핵잠수함과 일본의 실습선 충돌사건시의 불성실한 대응태도에 대한 국민비판, 장기적 경기침체 등으로 모리 연립내각은 지지율이 역대 최저수준인 7%대로 급락함과 더불어 국정운영의 한계를 나타냈다.

마침내 모리 총리는 2001년 4월 6일 사임하고, 자민당 내 각 파벌 및 총재후보들이 후임 총리를 둘러싼 권력게임을 전개하였는데, 개혁을 기치로 내건 고이즈미 준이치로〔小泉純一郞〕가 선거돌풍을 일으키며 총리로 등장하였다.[15)]

본인의 미래)로 구성되어 운영되었다.

14) 오부치 총리도 이 합숙토론에 참가하였다.

15) 자민당 총재선거는 중·참의원 소속 국회의원(1인 1표) 및 당원들(1만 명

고이즈미 총리는 높은 국민적 인기를 바탕으로 지지기반의 확대와 '임기 5개월의 잠정정권'의 한계타파를 도모하기 위해 '21세기 정치대국 일본'을 지향한 구조개혁 및 신보수 정치노선을 강력하게 주창하면서 '강력한 추진력의 리더십'을 발휘하려고 노력하였다.

이러한 고이즈미 총리의 정치적 모습은 계속해서 높은 국민적 지지를 확보하게 되었고, 그 결과 2001년 6월 도쿄도 의원선거와 7월의 참의원 의원선거를 승리로 이끌었다. 같은 해 7 · 29 참의원 선거의 자민

당 1표)에 의해 이루어지나, 총재가 임기(2년) 만료 전에 사퇴했을 경우에는 중 · 참 양원의 의원총회에서 국회의원과 47개 도도부현(都道府縣)의 대표들에 의해 치러진다. 2001년 4월 24일의 총재선거는 임기만료 전의 선거이므로, 선거인단이 국회의원과 도도부현 지부의 대표들에 의해 구성된 선거였는데, 자민당은 폭넓은 출마기회 부여 및 당원들의 의사반영을 도모하기 위한 차원에서 추천의원 수의 감축(30명→20명)과 더불어 도도부현 지부의 표를 확대(1표→3표)하였다. 그리고 대다수의 지부는 밀실정치의 이미지를 타파하기 위해 예비선거를 실시하고, 예비선거에서 1위 득표를 한 후보에게 지부 할당표인 3표 모두를 지지해 주는 선거방식을 채택하였다. 즉, 4월 19~23일에 47개 도도부현 지부의 예비선거를 거친 뒤, 24일 자민당 본부에서 소속 국회의원(346명) 및 각 지부 대표(141명) 등 총 487명의 선거인단이 참석하는 선거를 통하여 총재가 선출되는 것이었다. 4월 12일 실시된 총재후보 등록에는, 총리직에 재도전하는 하시모토 류타로 전 총리, '파벌파괴'를 선언한 개혁성향의 고이즈미 준이치로 전 후생상, 가메이 시즈카 정무조사회장, 아소 타로 경제재정상 등 4명이 입후보하였는데, 이 중 최대파벌의 회장으로서 제3파벌인 '호리우치' 파의 지지를 받고 있는 하사모토 전 총리의 당선이 유력한 것으로 예상되었다. 그러나 국민들의 밀실 · 담합정치에 대한 비판 및 개혁요구, 연립내각에 대한 지지도의 저하와 그에 따른 7월 29일 참의원 선거에 대한 당원들의 불안 등의 영향으로 예상을 뒤엎고, 개혁성향의 정치인으로서 하시모토 전 총리보다 상대적으로 국민적 인기가 높은 고이즈미 준이치로 후보가 지부의 예비선거에서 돌풍을 일으키며 압승을 거둠과 함께 123표의 지방표를 확보한 뒤, 소속 중 · 참의원 선거에서도 상대적으로 약한 당내 권력기반에도 불구하고 하시모토 후보보다 35표를 더 획득하여 제20대 총재로 당선되었다.

당 압승[16]은 고이즈미 총리에게 안정된 정치적 기반을 구축할 수 있는 토대를 제공하였다.

같은 해 8월 10일 자민당 의원총회에서 선거 없이 임기 2년의 총리에 재당선[17]된 고이즈미 총리는 '21세기 정치대국 일본'을 지향한 국가체제의 정비나 사회 전 분야의 구조개혁을 강력하게 추진하게 되는데, 그와 같은 개혁정치의 전개 속에서 일본의 정치공간은 신보수화 성향을 한층 강하게 나타냈다.[18] 특히, 일본정치의 보수화 경향의 촉진은 안보정책을 통하여 구체적으로 나타났다.

2) 양대 정당 구도의 형성과 고이즈미 총리의 정치적 입지강화

(1) 양당 대결구도 형성과 정국주도력 강화

① 야당통합과 새로운 제1야당 민주당의 발족

일본의 야당인 민주당(원내 제2당)과 자유당(원내 제5당)은 고이즈미 연립정권의 출범 이후 소극적인 대정부 비판 등으로 참의원 선거(2001.7), 중·참의원 선거(2002.10) 등에서 저조한 실적을 거두면서 한계를 노정하였다.

따라서 간 나오토 민주당 대표와 오자와 이치로 자유당 당수는 2003년 7월 23일 당수회담을 갖고, 자유당의 해체와 더불어 소속의원들이

---

16) 7·29 참의원 선거에서 자민당은 64석 획득으로 1992년 이래 처음으로 단독 과반수를 확보하게 되었고, 아울러 연립여당으로서는 78석을 확보하게 되었다.

17) 고이즈미 준이치로는 총재재선으로 임기가 2003년 9월까지 연장되었다(《朝日新聞》, 2001.8.11).

18) 일본 정치공간의 신보수화 성향의 강화 속에 고이즈미 총리는 지지기반인 보수세력을 배려하여 2001년 8월 13일 공인·개인자격 여부를 명확하게 밝히지 않은 채 야스쿠니 신사의 참배를 단행하였다.

민주당에 합류하는 흡수합병 형식으로 합당하기로 합의하였다. 그 결과 같은 해 10월 5일 '신민주당(新民主黨) 합당대회'가 개최되고, 새로운 제1야당 신민주당이 발족하게 되었다.

② 2003년의 11·9 총선과 양당구도의 대결

일본의 중의원 선거는 헌법 제7조에 의해 국회의원 임기(4년) 만료 이외에 총리 직권에 의한 중의원(정원 480명: 소선거구 300명, 비례대표 180명) 해산으로도 실시가 가능한데, 통상 국회의원 임기만료 2년여를 앞두고 선거분위기의 조성과 더불어 집권당이 유리한 시점에 중의원 해산을 통하여 실시된다. 2003년 10월 10일 고이즈미 총리의 중의원 해산으로 11월 9일 중의원 총선거가 실시되었다.

신민주당은 발족 즉시 민주·자유 양당간 선거구 조정 등 합당 후속 조치를 취하면서 2003년의 11·9 총선을 겨냥해 전열을 정비하였다. 2003년의 11·9 중의원 선거는 자민당과 민주당의 대결을 중심으로 전개되었다. 전반적으로 자민당은 농촌지역과 70대 이상의 노령층 및 여성 유권자를 중심으로 강세를 보였고, 민주당은 수도권을 중심으로 한 대도시·30~40대 및 남성 유권자층·무당파층 등에서 선전하였다.

11·9 총선거의 투표율은 과거 최저였던 1996년의 59.7%에 이어 전후 두 번째 낮은 59.9%를 기록하였고, 선거결과는 자민당 부진, 민주당 약진, 사민당·공산당 등 진보정당의 퇴조였다.[19] 즉, 자민당

19) 자민당은 총 237석을 차지함으로써 해산 전(247석)보다 10석이 감소하여 단독 과반수 획득에 실패하였고, 공명당은 해산 전(31석)보다 3석 증가한 34석을 획득하였으며, 보수신당(保守新黨)은 해산 전(9석)보다 5석 감소한 4석을 획득하였다. 따라서 연립정권 전체로서는 해산 전(287석)에 비해 다소 약화된 275석을 획득하였지만, 국회상임위원장직을 독점할 수 있는 절대안정 다수(269)의석을 확보하였다. 게다가, 11월 10일 오후 보수신당(保守新黨)이 해체와 더불어 자민당에 합류함으로써, 자민당은 단독 과반수(240석) 이상을 확보할 수 있게 되었다. 제1야당 민주당은 총 177

은 단독 과반수의 획득에 실패하였지만, 11·9 총선을 계기로 자민당을 중심으로 한 연립정부체제가 유지되는 가운데 '자민 대 민주'의 양당 대결구도가 구축되었다.

(2) 자민당 파벌의 재편과 정국주도력 강화

2003년 11·9 총선을 계기로 자민당 파벌의 구도는 재편되는 조짐을 나타냈다. 11·9 총선 이전, 파벌의 세력구도를 살펴보면, 최대파벌 하시모토 파(100명)와 제 2파벌 가메이 파(59명)·고무라 파(16명)·고노그룹(11명) 등 소속의원 3분의 2가 비주류였고, 고이즈미 총리의 전 소속 파벌인 모리 파(59명)를 비롯하여 야마자키 파(27명)·구(舊)가토 파(14명) 등이 주류를 형성하였다.

그런데 11·9 총선에서 고이즈미 총리의 전 소속 파벌인 모리 파 등 주류 파가 의석수를 확대하여 세력을 신장시킨 반면, 당내 최대파벌인 하시모토 파 등 비주류 세력은 의석수가 감소하는 퇴조세를 보였다. 즉, 〈표 6-1〉에 구체적으로 나타나 있듯이, 주류 파의 모리 파가 세력을 신장하여 제 2파벌로 부상하고, 야마자키 파와 구(舊)가토 파가 각각 의석을 확장한 데 비해, 비주류 측은 하시모토 파·가메이 파·호리우치 파·고무라 파 등 모두 의석수가 감소하였다.

따라서 11·9 총선의 결과는 고이즈미 총리의 전 소속 파벌인 모리 파가 당내 핵심 포스트인 간사장·국회대책위원장 등을 맡아 당운영을 주도할 수 있도록 하였고, 아울러 고이즈미 총리의 정국주도력을 한층 강화하였다.[20)]

석을 획득함으로써 해산 전(137석)보다 40석이 증가한 선전을 하였고, 전후 최대의 야당으로 등장하게 되었다. 반면, 진보정당인 공산당은 20석→9석, 사민당은 18석→6석으로 감소하는 퇴조세를 나타냈다. 즉, 진보정당을 비롯한 군소정당의 몰락이 나타났다(《朝日新聞》, 2003. 11. 10).

20) 11·9 총선 직후 자민당에 합류한 구보수신당 소속 중·참의원 7인 의원들

〈표 6-1〉 2003년 11·9 총선에 따른 파벌의 의석수 변화

	파벌 명	총선 전 의석수	총선 후 의석수	비 고
주류의 주요 파벌	모리 파	59	71	12석 증가
	야마자키 파	27	29	2석 증가
	구(舊)가토 파	14	15	1석 증가
비주류의 주요 파벌	하시모토 파	100	92	8석 감소
	가메이 파	59	51	8석 감소
	호리우치 파	51	47	4석 감소
	고무라 파	16	15	1석 감소

이와 같은 파벌구도의 변화는 중의원 소선거구제의 도입 및 고이즈미 총리의 파벌개혁 등으로 파벌의 영향력이 급격히 저하되는 가운데 당 총재선거·총선 등 정치일정의 이행과정에서 주류인 모리 파가 비주류 파의 분열상황을 최대한으로 활용하여 세력확장에 주력한 점이 주효했기 때문이다.

(3) 고이즈미 자민당 총리의 정치적 입지강화와 친정체제 구축

고이즈미 총리는 개혁부진, 경기침체의 장기화 등으로 국민 지지율이 2003년 초반 40%대로 하락하였지만, 지방·국회 보궐선거(4. 27)에서의 자민당 승리, 유사법제의 중의원(5. 15) 및 참의원(6. 6)에서의 성립, 미일 정상회담(5. 23)에서의 외교적 성과 등에 힘입어 50%대를 회복하게 되었다.

이처럼 정치적 입지를 다소 회복한 고이즈미 총리는 경기회복을 위한 노력을 경주하였고, 그 결과 일정한 성과를 거두면서 50%대를 계

은 자민당 내 하나의 파벌인 '니카이 그룹'을 결성하고 활동을 개시하였다.

속 유지해 갔으며, 2003년 9·20 자민당 총재선거에서 총 657표 중 399표(60%)를 획득하여 3선에 성공하였다.21)

자민당 총재에 3선된 고이즈미 총리는 2003년 9월 22일 대폭적인 개각을 단행하여 제 2기 내각을 발족시켰다. 고이즈미 총리는 주요 각료의 유임에 따른 큰 틀을 유지하면서도 같은 해 11월 9일의 총선을 겨냥한 정국전환 및 주도권 장악을 위해 신진·소장의원들을 대거 기용하였다.

고이즈미 총리는 친정체제의 구축을 위해 정부와 당에 후쿠다 관방장관, 아베 간사장을 포진하면서도, 다른 한편으로는 총재선거의 후유증인 당내 불협화음의 조기봉합을 위해 주요 파벌 및 연립정부 참여정당(공명당, 보수신당)에 각료직을 골고루 안배하여 거당 협력체제를 추구하였다. 아울러 고이즈미 총리는 '강한 일본'의 건설 및 세대교체를 지향하여 전후세대의 보수성향이 강한 신진·소장 정치인들을 당·정에 포진시켰다.

3) 보수적 정치공간의 개혁화 지향과 고이즈미 총리의 개혁정국 주도력 강화

(1) 2004년 7·11 참의원 선거의 부진과 전열 재정비

고이즈미 총리는 '강한 일본'의 건설 및 세대교체를 지향하여 전후세대의 보수성향이 강한 신진·소장 정치인들을 당·정에 포진시켜 친정

21) 9·20 자민당 총재선거의 결과

	득표수	득표율
고이즈미 준이치로(현 총재)	399	60.7%
가메이 시즈카(전 정무조사회장)	139	21.2%
후지이 다카오(전 운수장관)	65	9.9%
고무라 마사히코(전 외무장관)	54	8.2%

체제의 구축을 도모한 뒤, '자민 대 민주'의 대결구도 아래 개혁정국의 주도력 강화를 추구하였다.

여야 간의 정국주도권 경쟁은 2004년의 7·11 참의원 총선을 의식하면서 '자민 대 민주'의 대결을 축으로 치열하게 전개되었다. 고이즈미 정권의 집권 3주년[22]을 평가하는 2004년의 4·26 보궐선거에서 연립여당은 이라크 내 일본인 인질사건의 발생(2004. 4. 8)에 따른 자위대의 이라크 파견문제, 연금개혁 등 각종 개혁정책을 선거쟁점으로 삼아 민주당에 완승하였으나, 7·11 참의원 선거에서는 자민당 지지율의 하락[23]과 더불어 무당파층이 증가하는 가운데 연금개혁 문제와 자

---

22) 2004년 4월 26일은 고이즈미 연립내각이 집권 3주년을 맞이하는 날이었다.

23) 《朝日新聞》의 여론조사에 따르면, 5·22 제2차 평양정상회담 직후 54%였던 내각 지지율이 6월 19·20일 조사에서는 이라크 다국적군 참가결정에 대한 58%의 반대표명과 더불어 40%로 급락하는 양상을 나타냈었다(《朝日新聞》, 2004. 6. 22). 아래 〈표〉에 나타난 바와 같이, 비지지가 지지를 상회하는 상황이 2003년 3월의 이라크 개전 직후에 나타난 이후, 1년 3개월 만에 재차 나타난 것이다(《朝日新聞》, 2004. 6. 22).

고이즈미 내각 지지율의 역전(2004. 6. 19·20 조사)

지지	40%
비지지	42%

정당별 지지율(2004. 6. 19·20 조사)

정 당	지지율(%)
자민당	30(37)
민주당	15(14)
공명당	4(2)
공산당	2(2)
사민당	1(1)
지지정당 없음	40(37)

주: ( ) 안의 수치는 5월 23일 조사시의 지지율.

위대의 이라크 다국적군의 참가문제가 선거쟁점으로 부각되면서 자민당 부진, 민주당 약진, 공명당 현상유지, 공산당·사민당의 참패로 나타났다.[24] 그러나 자민·공명당 연립정권 차원에서는 공명당의 1석 증가로 안정다수(129석) 이상을 유지할 수 있게 되였다.

고이즈미 총리는 국정 장악력의 약화를 막기 위해 대외관계를 위한 정상외교에 노력을 기울이며, 2004년 9월 연립내각의 개조 및 당 3역 인사를 파벌의 추천을 받지 않고 독자적으로 단행하였다.

(2) 보수적 정치공간의 개혁성향과 2005년 9·11 중의원 총선의 자민당 압승

전열을 재정비한 고이즈미 총리는 야당의 공세에 맞서 개혁 추진력 및 정국주도력의 강화를 추구하면서, 최대현안인 우정민영화, 중앙과 지방의 조세재정에 관한 삼위일체 개혁 등 구조개혁 노선을 적극적으로 추진하였다.

고이즈미 총리의 강력한 개혁 드라이브에 의한 정국운영은 '강한 일본 건설'을 위해 '작은 정부'·'민간주도 지향' 등의 개혁을 지향하는 국민들의 지지를 기반으로 정국주도력이 한층 강화되도록 하였고, 보수성향의 정치공간이 개혁화를 지향토록 하였다.

따라서 경제개혁 차원의 구조개혁, 안보개혁 차원의 법·제도적 정

24) 2004년 7·11 참의원 선거결과

정 당	획득 의석 수
자민당	49(51)
민주당	50(38)
공명당	11(10)
공산당	4(15)
사민당	2(2)
무소속	5(9)

주: ( ) 안의 수치는 선거 전의 의석 수.

비, 정치개혁 차원의 파벌정치 타파 및 족의원 중심의 이익정치 쇄신 등이 추진되었으며, 헌법개정 논의도 정치권뿐만 아니라 경제계에서도 구체적이고도 적극적으로 전개되었다.

그러나 고이즈미 총리는 최대현안인 우정민영화 법안이 중의원에서 5표 차로 통과한 뒤, 2005년 8월 8일 참의원에서 17표 차로 부결되자, 즉시 정치생명을 걸고 중의원을 해산하였다. 고이즈미의 8·8 중의원 해산에 대해 '자폭테러 해산', '자멸' 등으로 표현하며 우려와 비판이 제기되었다.

고이즈미 총리는 자신의 정치생명을 담보로 배수진을 치며, 2005년 9월 11일 중의원 총선거를 치르게 되었는데,[25] 보수성향의 정치공간의 개혁화 지향 속에서 일본의 최대 경제단체인 경단련(經團聯)은 9·11 중의원 총선을 앞두고 8월 29일 자민당 지지를 공식적으로 표명하였다. 경단련의 중의원 총선에서의 자민당 지지표명은 1993년 이래 12년 만의 지지선언인데, 이는 고이즈미 총리의 구조개혁 작업추진을 지원하기 위해서였다.

9·11 중의원 총선은 '개혁 대 반개혁'의 대결구도 아래 고이즈미 연립내각에 대한 국민들의 신뢰평가의 성향을 지니면서 치러졌다. 따라서 고이즈미 총리는 개혁을 기치로 내걸고 '퇴진'이라는 배수진을 치면서 '소신 정치가'로서의 이미지를 강하게 부각시킴과 더불어 '사즉생'(死卽生)으로 선거에 임하였다. 또, 우정민영화 법안 반대파 의원들이 탈당하여 국민신당 소속이나 무소속으로 출마한 이른바 30여 개의 '반란군' 지역구에는 '고이즈미의 칠드런(*children*)'이라고 불리는 신인들을 '자객'으로 출마시켰다.

9·11 중의원 총선을 앞두고 《아사히신문》(朝日新聞)을 비롯한 언

25) 우정민영화 개혁 반대파 일부 의원들이 자민당의 공천배제에 따른 반발로 '국민신당'(國民新黨)을 창당하고, 무소속 출마를 위해 탈당을 감행하는 등 정국이 혼란양상을 보였다.

론들의 여론조사에서는 자민당의 단독 과반수가 예측될 정도로 자민당의 확실한 우위가 나타났다.[26] 이는 우정민영화 법안에 대한 반대파 의원들의 탈당 및 신당창당의 충격여파가 미미한 것임을 의미하는 것이기도 하다.

이와 같은 여론조사의 결과는 9·11 중의원 총선에 그대로 투영되어 나타났다. 자민당은 과반수인 240석을 훨씬 상회하는 전후 제 2위인 296석[27]을 획득하였고, 민주당은 기존의석보다 64석이나 적은 113석을 획득함으로써 대참패하였다.[28] 게다가, 자민·공명의 연립여당은 전체 의석(480석)의 3분의 2인 320석을 상회는 327석을 확보하였다. 이는 자민·공명의 연립여당이 중의원이 가결시킨 법안을 참의원이 부결시켜도 중의원이 다시 가결시킬 수 있는 의석수로서 중요한 의미를 갖는 의석 수이다.

(3) 9·11 중의원 총선의 의의와 고이즈미 총리의 개혁정국 주도력 강화

9·11 중의원 총선의 결과 현실적으로 개혁 드라이브를 견제하던 이른바 '3각 장치', 즉 강한 야당, 이익집단의 '족'의원 그룹, 당내 파벌 등이 무력화되었다.

특히, 일본정치의 주요 특성인 50년의 자민당 파벌정치가 사실상

---

26) 《朝日新聞》, 2005. 9. 4.

27) 9·11 총선에서 얻은 자민당의 의석비율은 산술적으로 전후 2위이며, 전체 의석(480석)에서 차지하는 자민당 의석(296석)의 점유율은 61.7%이다. 1960년 총선에서 이케다 내각이 기록한 점유율 63.4%가 전후 1위이다.

28) 2005년 9·11 중의원 총선결과

구분	자민	공명	민주	공산	사민	국민 신당	신당 일본	기타
9·11 선거결과	296 (+84)	31 (−3)	113 (−64)	9 (0)	7 (+2)	4 (0)	1 (−2)	19 (−14)
선거 전 의석 수	212	34	177	9	5	4	3	33

와해상태에 이르게 되었다. 고이즈미 총리는 취임 후 내각구성 등 인사에서 파벌의 영향력을 배제해왔는데, 파벌의 존재 그 자체가 '우정민영화 반대와 9·11 중의원 총선'에 의해 정치적 지각변동을 겪으면서 와해되는 상태에 이르게 되었다.

예컨대, 최대 파벌이던 구하시모토 파는 16명이 우정민영화 반란군에 가담함에 따라 제 2위 파벌로 전락했고, 고이즈미 출신 파벌인 모리(森) 파는 제 1위 파벌로 등장하게 되었지만, 고이즈미 총리에 대한 영향력은 격감하게 되었다. 아울러 제 3위 파벌인 호리우치(掘內) 파는 파벌회장인 호리우치 미쓰오〔掘內光雄〕의 탈당에 따른 내분으로 지리멸렬했고, 제 4위 파벌인 가메이〔龜井〕 파는 가메이 시즈카〔龜井靜香〕 파벌회장의 탈당과 더불어 공중분해되었다.

요컨대, 9·11 중의원 총선의 대승으로 고이즈미 총리의 국정운영을 위한 권력기반 및 정치적 입지는 매우 강화되었으며, 따라서 고이즈미 총리는 보수성향의 정치공간 속에서 개혁정치를 강력하게 추진할 수 있게 되었다.

4. 신보수세력의 국가전략노선과 전략적 특징

1) 국제사회에서 일본의 역할 증대론과 신보수세력의 국가전략노선

1990년 걸프전이 발발하여 미국주도의 다국적군이 결성될 때, 일본은 적절한 대응을 하지 못하였다. 일본은 1973~1974년의 제 4차 중동전쟁시 제 1차 석유위기가 일본경제에 미친 영향을 되새기면서 걸프전의 후유증이 일본경제에 미칠 영향에 대해 더욱 관심을 가졌고, 자위대 파병에 대해서는 '결정을 내리지 못하는 우유부단의 정치'를 되풀이하였다.

일본은 걸프전에 대해 자원 및 에너지 안전보장 차원에서 대응하려는 의도가 강하였고, 따라서 미국주도의 걸프전 수행에는 다국적군에 자위대를 파병하는 대신 130억 달러의 전쟁비용을 지불하였다. 그런데 일본은 130억 달러의 전쟁비용을 지불하고도 인적 공헌을 하지 않았다는 이유로 미국으로부터 비난받았다.

이와 같은 비난은 기존의 정치에 대한 비판과 더불어 '국제사회에서 일본의 역할 증대론'이 대두되도록 하였다. 즉, '국제사회에서 일본의 역할 증대론'은 정치변동과 정계개편의 과정 속에서 걸프전시 자위대 파병의 결정을 내리지 못했던 '리더십 부재의 정치'에 대한 비판과 함께 공론화되기 시작하였다.

특히, 정치변동기에 일본정치의 핵심세력으로 등장한 쇼와세대의 신보수세력은 '리더십 부재의 정치'를 비판하면서 국제사회에서의 역할 증대를 통한 정치대국화의 추구를 강력하게 주장하였다.

쇼와세대의 신보수세력은, ① 전후 민주교육을 받은 세대로서 그 이전의 세대와 비교하여 상대적으로 과거사 및 대미 콤플렉스를 덜 가지는 특징을 나타냈고, 그러므로 ② 과거의 일본 군국주의가 일으킨 전쟁에 대하여 반성과 사죄를 표명함으로써 전후 총결산을 단행하고, 아울러 국제사회에서 일본의 역할 강화론을 주창하면서 보다 적극적으로 정치대국화를 추구하고자 하는 특징을 나타냈다. 즉, 대국주의 성향을 지닌 신보수세력의 대외전략노선은 국제사회에서 일본의 공헌 및 역할증대를 통하여 '21세기 국제지도국 일본'을 추구하는 것이라고 볼 수 있다.

이는 동서냉전시대의 55년체제가 '통상국가 일본'을 '경제대국 일본'으로 발전시켰다면, 탈냉전시대 1993년의 7·18 총선을 계기로 정치적 지각변동 속에 형성되는 새로운 체제는 '경제대국 일본'을 '정치대국 일본'으로의 성장을 추구할 것임을 시사하는 것이기도 하다.

따라서 '21세기의 국제지도국 일본'을 지향한 신보수세력의 국가전략은 보수 대연합에 의한 국정운영의 권력기반 강화 이후에 국가개혁 차원에서 구체적으로 추진되었고, 특히 고이즈미 총리의 개혁정치의 전개와 더불어 강력한 리더십 아래 한층 적극적으로 전개되고 있다.

2) 신보수세력의 국가전략노선의 구도와 특징

〈표 6-2〉에 나타난 바와 같이 신보수세력의 국가전략은 'UN중시 전략'과 '미일동맹 강화전략'을 두 축으로 하면서, 글로벌 차원의 아시아·태평양지역 차원, 국내적 차원 등 다차원적으로 전개되는 전략이다.

글로벌 차원의 전략은 UN의 깃발 아래 국제사회에서의 역할증대를 도모하는 것이다. 탈냉전시대의 도래와 더불어 유엔의 기능과 역할이 증대되자, 일본은 유엔을 중시하는 대외정책을 추구하게 되었고,[29] 따라서 1993년 UN 내에서 안전보장이사회의 개편논의가 시작되자 상임이사국 진출의사를 공식적으로 표명하였다. 즉, 일본은《1993년도 외교청서》를 통하여 UN 안전보장이사회 상임이사국으로의 진출을 염두에 둔 능동적 외교의 적극적 전개를 강조한 후, 1994년 9월 14일 무라야마 내각의 각료간담회에서 무력행사를 목적으로 하는 군사행동에 참가하지 않는다는 조건으로 UN 안전보장이사회의 상임이사국 진출을 공식적으로 결정하였다. 그리고 그에 따라 고노 요헤이 외무성장관은 같은 해 9월 27일 제 49차 유엔총회의 기조연설에서 "유엔헌장이 서명된 지 반세기가 지난 지금 구적국(舊敵國) 조항은 의미를 상실하게 되었다"고 언급하면서, "일본은 여러 국가들의 지지를 받아 안전보장이

29) 호소카와가 UN산하의 국제상설부대 및 UN평화협력대의 창설을 주장하고, 오자와가 UN경찰부대를 창설하여 UN평화유지활동에 종사토록 주장한 것도 유엔중시의 대외정책을 나타내는 것이다. 자위대와 별개로 그와 같은 조직이 정비될 경우, 일본은 헌법 제 9조에 의한 제약을 받지 않고 국제사회에서의 군사활동을 전개할 수 있게 되는 것이다.

〈표 6-2〉 정치대국화 전략의 구도와 특징

제 1차원: 글로벌 차원	▪ UN중시 전략: UN 안전보장이사회 상임이사국 진출추구 -UN의 평화활동 적극참여 -UN의 예산분담금 지속적 증액 -UN 아시아·태평양지역 본부 일본유치 및 설립 -UN 안전보장이사회 개편안 'G-4' 제출 ▪ 세계ODA 대국으로서 환경, 제3세계 문제, 인간안전보장 등 글로벌 정책이슈에 ODA의 전략적 활용추구
제 2차원: 아시아·태평양 차원	▪ 아시아·태평양지역의 국제지도국 지향 -양자간 및 다자간 안보협력 추진 -'친미입아'(親美入亞) 전략 전개 -일본의 독자적 영역확대 추구 ▪ 미일동맹 강화전략 추구 -미일 안전보장체제의 발전에 따른 국제사회에서 일본의 전략적 역할증대 추구 -미일의 전략적 상호의존의 강화와 파워분담(*powersharing*) 추구 -미일동맹의 미영동맹 수준으로의 발전추구
제 3차원: 국내적 차원	▪ 정부기제의 개혁 -총리의 리더십 및 내각의 위기관리기능 강화 -정부조직법 개편 -정보분석기관의 강화 ▪ 안보개혁 -'미일 신방위협력지침' 관련 법안 정비 -PKO법안의 개정 및 재정비 -일본 및 주변지역의 유사시 관련법제의 입법화 -전력보유·집단자위권 행사 등을 위한 헌법개정 -방위청의 '국방성'(또는 '방위성')으로의 승격 ▪ 군사력의 질적 증강 -무기의 하이테크화 -자위대의 원거리 활동능력 강화 -MD체제 구축 역점

〈표 6-3〉 일본의 UN 예산분담률(2005년 7월 시점)

(단위: %)

미국	영국	프랑스	중국	러시아	일본	독일	브라질	인도
22	6.127	6.03	2.053	1.1	19.468	8.662	1.523	0.421

사회 상임이사국으로서의 의무를 수행할 준비가 되어 있다"고 밝혔다.

이처럼 일본은 UN 안전보장이사회 상임이사국으로의 진출을 공식적으로 표명한 후, 진출을 위한 여건조성에 상당한 노력을 기울이기 시작하였다. 즉, 일본은 1990년대에 들어오면서 미국 다음으로 많이 부담하고 있는 UN 통상예산 분담금을 상임이사국 진출과 연계시켜 전략적 활용을 도모하고 있고[30] (〈표 6-3〉 참조), 아울러 세계정부개발원조(ODA) 대국으로서 아프리카를 비롯한 제3세계의 여러 국가들에 대한 경제지원을 확충하면서 이를 상임이사국 진출을 위해 전략적으로 활용하고 있다.

그러므로 일본의 UN 분담금 증액을 기대하는 안전보장이사회의 회원국들이나 개발도상국들은 일본의 안전보장이사회의 상임이사국 진출을 지지하고 있고, 그 지지도는 안전보장이사회의 확대에 대한 회원국들의 공감대 확산과 더불어 계속해서 증가하고 있다.

이와 같은 안전보장이사회 상임이사국 진출을 위한 준비작업을 전개하면서 일본을 비롯한 독일, 브라질, 인도 등은 '6개의 상임이사국

30) 일본정부는 자국이 다른 상임이사국보다도 많은 재정적 기여를 하고 있음을 명분으로 1994년 이래 UN 안전보장이사회 상임이사국 진출을 적극 추진하였으나, 재정적 기여도에 상응하는 역할확대가 이뤄지지 못함에 따라 2001년의 분담금을 삭감시키는 조치를 취하였다. 이 조치에는 국제사회에 일본이 UN의 재정기여에 상응하는 대우를 받지 못하고 있음을 주지시킴과 동시에 일본의 안전보장이사회 상임이사국 진출에 대한 당위성을 부각시키려는 의도가 내포되었다고 지적할 수 있다.

(아시아·아프리카 각 2개국, 유럽·아메리카 대륙 각 1개국)과 4개의 비상임이사국의 증원'과 '기존의 상임이사국과 동등한 권리를 보유하되, 15년간 거부권 행사를 유예'하는 내용의 'G-4 결의안'을 2005년 7월 6일 UN총회에 제출하였고, 이에 대한 지지국의 확보를 추구하는 노력을 전개하였다.

그러나 중국은 독일, 브라질, 인도 등의 안전보장이사회 상임이사국 진출에는 지지하나, 일본의 안전보장이사회 상임이사국 진출에는 과거사 문제를 이유로 가장 강력한 반대를 공식적으로 표명하였고, 'G-4 결의안'은 아프리카 연합(AU)과의 합의에 실패하였으며,[31] 미국은 같은 해 7월 14일 'G-4 결의안'에 대한 지지확보의 부족 및 회원간 불화조성 등을 이유로 'G-4 결의안'에 반대입장 표명과 더불어 '신임 상임이사국에는 거부권을 갖지 않는 일본 등 2개국 정도, 비상임이사국에는 2~3개국 신설'을 골자로 하는 미국안을 제시하였다.

새로운 상임이사국의 거부권 행사를 둘러싼 회원국들간의 이견, 회원국 3분의 2의 비준이 필요한 UN헌장 개정의 어려움[32] 등 때문에 일본의 안전보장이사회 상임이사국으로의 진출은 조기에 실현되기는 어렵지만, 일본은 정치대국화 전략 차원에서 국제공헌 활동의 강화와 함께 UN 안전보장이사회의 상임이사국 진출을 계속해서 추구할 것이다.

그리고 일본은 글로벌 차원에서 핵 비확산·소형무기 규제 등의 군축활동이나 분쟁지역의 평화정착을 위한 외교노력 등 국제공헌 활동을 강화하고 있으며, 나아가 1998년 12월 UN에 '인간안전보장기금'(*a Trust Fund for Human Security*)의 설립을 제창함과 더불어 인간안전보장를 위해 ODA의 전략적 활용 등 적지 않은 외교적 활동을 전개하고

---

31) AU 정상회의는 2005년 7월 5일 '거부권 보유 6개 상임이사국과 5개 비상임이사국의 증원'을 핵심내용으로 하는 결의안을 채택하였다.

32) UN 안전보장이사회의 확대를 위한 UN헌장의 개정에는 전 상임이사국과 회원국 3분의 2 이상의 찬성이 필요하다.

있다.

지역차원의 전략은 아시아·태평양지역의 강대국으로서 이 지역에서의 역할 및 영향력의 증대를 도모하는 것이다. 그와 같은 일본의 전략은 미일동맹의 강화와 함께 '친미입아' 전략[33]으로 특징지을 수 있는데, 미일 안전보장체제의 확대·발전에 따른 일본의 전략적 역할의 증대와 더불어 일본의 독자적 영역의 확대를 추구함으로써 '미일 지도력 분담'을 도모하는 것이다.

아시아지역은 일본에 수출시장 및 생산기지 수준 이상으로서 그 중요성이 점점 증대하고 있는데, 이는 일본으로 하여금 아시아를 주요 거점으로 하는 대외정책을 전개토록 하고 있다. 일본의 아시아 중시전략은, ① 경제적 차원에서 정부개발원조의 아시아 전략적 제공이나 아시아지역에서의 새로운 생산거점 확보를 위한 직접투자 등의 형태로 전개되고 있고, ② 안보적 차원에서 종전의 대소봉쇄를 위한 북방중시의 방위전략에서 아시아·태평양 주변지역의 안정확보에 중점을 두는 전방위 형태의 안보전략으로 전환하여 전개되고 있다. 즉, 아시아·태평양지역에서 군사적 역할증대를 꾀하는 일본은, ① 미일 안전보장체제의 확대·발전을 통하여 직접적 역할증대를 도모하면서, 다른 한편에서는 ② 양자간 차원에서 상호 투명도의 제고 및 신뢰구축을 위하여 한국, 중국, 러시아, 인도네시아, 싱가포르, 태국 등과의 2국간 군사교류를 촉진·강화시키고 있고, ③ 다자간 차원에서는 '아세안 지역 포럼'(*ASEAN Regional Forum*: ARF)에서의 중요한 역할을 전향적으로 담당하는 것이다.[34]

---

33) 寺島實郎, 《國家の論理と企業の論理》(中公新書, 1998).

34) 배정호, 《21세기 한국의 국가전략과 안보전략—국가전략·포괄적 안보전략·동북아 다자간 안보전략》(서울: 통일연구원, 2000). 1998년 10월의 한일정상회담에서 오부치 총리가 '동북아 6자회담'을 제의한 이후 일본은 기회가 있을 때마다 이를 추구하는 희망을 표시하고 있다.

국내적 차원의 전략은 글로벌 차원 및 아시아 · 태평양지역 차원에서 일본이 활동을 전개할 수 있도록 정치공간의 보수화 성향, 보수 대연합에 의해 강화된 국정운영의 기반 등을 전략적으로 활용하여 제도적 정비를 단행하고, 군사력의 질적 증강을 추구하는 것이다.

일본정부는 국제사회에서 일본의 역할증대를 뒷받침하기 위해 무기의 하이테크화, 자위대의 원거리 활동능력 증강, 첨단기술에 의한 군사력의 질적 증강 등을 추구하고 있고, 제도적 정비로서는 먼저 정보기관의 강화를 도모한 후, '미일 신방위협력지침'과 관련된 법안의 정비와 내각의 기능강화를 위한 정부조직 개혁을 단행하였다. 즉, '21세기 국가체제의 정비'를 기치로 내걸고 출범한 오부치 정권은 미일 신안전보장체제의 확립과 더불어 일본의 확대된 군사활동을 법적으로 뒷받침하기 위해 보수 대연합으로 강화된 권력기반을 바탕으로 1999년 5월에 '미일 신방위협력지침'과 관련된 법안의 정비를 단행하여 3개의 법안 —'주변사태법', '자위대법 개정안', '미일 물품역무 상호제공협정(ACSA)' — 을 성립시켰고, 같은 해 7월에는 총리의 국정주도권 및 내각기능의 강화를 도모할 수 있는 '정부조직개편법'을 성립시켰다. 나아가 2001년 4월 개혁을 기치로 등장한 고이즈미 총리는 안보개혁 차원에서 법적 정비를 전향적으로 추진하면서, '테러대책 특별법'의 제정 및 'PKO 협력법'의 개정, '무력공격사태법안', '자위대법 개정안', '안전보장회의 설치법 개정안' 등 3개의 '일본 유사' 관련 법안 등을 성립시켰으며, 방위청의 방위성으로의 승격, 집단자위권의 행사 및 전력보유 등을 지향한 헌법개정 등을 적극적으로 추진하고 있다.

요컨대, 대국주의(*great power nationalism*) 성향을 지닌 신보수세력은 '21세기 정치대국 일본'을 추구하는 대외정책 노선을 지향하고 있으며, 그와 같은 대외정책 노선은 국제사회에서의 역할증대와 함께 군사적 역할의 확대를 나타내고 있다.

제 7 장

미일동맹의 강화와 미일 전략적 상호협력의 심화·확대

1. 미일동맹의 재정의 및 재확립

1) 미일동맹의 재정의 및 재확립

냉전시대의 미일동맹은 극동지역에서 소련의 군사적 팽창에 대응하기 위한 것이었으므로, 미일의 전략적 역할분담은 미국의 주도 아래 소련이 붕괴될 때까지 지속되었다.

따라서 1989년 동유럽에서 공산주의의 몰락이라는 지각변동에 이어 1991년 말 소련의 붕괴로 탈냉전시대가 도래하면서, 일본 국내에서는 '냉전의 산물'인 '미일 안전보장체제의 무용론'과 '오키나와기지 철수요구'를 제기하는 견해가 나타나게 되었고,[1] 아울러 무라야마 총리의 사적 자문기관인 '방위문제간담회'가 작성한 정책보고서 〈일본의 안전보

1) 淺井基文, 《日本外交 反省と轉換》(東京: 岩波書店, 1989).

장과 방위력의 존재방식—21세기를 향한 전망〉(1994. 8) 에서는 미일 안전보장체제의 중요성을 언급하면서도, 이보다 UN을 더욱 중시하는 견해가 나타났다.[2)]

이처럼 탈냉전시대의 도래와 더불어 미일관계는 경제마찰뿐만 아니라 안보분야에서도 우려되는 견해나 의견들에 직면하게 되고, 게다가 1995년 9월 오키나와에서 발생한 '미군병사의 일본 소녀 성폭행 사건'으로 반(反) 주일미군 여론이 전국적으로 확산되면서, 미일 안전보장체제의 분기점을 맞이하게 되었다.

따라서 미일 양국에서는 미일동맹의 약화를 우려하여 미일 안전보장체제를 확고하게 재정립 또는 재확인시키는 작업에 착수하게 되었다.[3)] 미 국방부는 1995년 2월에 조세프 S. 나이(Joseph S. Nye, Jr.)가 주도하여 작성한 〈동아시아·태평양지역에 관한 미국의 안전보장 전략〉(*United States Security Strategy for the East Asia-Pacific Region*, 1995)[4)] 의 발표를 통하여 미일 파트너십 및 미일 안전보장체제의 중요성을 강조하였고, 일본정부는 같은 해 11월에 각료회의에서 결정한 '1995 방위계획대강'[5)] 에서 일본 및 주변지역의 평화와 안정를 위한 미일 안전보장체제의 필요 불가결성을 역설함과 동시에 미일 안전보장체제의 신뢰성 및 기능적 유효성의 향상 등을 강조하였다.

---

2) 防衛問題懇談會, 〈日本の安全保障と防衛力の存り方—21世紀へ向けての展望〉(1994. 8). 이 보고서에서는 탈냉전시대에는 UN의 역할이 증대된다는 UN중시의 견해와 더불어 다자간 동맹, 다자간 안보협력 등 '능동적 국제안전보장'을 강조하는 정책을 건의하였다. 즉, 미일 안전보장체제의 중요성을 언급하면서도, 이보다 UN을 더욱 중시하는 견해를 나타냈다.

3) 船橋洋一, 《同盟漂流》(東京: 岩波書店, 2000).

4) U. S. Department of Defense, *United States Security Strategy for the East Asia-Pacific Region* (Washington, D. C.: Government Printing Office, February 1995).

5) '平成 8年度以降に係る防衛計劃の大綱について'(1995. 11).

이와 같은 미일 양국의 정책표명은 양국 수뇌를 통하여 재차 나타났다. 즉, 1996년 4월, 미국의 클린턴 대통령과 일본의 하시모토 총리는 도쿄정상회담에서 탈냉전시대 미일 안전보장체제는 아시아·태평양지역의 평화와 안정을 위한 기본 틀이라고 규정하면서, 미일 안전보장체제의 확대·발전을 천명하는 '미일 안전보장 공동선언: 21세기를 향한 동맹'(*Japan-U.S. Joint Declaration on Security-Alliance for the 21st Century*, 이하 '미일 신안보공동선언')[6]을 발표하였다.

이로써 미일동맹은 '재확인'되고 '재정의'되었다. 즉, '미일 신안보공동선언'의 발표에 대해 일본정부는 이를 계기로 미일동맹이 재확인되었다는 입장을 표명하였고, 일본 언론들이나 안보문제 전문가들은 이 공동선언의 발표를 통하여 미일동맹이 재정의되었다고 특징지었다.[7] 구체적으로 살펴보면, 일본정부는 '미일 안보조약' 그 자체가 수정되지 않았다는 주장과 더불어 '미일 안보조약'의 계속성을 강조하는 차원에서 재확인이라는 입장을 표명하였고, 이에 대해 언론이나 안보전문가들은 미일 안전보장체제의 범위가 아시아·태평양지역으로 확대된 것에 주목하여 아시아·태평양지역에서의 군사협력이 '미일 안보조약'의 '제 5조'(일본 공격시의 공동대처) 및 '제 6조'(극동지역 급변사태시의 기지제공)에서 규정한 협력범위를 훨씬 넘어섰다고 지적하면서 재정의를 주장하였다.

이처럼 '미일 신안보공동선언'의 발표 이후 일본 국내외에서는 미일동맹의 재확립 및 재정의를 둘러싼 안보논쟁이 야기되기도 하였는데,

---

6) "Japan-U. S. Joint Declaration on Security-Alliance for the 21st Century"의 전문은 Mike M. Mochizuki, ed., *Toward A True Alliance*(Washington D. C.: Brookings Institution Press, 1997)에 게재된 것을 참조.

7) 五十風武士, 《日米關係と東アジア》(東京: 東京大學出版會, 1999); 船橋洋一, "日米安保 再定義の全解剖," 《世界》 1996년 5월호; 古川純, "アジアにおける平和の課題と安保條約'再定義'の意味", 《法學時報》 1996년 4월호.

미일동맹의 강화와 더불어 일본 자위대의 해외활동이 확대되고 있고, 이를 뒷받침하기 위한 안보개혁이 적극적으로 전개되는 점을 고려해 볼 때, 21세기의 탈냉전시대를 맞이하여 미일동맹은 재정의되면서 강화되는 방향으로 재확립되었다고 볼 수 있다.

요컨대, 탈냉전시대에 들어와서 미일동맹은 재확립 이상 재정의되면서 강화되고 있고, 부시정권의 출범과 더불어 고이즈미-부시에 의해 가시화되고 있다.

즉, '21세기의 지도력 분담'을 지향한 미일동맹의 강화론은 부시 정권의 출범 직후인 2001년 3월 20일 워싱턴에서 개최된 부시-모리 미일 정상회담에서 강조된 이후,[8] 같은 해 6월 30일 부시-고이즈미의 캠프데이비드 미일 정상회담 및 2002년 2월의 부시-고이즈미 도쿄정상회담,[9] 2003년 5월 부시-고이즈미 크로포드 미일 정상회담 등에서 재확인되었다.[10]

이후, 미일 정상회담을 통하여 미일 안전보장의 전략적 중요성은 계속 강조되었고, 미국의 국무장관 및 국방장관과 일본의 외무장관 및 방위청장관으로 구성된 미일 안전보장협의위원회(SCC, 2+2)에서는 2005년 2월 19일 미일동맹의 세계화를 지향하여 글로벌 차원에서 전략적 협력을 확대시키는 "공통전략목표에 관한 공동성명"을 발표하기도 하였다.

---

8) 부시-모리 미일 정상회담에서는 '전략적 안보대화'의 확대 등 동맹강화가 강조되었다(《朝日新聞》, 2001. 3. 20 및 3. 21).

9) 부시-고이즈미 미일 정상회담에서는 미일동맹의 중요성 확인과 더불어 '전략대화'의 개시를 합의한 뒤, "안전·번영을 위한 파트너십"이라는 제목의 공동성명을 발표하였다(《朝日新聞》, 2002. 6. 30, 7. 1 및 7. 2).

10) 부시 대통령은 미일 양국의 결속을 과시하는 전략적 차원에서 고이즈미와의 정상회담을 자신의 크로포드 개인목장에서 가졌고, 더욱이 부시는 자신이 직접 운전하는 트럭에 고이즈미를 태워 목장을 안내하였다(《朝日新聞》, 2003. 5. 24 및 5. 25).

이와 같은 미일동맹의 강화는 2004년 12월 10일에 발표된 '2004 방위계획대강'에서도 강조되었고, 21세기 미국의 신군사전략에 의한 해외미군 및 주일미군의 재편작업이 전개되면서 한층 강화되는 양상을 구체적으로 보이고 있다.

요컨대, 고이즈미 총리의 안보문제 자문기관인 오카자키연구소는 정책제언 보고서 〈미일동맹 강화를 위한 제언〉(2001)[11] 및 아미티지(Richard L. Amitage) 미 국무부장관이 미일 간 안보협력을 미영동맹 수준의 균형된 관계로 발전시킬 것을 촉구하였듯이, 미일동맹은 21세기의 보다 성숙된 관계를 향하여 나아가고 있는 것이다.

2) 미일동맹의 전략적 상호의존의 강화

(1) 미일 양국의 전략적 상호의존의 중요성에 대한 인식

앞서 언급한 바와 같이, 냉전시대 소련에 대응하는 미일 안전보장체제는 미국의 주도 아래 소련이 붕괴될 때까지 지속되었고, 또 탈냉전시대의 도래와 더불어 일본 국내의 일부에서 '냉전의 산물'인 '미일 안보체제의 무용론'을 제기하게 되자, 미일 양국은 미일 안전보장체제의 중요성을 새삼스럽게 강조하면서 확대 · 발전을 도모하기 시작하였다. 즉, 미일 양국은 탈냉전시대의 아시아 · 태평양지역은 고도경제성장을 배경으로 정치적 · 경제적 안정성은 높지만, 핵전력을 포함한 대규모 군사력의 존재, 다수국가의 군사력 증강, 한반도 긴장의 지속 등으로 여전히 불투명하고 불확실한 요소가 잔존하고 있다는 판단 아래 미일 안전보장체제의 재구축을 추구하였다.

이와 같은 미일의 전략적 인식은 1992년 1월의 '도쿄선언'을 통하여 아시아 · 태평양지역 차원 및 글로벌 차원에서 미일 동반자의 관계로

---

11) 岡崎硏究所, 〈日米同盟の强化のための提言〉(2001).

표명되었고,[12] 1995년 2월에 발표된 미 국방부의 '동아시아 · 태평양 지역에 관한 미국의 안전보장전략'이나 같은 해 11월에 발표된 일본의 '1995 방위계획대강'을 통하여 한층 강조되었다.

나아가 미일 양국의 전략적 상호의존의 중요성에 대한 인식은 1996년 4월의 '미일 신안보공동선언'에 의한 미일동맹의 재정의와 함께 '미일 신방위협력지침'의 작성으로 보다 구체적으로 나타났고, 2005년 2월 19일의 "공통전략목표에 관한 공동성명"을 통하여 미일동맹의 세계화를 지향한 글로벌 차원에서의 전략적 협력의 확대로 표명되었으며, 아울러 2004년 12월 10일에 발표된 새로운 '2004 방위계획대강'에서도 강조되었다.

아울러 미일의 상호 전략적 중시의 인식은 미국 부시 행정부의 미일동맹 강화정책, 일본 고이즈미 연립내각의 대미 편중정책 등으로 표출되고 있으며, 21세기 미국의 신군사전략에 의한 해외미군 및 주일미군의 재편작업이 전개되면서 한층 강화되는 양상을 구체적으로 보이고 있다.

(2) 미일의 상대적 전략적 가치인식

미일동맹의 전략적 상호의존과 관련, 미일 양국이 서로 상대방에게 가지는 전략적 가치에 대해서는 다음과 같이 지적할 수 있다.

① 미국의 입장에서 본 일본의 전략적 가치

미국의 입장에서 일본을 보면, 일본은 세계전략 및 아시아 · 태평양 전략을 전개하는 데 아주 주요한 동반자인데,[13] 일본의 전략적 가치

---

12) 부시 미 대통령은 1992년 1월 8일 미일 정상회담을 가진 뒤 9일 발표된 '도쿄선언'을 통하여 미일 간 "세계적 동반자 관계"의 수립을 천명하였다.

13) 미 국무부 윈스턴 로드 동아시아 · 태평양지역 담당차관보는 "책임분담의 성숙된 균형에 바탕을 둔 글로벌 차원의 동반자 관계"를 형성할 것을 강조

는 대체로 다음과 같다.

첫째, 일본은 미국이 세계전략 및 아시아·태평양 전략을 추진하는 데 있어 재정적 지원자이다. 일본은 UN 안전보장이사회의 비상임이사국이면서도 미국 이외의 상임이사국보다도 더 많은 통상예산을 분담하고 있다. 즉, 일본의 UN 통상예산 분담률은 미국에 이어 두 번째이다.[14] 또 일본의 주일미군 지원금으로서 1995년도에 45억 달러 이상을 지출하였고, 1995년 이후 5년 동안 약 250억 달러를 지원하였다.

둘째, 미국이 아시아·태평양 전략을 전개하는 데 있어 일본은 지전략적(地戰略的)으로 중앙거점이다. 즉, 일본은 아시아·태평양지역에서 미국의 가장 핵심적인 동맹국이며, 전진배치 안보전략의 주춧돌이다. 이는 주일미군 역할의 중요성을 시사하는 것이기도 하다.

셋째, 미국은 미일동맹체제를 통하여 아시아·태평양지역에 보다 깊이 연결될 수 있다. 즉, 미일동맹체제는 미국으로 하여금 아시아국가로서 보다 자연스럽게 행동할 수 있도록 해주고 있고, 나아가 아시아에서 미국의 행동능력을 높여주는 역할을 해주는 것이다.[15]

넷째, 미국이 세계전략 및 아시아·태평양 전략 차원에서 중국을 견제하여 봉쇄하거나 또는 포용할 경우에 일본은 미국의 가장 핵심적인 전략적 파트너이다.

따라서 부시 행정부의 등장과 더불어 미국은 국가전략연구소(INSS)

하였다(*Economist*, April 3, 1993, pp. 34~35).

14) 일본은 1990년대에 들어와서 미국에 이어 두 번째로 많은 UN 통상예산 분담금을 지출하였고, 그 금액도 계속해서 증액시켜 왔다. 2000년도 일본의 UN 통상예산 분담률은 미국(25%)을 제외한 나머지 4개 상임이사국의 분담률 합계(13.7%)를 상회하는 20.57%이고, 분담액은 약 2억 1,640만 달러이다. 이후 일본은 계속해서 미국에 이어 많은 재정적 기여를 하고 있다(〈표 6-3〉 참조).

15) 후나바시 요이치, "나이(NYE) 이니셔티브의 내막," 《계간 사상》(1996년 여름호).

의 대일정책보고서 〈미국과 일본: 성숙된 동반자를 지향한 진보〉(*The Untied States and Japan: Advancing Toward a Mature Partnership*, 2000)[16] 및 랜드연구소(RAND)의 정책보고서 〈미국과 아시아〉(*The United States and Asia: Toward a New U.S. Strategy and Force Posture*, 2001)[17]의 정책제언처럼, 미일동맹 강화 및 일본의 역할증대 전략을 두드러지게 추구하고 있는 것이다.

〈미국과 일본: 성숙된 동반자를 지향한 진보〉에서는, ① 미국은 일본의 UN 안전보장이사회 상임이사국 진출을 지지하여야 하고, ② 일본헌법의 해석상 금지하는 집단자위권을 행사하도록 유도함과 더불어 아시아·태평양지역에서 일본의 역할을 확대시켜야 할 것이며, ③ 비용분담만큼 '지도력의 분담'도 병행해야 한다는 정책제언을 하였는데, 이 정책보고서의 작성에 참가하였던 공화당계의 전문가들은 2001년 부시 행정부의 등장 직후, 외교·안보정책 분야의 주요 요직을 맡음과 더불어 '지일파' 그룹의 핵심세력을 이루면서 미일동맹[18]의 강화를 주도하였다.[19]

---

16) Institute for National Strategy Studies, *The Untied States and Japan: Advancing Toward a Mature Partnership*(2000. 10). 동 보고서는 미 국방대학(NDU)이 포스트 클린튼 행정부의 출범(2001. 1)에 대비하여 구성한 초당적 연구그룹에 의해 작성되었다. 초당적 연구그룹에는 공화·민주당 행정부에서 국방차관보를 역임한 Richard L. Amitage(1983~1986), Joseph S. Nye(1994~1995)를 비롯하여 CRF의 Michael J. Green 연구원 등 총 16명의 아시아 전문가들이 참가하였다. 따라서 일명 〈아미티지 보고서〉(*Amitage Report*)라고도 불리고 있다.

17) RAND, *The United States and Asia: Toward a New U.S. Strategy and Force Posture*(2001).

18) 2001년 5월 8일 Richard L. Amitage 국무부장관은 "미일동맹을 현재의 미영동맹 수준으로 끌어올리고 싶다"며, "일본이 평화헌법을 개정, 집단적 자위권을 행사할 수 있어야 한다"고 주장하였다.

19) 리차드 아미티지(Richard L. Amitage), 월포비츠 폴(Wolfowitz Paul),

21세기 중국의 부상과 더불어 미국에 있어 일본의 전략적 가치는 미영동맹의 영국 수준을 향하여 점점 제고되고 있다.

② 일본의 입장에서 본 미국의 전략적 가치

일본의 입장에서도 미국은 매우 중요한 전략적 파트너인데, 일본에서 본 미국의 전략적 가치는 다음과 같다.

첫째, 미일동맹체제는 일본이 국제사회에서 역할증대를 도모하고 정치대국으로 성장하는 데 전략적으로 활용되는 지렛대이다. 일본은 정치대국화 전략 차원에서 UN 안전보장이사회의 상임이사국 진출을 도모하고 있는데, 미국은 일본의 강력한 지지자이다.

둘째, 일본의 군사대국화에 대한 주변국가들의 우려가 큰데, 미일안전보장체제는 일본이 정치대국화를 지향하여 국제사회에서 군사적 역할의 증대를 추구하는 데 전략적 명분을 제공해 주고 있다.

셋째, 중국의 군사력 증대 및 패권주의 추구, 북한의 핵 · 미사일 개발 등 주변정세의 변화에 일본이 능동적으로 대처하는 데 미국은 가장 중요한 전략적 파트너이다.

따라서 미국과 일본은 양국의 전략적 이해관계에 의해 〈표 7-1〉과 같은 다층적 전략대화 채널을 운영하고 있고, 나아가 미일동맹을 미영동맹 수준으로의 발전을 지향하면서 '역할분담' 또는 '책임분담'에서 '지도력 및 권한의 분담'[20]을 향한 전략적 상호의존 관계를 한층 강화시키고 있다.

제임스 켈리(James A. Kelly), 토켈 패터슨(Torkel L. Patterson) 등은 각각 국무부부장관, 국방부부장관, 국무부 아시아 · 태평양차관보, 국가안전보장회의(NSC) 아시아수석국장 등의 주요 보직을 맡아 부시 정권의 '지일파' 그룹의 핵심세력을 이루면서 미일동맹의 강화를 주도하고 있다.

20) Institute for National Strategy Studies, *The Untied States and Japan: Advancing Toward a Mature Partnership*(2000. 10).

〈표 7-1〉 미일 전략채널

대화채널	참 석 자		목적	근거 등
	미국	일본		
미일 안전보장 협의위원회 (*Security Consultative Committee*: SSC) 2+2회의	국무장관 국방장관	외무대신 방위청장관	미일 정부간의 이해 촉진 및 안전보장 분야에서의 협력관계 강화에 공헌할 수 있도록 안보의 기반이 되고 이와 관련된 문제를 검토	미일 안보조약 제4조 등을 근거로 1960년 1월 19일 미 국무장관과 일 총리대신 간의 왕래 서신에 입각하여 설치
미일안전보장고위사무레벨협의 (*Security Subcommittee*: SSC)	참가자는 정해져 있지 않음	참가자는 정해져 있지 않음.	미일 양국간 관심 있는 안전보장상의 제문제에 관해 의견교환	안보조약 제4조 등
방위협력소위원회 (*Subcommittee for Defense Cooperation*: SDC)	국무차관보 국방차관보 주일미대사관 주일미군통합참모본부 태평양미군대표	외무성북미국장 방위청방위국장 및 운영국장 통막의 대표	긴급시 자위대와 미군 간의 정합성 있는 공동대처행동을 확보하기 위해 취해야 할 지침 등, 미일 협력방향에 관한 연구협의	1976년 7월 8일 제16회 미일 안전보장협의위원회에서 동 위원회 하부기구로서 설치. 이후 1996년 미일 차관급협의시 개편됨.
미일 합동위원회	주일미군 참모장 주일대사관 공사 및 참사관 등	외무성 북미국장 방위시설청장관 등	지위협정 실시에 관해서 협의	지위협정 제25조

(3) 미일의 전략적 상호의존의 강화

① 미일의 전략적 공통목표의 설정과 글로벌 수준의 전략적 상호의존의 강화

2002년 12월 16일 미국의 국무장관 및 국방장관과 일본의 외무장관 및 방위청장관으로 구성된 미일 안전보장협의위원회(SCC, 2+2)는, ① 국제테러, 대량살상무기의 확산 등의 새로운 위협과 다양한 사태, ② 군사기술의 비약적 향상과 각종 기술의 통합화 진전 등 국제안보환경의 변화에 상응하여 양국의 안보정책에 관해 긴밀한 협의를 강화할 것에 합의하였고, 2005년 2월 19일의 미일 안전보장협의위원회에서는 양국이 추구해야 할 공통의 전략목표를 설정하였다.

〈표 7-2〉에 제시된 바와 같이, "공통전략목표에 관한 공동성명"(*Joint Statement of US-Japan Security Consultative Committee*)에 의하

〈표 7-2〉 미일의 공통전략목표

지역의 전략목표	▪한반도의 평화적 통일 ▪핵·탄도미사일·불법활동·일본인 납치 등 북한과 관련된 여러 문제들의 평화적 해결추구 ▪세계 및 지역에서 중국의 건설적이고 책임 있는 역할의 환영, 중국과의 협력관계 발전 ▪대만해협을 둘러싼 문제의 대화를 통한 평화적 해결 촉진 ▪러시아의 건설적 관여 촉진 ▪북방영토 문제의 해결을 통한 러일관계의 완전 정상화
세계의 전략목표	▪기본적 인권, 민주주의, 법의 지배 등 기본적 가치 추진 ▪국제평화협력활동 및 개발지원에서의 미일 파트너십 강화 ▪대량파괴무기 및 운반수단의 삭감과 불확산의 추진 ▪테러의 방지 및 근절 ▪일본의 UN 안전보장상임이사회 진출 실현 및 안전보장상임이사회의 실효성을 향상시키는 노력 추구 ▪세계 에너지 공급의 안정성 유지 및 향상

출처: Joint Statement of US-Japan Security Consultative Committee.

면, 미일의 공통전략목표는, ① 글로벌 차원에서 아프가니스탄·이라크·인도양 쓰나미 등에서의 협력, 대량살상무기의 확산·국제테러의 방지 및 근절 등을 지향하여 전략적 협력을 확대하는 것이고, ② 지역 차원에서는 "중국의 군사력 증강이 미군에 대한 제약요인으로 작용할 수 있다"는 경계감을 바탕으로 한반도의 평화적 통일, 대만해협 문제의 대화를 통한 평화적 해결의 촉진 등을 주요 전략목표로 하면서, 북한에 대한 중국의 압박강화, 중국의 대만 무력행사 가능성 억지 등의 전략적 추구를 도모하는 것이다.

이와 같은 미일의 공통전략목표의 인식은 미일동맹의 세계화와 더불어 미일의 전략적 상호의존이 한층 구체화되고 있음을 시사하는데, 주일미군의 재편과 자위대의 역할·임무·능력조정 등에도 투영되어 '주일미군과 자위대의 일체화'로 나타났다.

② 주일미군의 재편과 미일의 전략적 상호의존의 심화

2003년 11월 25일 미국의 부시 대통령은 9·11테러 이후시대를 맞이해서 본토방위와 전방전개능력의 강화를 지향한 새로운 군사 변환전략을 추진하기 위해 해외주둔 군사력의 재검토 협의를 동맹국 및 의회와 본격화한다는 성명을 발표했다. 즉, 미국 부시 행정부는 새로운 위협인 테러 등에 대응하기 위해 최첨단 군사기술에 의한 장비의 경량·고도화 및 기동력·정찰력의 강화를 도모하고, 이를 바탕으로 병력의 규모 및 구성을 개편한다는 전략적 구상 아래 신군사전략의 키워드로서 군사변환과 해외주둔 미군 재배치계획을 제시하였다.[21)]

군사 변환전략의 핵심은 최첨단 무기체계를 기반으로 한 '유동성 있는 군사능력'을 지향하여 미군을 언제 어디서든지 전투가 가능한 '규격화된 군'(*module army*)으로 바꾸는 것이다. 규격화된 군의 대표적 예로

---

21) 《朝日新聞》, 2004. 8. 18.

서 스트라이커 전투부대를 들 수 있는데, 스트라이커 부대는 첨단장비로 무장했으면서도 가볍고도 기동성이 뛰어나 최첨단 전차들과 함께 유사시 초대형 수송기에 실려 3, 4일 만에 분쟁지역으로 투입될 수 있는 부대이다. 즉, 미국의 군사 변환전략은 이와 같은 기동성을 갖춘 최첨단 전투부대를 기존 기지에 두지 않고 기동군으로 활용하는 것이다.

따라서 미국은 냉전시대의 해외주둔 미군을 해외배치군을 넘어서 해외기동군으로 전환하려고 하는데, 〈표 7-3〉에서 나타난 바와 같이 해외주둔 미군기지를 4개 그룹으로 분류하는 것으로 알려지고 있다. 즉, 미국은 전략적 목적에 따라 해외주둔 미군기지를 대규모 병력전개의 근거지인 전력전개거점(PPH), 대규모 병력이 장기주둔하는 상설기지인 주요 작전기지(MOB), 소규모 상주 간부와 상당수 교체근무병력을 포함한 전방전개기지(FOS), 소규모 연락요원과 훈련장만 유지하고 상황에 따라 필요한 지원을 외부에서 확보하는 안보협력 대상지역(CSL) 등 4개의 그룹으로 분류하고 있다.

그리고 미국은 이와 같은 군사변환 구상 및 해외주둔 미군 재배치계획에 따라 해외주둔 미군의 삭감을 발표하였다. 부시 대통령은 2004년 8월 16일 "예측할 수 없는 위협에 즉각 대응할 수 있도록 해외주둔 미군을 새로운 장소로 배치한다"고 선언함과 더불어 6만~7만 명의 해외주둔 미군의 삭감을 발표하였다. 현재 이라크에 주둔하는 15만 명의 미군을 제외한 주요 해외주둔 미군의 현황은 〈표 7-4〉와 같은데, 주로 냉전시대의 최전선이었던 한국으로부터 1만 2천 5백 명, 독일로부터 3만 명 등 6만~7만 명의 미군병력이 삭감되는 것이다. 삭감되는 병력은 미국 본토나 동유럽, 중앙아시아 등지로 재배치될 것으로 알려지고 있다.

미국의 전략적 구상에 따라 〈표 7-3〉처럼, 해외주둔 미군기지가 재편될 경우, 주일미군기지는 대규모 병력전개의 근거지로서 전력전개거점(PPH)의 역할을 수행하게 될 것이다. 미일 전략대화는 미일동맹의 세계화를 지향한 공통전략목표을 기반으로 주일미군 재편에 대해 구체적 협의를 전개하였는데,[22] 그 결과는 미일연합군 유사체제로 나타났다.

후텐마〔普天間〕 비행기지의 이전에 대해 합의가 이루어지면서 2005년 10월 29일 워싱턴에서 개최된 미일 안전보장협의위원회에서는 미일

〈표 7-3〉 해외주둔 미군기지의 전략적 분류

전력전개거점(PPH)	대규모 병력전개의 근거지 -미국 본토, 일본, 영국, 호주 등 예상
주요 작전기지(MOB)	대규모 병력이 장기주둔하는 상설기지 -한국, 독일, 이탈리아, 폴란드, 아프가니스탄 등 예상
전방전개기지(FOS)	소규모 상주 간부와 상당수 교체근무병력 포함
안보협력 대상지역(CSL)	소규모 연락요원과 훈련장비만 유지하고 상황에 따라 필요한 지원을 외부에서 확보하는 안보협력지역

〈표 7-4〉 해외주둔 미군의 현황

한국	일본	독일	이탈리아	영국
41,360명	40,680명	73,500명	11,965명	11,097명
육군 31,460	육군 1,600	육군 57,300	육군 2,900	육군 180
공군 9,420	공군 14,130	공군 15,650	공군 4,600	공군 9,600
해군 300	해군 5,200	해군 300	해군 4,400	해군 1,220
해병대 180	해병대 19,750	해병대 250	해병대 65	해병대 97

22) 주일미군의 재편에 관한 미일의 전략대화는, ① 전략목표의 설정, ② 자위대 및 주일미군의 역할, 임무, 능력조정, ③ 주일미군의 시설·구역에 간한 수정 등의 3단계로 나누어 추진되고 있는데, 〈표 7-1〉과 같은 공통목표의 설정과 더불어 2단계, 3단계에 관한 협의가 집중적으로 진행되고 있다.

의 군사적 일체화를 지향하는 전략적 연대의 목적 아래에서 주일미군 기지의 역할 재조정, 미군과 자위대의 합동훈련 확대, 군기지의 공동 이용 등을 핵심내용으로 하는 주일미군의 재편에 관한 중간보고서 〈미일동맹: 미래를 위한 변혁과 재편〉(*U.S.-Japan Alliance: Transformation and Realignment for the Future*)을 발표하였다.[23]

주일미군의 재편 · 재배치 대강의 핵심사항은 미일의 군사적 일체 및 연합군 유사체제를 지향하는 기지의 '공유', '공동사용' 등인데, 주요 내용은 〈표 7-5〉와 같다. 즉, 인도양까지 담당하는 제 1군단을 보다 전선(前線) 가까이 두기 위해 제 1군단 사령부를 워싱턴주에서 일본 가나가와현〔神奈川縣〕의 자마〔座間〕지역으로 옮기고, 아울러 자마기지에 일본 육군자위대의 핵심부대인 '중앙즉응집단사령부'를 신설 · 배치함으로써 자마기지가 대테러작전과 동아시아 사령탑 역할을 수행토록 한다. 이는 미일의 군사적 연대강화에 따른 미일 공동사령부의 탄생을 의미하는 것이기도 하다. 또, 탄도미사일 공격에 대해 미일의 공동대처를 위해 일본 항공자위대의 항공총사령부를 요코다〔横田〕기지로 이전시키고, 요코다기지에 미사일 공동방어를 위한 공동작전센터를 설치한다. 아울러, 중국 · 북한을 겨냥해 오키나와뿐만 아니라 인접한 큐슈지역에도 미일의 공동기지를 확보하고, 오키나와 후텐마기지 미군의 공중급유기 KC-130 12대를 큐슈지역의 가고시마현〔鹿児島縣〕에 있는 일본 해상자위대의 가노야〔鹿屋〕기지로 이전하고, 미군 태평양 항공모함의 조응을 위해 가나가와현 아츠키〔厚木〕기지에 있는 미 해군의 항모함재기 부대를 이와쿠니〔岩國〕기지로 이전하며, 이와쿠니기지에 배치되어 있는 일본 해상자위대의 화상데이터 수집기를 미군의 아츠키기지로 이전한다.

미일 양국은 이와 같은 주일미군의 재편 · 재배치계획이 협상과정에

---

23) 《朝日新聞》, 2005. 10. 30.

〈표 7-5〉 주일미군 재편안의 주요 내용

구체적 안	전략적 목적
미국 워싱턴주에 있는 제1군단 사령부를 통합사령부(UEx)로 개편함과 더불어 일본 가나가와현의 자마지역으로 이전함	▪인도양까지 담당하는 제1군단 사령부를 전선 가까이에 둠으로써, 자마기지가 대테러작전과 동아시아 사령탑 역할을 수행토록 함 ▪일본 육군자위대의 핵심부대인 '중앙즉응집단사령부'가 배치됨 -미일의 군사적 연대강화 -미일 공동사령부 탄생
일본 항공자위대의 항공총사령부를 요코다기지로 이전시키고, 요코다기지에 미사일 공동방어를 위한 공동작전센터를 설치함	▪탄도미사일 공격에 대해 미일이 공동으로 대처
오키나와 후텐마기지 미군의 공중급유기 12대를 큐슈지역의 가고시마현에 있는 일본 해상자위대의 가노야〔鹿屋〕기지로 이전함	▪중국·북한을 겨냥해 오키나와뿐만 아니라 인접한 큐슈지역에도 미일의 공동기지를 확보
가나가와현 아츠키기지에 있는 미 해군의 항모함재기 부대를 이와쿠니기지로 이전하고, 이와쿠니기지에 배치되어 있는 일본 해상자위대의 화상데이터 수집기를 미군의 아츠키기지로 이전함	▪현지부담의 경감 및 태평양 항공모함 2척과의 조응
오키나와의 코트니 캠프에 있던 제3해병원정군 사령부를 괌으로 이전함. -일본 내 미 해병병력 1만 5천 명 가운데 7천 명 정도를 감축	▪주일미군기지가 있는 지자체의 부담경감

서 다소 진통을 겪었지만, 주일미군의 재편 · 재배치계획이 확정된 직후, 미국은 미일연합군 유사체제의 전력증강을 위해 처음으로 2008년에 니미츠급 핵추진 항공모함[24]을 배치한다고 발표하였다.

요컨대, 주일미군의 재편 · 재배치계획은 미일동맹의 세계화에 따른 전략증강의 일환으로 전개된 것이다. 그러므로 기지의 공유 · 공용을 통해 연대강화의 구상을 나타내고 있는 주일미군의 재편 · 재배치계획은, ① 글로벌 차원에서 공통의 전략목표를 지향하면서, ② 지역차원에서는 중국의 군사력 증강에 대한 경계감을 바탕으로 '동아시아 미일 공동사령부'의 설립을 지향하는 군사적 연대강화를 추구하는 전략에 따른 것이라고 볼 수 있다. 동아시아 미일 공동사령부는 한반도 유사시에 지휘권을 행사하며, 중요한 역할과 임무를 수행할 것이다.

2. 미일 안전보장체제의 확대 · 발전과 일본의 군사적 역할의 확대

1996년 4월 '미일 신안보공동선언'의 발표를 계기로 미일 안전보장체제는 미일 양국의 협력범위를 기존의 '필리핀 이북의 극동'에서 '아시아 · 태평양'지역으로 확대되었고, 따라서 미일 양국은 효과적 방위협력을 위한 '미일 방위협력지침'이 개정되었다. 나아가 '미일 신방위협력지침'의 제 2차 중간보고안에서 제안되었던 6개 분야 40개 항목을 자위대가 지원하기 위해 일본주변지역 유사시 관련 3개의 법안이 마련되었다.

그리고 9 · 11 뉴욕의 테러사건을 계기로 국제테러리즘, 대량살상무

24) 미 해군이 총 9척을 보유하고 있는 니미츠급 항공모함은 1975년에 처음 배치되었는데, 길이 330m, 최대 폭 77m로서 F-14 전투기 등 비행기를 80대 이상 적재할 수 있으며, 최대시속은 30노트이다.

기 등의 확산이 국제사회에 새로운 안보위협으로 부각되자, 고이즈미 연립정부는 '테러대책 특별법' 및 '대미지원 기본계획'을 마련하고, 미국의 대테러전 지원을 위해 중동·파키스탄지역으로 자위대를 파병함과 더불어 자위대의 해외활동을 양적·질적으로 확대·강화하였다.

나아가, "공통전략목표에 관한 공동성명"을 계기로 미일동맹의 세계화를 지향하면서 미일 안전보장체제는 한층 확대·발전을 추구하게 되었고, 이를 바탕으로 국제사회에서 일본의 군사적 역할은 더욱 확대되고 있다.

1) '미일 방위협력지침'의 개정과 일본의 군사적 역할의 확대

1996년 4월 '미일 신안보공동선언'이 발표될 때, 미일 정책조정의 필요성과 더불어 '미일 방위협력지침'의 개정작업이 언급되었듯이, '미일 신안보공동선언'을 통하여 구축되는 미일 안전보장체제는 미일 양국의 협력범위를 기존의 '필리핀 이북의 극동'에서 '아시아·태평양'지역으로 확대시키는 것이었다.

그러므로 미일 양국은 효과적 방위협력을 위한 지침이 필요하게 되었고, 따라서 '일본자체' 방위에 중점을 둔 '미일 방위협력지침'을 '주변지역 급변사태'에 대응할 수 있는 새로운 '미일 방위협력지침'으로 개정하려는 작업을 1996년 6월부터 착수하게 되었다.

'미일 방위협력지침'의 개정작업은 제1차 중간보고안이 1996년 9월 19일에 보고되었고, 제2차 중간보고안이 1997년 6월 8일에 보고되었으며 최종보고안, 즉 '미일 신방위협력지침'이 1997년 9월 23일(현지시간)에 발표되었다.

제1차, 제2차, 제3차, 즉 최종안의 주요 내용 및 특징은 다음과 같다.[25)]

(1) 제 1차 중간보고안

1996년 9월 19일 미 국무성에서 '외무, 방위각료에 의한 안보협의회'(2+2)[26] 가 개최되어 '미일 방위협력소위원회'가 작성한 '미일 방위협력지침' 개정의 제 1차 중간보고안을 승인하였다.

제 1차 중간보고안은 미일 간의 주요 연구협의 사항을, ① 평시의 협력, ② 일본에 대한 무력침공시의 대처능력, ③ 일본의 평화와 안전에 중요한 영향을 미칠 수 있는 일본주변의 유사사태에 대한 협력이라는 세 가지 항목으로 대별하였다.

즉, 제 1차 중간보고안은 '미일 방위협력지침'의 '극동'이라는 표현 대신 '일본주변'이라는 용어를 채택함으로써 미일의 협력범위가 확대되었음을 나타낸 것이 주요 특징이다.

(2) 제 2차 중간보고안

1997년 6월 7일(현지시간) 하와이의 호놀룰루에서 개최된 '미일 방위협력소위원회'는 '미일 방위협력지침' 개정의 제 2차 중간보고안[27] 을 결정하고 발표하였다.

"방위협력지침의 실효성을 어떻게 확보할 것인가"에 역점을 둔 제 2차 중간보고안은 일본에 대한 무력공격은 물론, 일본주변지역에서의 급변사태에 대한 미일 협력의 기본구상을 제시하였는데, 미일 방위협

25) 배정호, "미일 안전보장체제의 광역화에 따른 일본의 군사적 역할의 증대와 한반도 급변사태," 《한국정치학회보》 제 32집 1호(1988 봄).

26) 미일 방위협력소위원회(SDC) 의 참가자

일본 측	미국 측
방위청 방위국장(공동의장)	국방차관보(국제안전보장정책 담당, 공동의장)
외무성 북미국장(공동의장)	국무차관보(동아시아 담당, 공동의장)
통합막료회의 대표	통합참모본부 태평양군 대표

27) 防衛協力小委員會, 〈日米防衛協力のための指針の見直しに關する中間とりまとめ〉(ホノルル, 1997. 6. 7).

〈표 7-6〉 자민당 분류 자위대의 미군 후방지원 분야

White Zone (현행 헌법상 지원가능 영역)	유기기뢰제거, 일본방위를 위해 수집된 정보제공, 재외일본인 구출을 위한 일본 항공기 내 미군 동승, 불시착 미군기 연료보급, 주일미군기지 경비 등
Gray Zone (애매한 영역)	미국 함정·항공기 호위, 전투지역 부근 보급, 정비·수송활동, 전투지역 내 의료활동, 탄약보급·보관, 초계·감시·정찰활동에 기초한 정보제공 등
Red Zone (불가능한 영역)	전투행동 참가, 전투해역 기뢰제거, 전투지역 내 후방지원

력의 중점이 종래의 '일본유사' 및 '극동유사'에서 '일본의 안전에 중대한 영향을 미칠 수 있는 일본주변유사'로 이행한 것임을 명백하게 한 것이 가장 큰 특징이다.

그리고 제2차 중간보고안에서는 그 당시까지 공백상태에 있었던 일본주변지역의 유사시에 대비하여 미일은 주변 공해 및 그 상공에서 자위대의 미군에 대한 광범한 협력사항을 6개의 분야에 40개의 검토항목으로 제시하였다.

이와 같은 제2차 중간개정 작업이 진행되는 도중, 자민당 안보조사회(회장 카와라 전 방위청장관)는 자위대의 미군지원 분야를 〈표 7-6〉과 같이 구별하기도 하였고, 일본정부는 '미일 방위협력지침' 개정의 제2차 중간보고안에 대한 국회 논의과정에서(1997. 6. 10~16) 일본주변해역에서의 미군지원이 가능하다고 답변하였다.

(3) 최종보고안 : '미일 신방위협력지침'

1997년 9월 23일(현지시간) 뉴욕에서 개최된 '미일 안전보장협의위원회'[28]는 '방위협력지침'의 개정내용을 최종적으로 확정하여 발표하였다. 최종보고안, 즉 '미일 신방위협력지침'은 평시의 협력, 일본에 대한 무력공격이 감행될 경우의 대처행동, 일본의 평화와 안정에 중요한 영향을 미칠 수 있는 주변사태에 대한 대응시 협력, 효과적 방위협력의 추진을 위한 향후계획 등을 주요 내용으로 하였다.[29]

이와 같은 '미일 신방위협력지침'의 주요 특징은 제 2차 중간보고안과 비교해 볼 때, 첫째, 중국을 자극하지 않기 위해 '일본주변지역 유사시의 범위'를 지리적 개념이 아닌 '사태의 성질'에 의해 파악하는 상황적 개념으로 규정한 점이고, 둘째, '선박임검'에 대해 "UN결의에 따라 실시한다"는 단서를 붙였다는 점이며,[30] 셋째, '비전투원 수송'문제는 미일이 각기 자국민의 소개에 우선적 책임을 지도록 하되, 적절하다고 판단되는 사태시에는 양국이 협력토록 조정함으로써, 미국 측의 협력을 명시하였다는 점이다. 그리고 제 2차 중간보고안에서 제안되었

---

28) 미일 안전보장협의위원회(SCC) 참가자

일본 측	미국 측
외무장관, 방위청장관 등	국무장관, 국방장관 등 (1990년 12월 이전까지는 주일 미국대사, 태평양사령관이 참가하였음)

29) '미일 신방위협력지침'의 전문은 1997년 9월 24일 《朝日新聞》에 게재된 것을 참조하였음.

30) '미일 신방위협력지침'의 후속조치로 일본은 주변사태법의 정비를 추구하였는데, 1999년 5월 24일 최종적으로 확정된 '주변사태법'의 원안에는 선박검사 조항이 포함되어 있었다. 그런데 'UN 안전보장이사회 결의 포함' 문제와 관련하여 자민·공명당과 자유당 간의 의견조율이 제대로 되지 않아 원안에서 삭제되었다. 따라서 일본정부는 급변사태시 선박을 공해상에서 검문할 수 있는 법안을 별도로 마련하여 2000년 11월 30일 국회에서 통과시켰다(《每日新聞》 및 《東京新聞》, 2000. 12. 1).

〈표 7-7〉 신 · 구 '미일 방위협력지침'의 비교

	구지침(1978. 11)	신지침(1997. 9)
평상시 (침략 미연방지)	▪ 일본은 자위를 위한 필요한 범위 내에서 방위력을 보유하고 미군시설의 안정적 사용을 위해 노력 ▪ 미국은 핵 억지력을 보유함과 동시에 즉각대응부대 전방전개, 증원병력 보유 ▪ 양국은 무력공격 대비, 작전 · 정보 · 후방지원분야 협력태세 정비	▪ 일본은 자위력을 유지, 미국은 핵 억지력과 전방전개 병력유지 및 지원병력 보유 ▪ 국제정세 정보교환 확대, 방위정책 · 군사태세 관련 협의 및 공동훈련 강화, 미일 간 협력 메커니즘 구축 ▪ PKO 및 인도적 국제구원활동 협력
일본 유사시	▪ 일본은 한정적 · 소규모 침략을 자력 격퇴하고 자체역량으로 격퇴 곤란시 미국의 협력으로 격퇴 ▪ 자위대는 주로 일본의 영역 및 주변해역 방어, 미군은 자위대 작전지원 및 기능보완 ▪ 자위대와 미군은 각기 지휘계통에 따라 행동 ▪ 보급 · 수송 · 정비 · 시설제공 등 후방지원	▪ 일본은 주도적으로 침략을 조기배제하며 미국은 일본에 대해 적절히 협력(최초단계부터) ▪ 좌동 ▪ 자위대와 미군은 적시에 적절하게 각기 방위력 운용 ▪ 좌동 및 C4I시스템(지휘 · 통제 · 통신 · 컴퓨터 · 정보) 향상 노력
일본주변 지역 유사시	▪ 일본 이외의 극동지역사태가 일본의 안전에 영향을 미치는 경우 미군에 대한 편의제공방법 공동연구를 추진 -구체적 협력방안 미결정	▪ 공동방위 범위: 극동→일본주변지역 -주변사태 개념에 대해서는 대만문제 개입을 우려하는 중국 측 반발을 고려, 지리적 개념이 아닌 상황에 근거함을 명시 ▪ 주변유사시 협력내용 -군사정보 제공, 영해 및 일본선박의 안전항해 등을 위한 공해상 기뢰 소해, UN결의에 따른 수상한 선박 임검실시 등 작전협력 -기지 · 시설 추가제공, 민간공항 · 항만 사용, 보급 · 수송 · 정비 · 의료 · 경비 등 후방지원 -일본영토 내 또는 전투지역에서 벗어난 해역에서의 조난병사 수색 · 구난 -분쟁시 양국이 각자 자국민 소개를 우선하고 사태에 따라 양국이 협력하여 대응

〈표 7-7〉 계 속

	구지침(1978. 11)	신지침(1997. 9)
향후조치	▪ 없음	▪ 양국 정부는 공동작전계획, 상호협력계획에 대해서 검토하고, 공통의 기준과 실시요령 등을 확립하기 위해, '포괄적 메커니즘'을 구축하고, 양 정부의 관계기관이 관여함. ▪ 양국 정부는 긴급사태시의 활동에 관한 조정을 위하여 평시부터 '조정 메커니즘'을 구축해 둠.

던 6개 분야 40개 항목을 검토하여 〈표 7-8〉과 같은 '일본주변 유사시 협력항목'을 제시하였다.

요컨대, 1978년에 제정된 구'방위협력지침'과 비교해 볼 때 〈표 7-7〉과 같이 대비되는 '미일 신방위협력지침'의 가장 큰 특징은, ① 미일 방위협력의 중점이 종래의 '일본유사' 및 '극동유사'에서 '일본의 안전에 중대한 영향을 미칠 수 있는 일본주변유사'로 바뀐 것과, ② '주변지역 유사시의 범위'를 지리적 개념이 아닌 '사태의 성질로 파악하는 개념'으로 규정하였다는 점이다.

이는 구체적으로 미일 양국의 방위협력을 종래의 '옛 소련의 위협'에 대한 대응에서 '중국 위협'이나 '대만 유사', 그리고 '한반도 유사'에 대응하는 데 초점을 두면서 아시아·태평양지역의 안보상황에 따라 그 이상으로 확대하겠다는 전략적 의도를 시사하는 것이기도 하다. 즉, 일본의 군사적 역할이 아시아·태평양지역의 안보상황에 따라 탄력성을 가지고 확대될 수 있으며, 아울러 일본의 군사적 역할이 증대됨에 따라 〈표 7-5〉의 '불가능한 지역'도 확대될 수 있음을 나타내는 것이다.

따라서 일본주변지역의 긴급사태시, 자위대는 1980년대의 1,000해리 SEA LANE 방위 범위보다 훨씬 확대된 영역에서 활동을 펼치게

〈표 7-8〉 일본주변 유사시 협력대상이 되는 기능 · 분야 및 협력항목

<table>
<tr><th colspan="3">기능 · 분야</th><th>협력항목의 예</th></tr>
<tr><td rowspan="4">미일 양국 정부가 각자 주체적으로 행하는 활동에서의 협력</td><td colspan="2">구원활동 및 피난민 대응 조치</td><td>▪ 재해지역으로 인원 및 보급품 수송
▪ 재해지역에서의 위생, 통신 및 수송
▪ 피난민 구호 및 수송활동, 피난민에 대한 응급물자 지급</td></tr>
<tr><td colspan="2">수색 · 구난</td><td>▪ 일본영역 및 일본주변 해역에서의 수색 · 구난활동 및 이에 관한 정보교환</td></tr>
<tr><td colspan="2">비전투원을 대피시키기 위한 활동</td><td>▪ 정보교환, 비전투원과의 연락, 비전투원의 집합 · 수송
▪ 비전투원 수송용 미 항공기 · 함선의 자위대시설 및 민간공항 · 항만 사용
▪ 비전투원의 일본입국시 통관, 출입국관리 및 검역
▪ 비전투원의 일본 내 일시 숙박, 수송 및 위생에 관한 지원</td></tr>
<tr><td colspan="2">국제 평화안정 유지를 목적으로 하는 경제제재의 실효성 확보를 위한 활동</td><td>▪ 경제제재 실효성을 확보하기 위해 유엔안전보장이사회 결의에 입각하여 행하는 선박검사 및 선박검사에 관련된 활동
▪ 정보교환</td></tr>
<tr><td rowspan="2">미군의 활동에 대한 일본의 지원</td><td colspan="2">시설사용</td><td>▪ 보급 등을 목적으로 한 미 항공기 · 선박의 자위대 시설 및 민간공항 · 항만 사용
▪ 자위대 시설 및 민간공항 · 항만에 있는 미국의 인원보호 및 물자하역에 필요한 장소 및 보관시설 확보
▪ 미 항공기 · 선박사용을 위한 자위대시설 및 민간공항 · 항만 운용시간의 연장
▪ 미 항공기의 자위대 비행장 사용
▪ 훈련 · 연습구역 제공
▪ 미군시설 · 구역 내 사무소 · 숙박소 등 건설</td></tr>
<tr><td>후방지역 지원</td><td>보급</td><td>▪ 자위대 시설 및 민간공항 · 항만에서 미 항공기 · 선박에 대한 물자(무기 · 탄약 제공) 및 연료 · 유지 · 윤활유 제공
▪ 미군시설 · 구역에 대한 물자(무기 · 탄약 등은 제외) 및 연료 · 유지 · 윤활유 제공</td></tr>
</table>

〈표 7-8〉 계속

<table>
<tr><th colspan="3">기능·분야</th><th>협력항목의 예</th></tr>
<tr><td rowspan="6">미군의 활동에 대한 일본의 지원</td><td rowspan="6">후방지역지원</td><td>수송</td><td>▪인원, 물자 및 연료·유지·윤활유를 일본국내에서 육상·해상·항공으로 수송
▪공해상의 미국선박에 대하여 인원, 물자, 연료·유지·윤활유를 해상으로 수송
▪인원, 물자 및 연료·유지·윤활유 수송을 위한 차량 사용</td></tr>
<tr><td>정비</td><td>▪미 항공기·선박·차량의 수리·정비
▪수리부품 제공
▪정비용 기자재의 일시 제공</td></tr>
<tr><td>위생</td><td>▪일본국내에 있는 상병자 치료
▪일본국내에 있는 상병자 수송
▪의약품 및 위생기구 제공</td></tr>
<tr><td>경비</td><td>▪미군시설·구역 경비
▪미군시설·구역 주위의 해역 경계 감시
▪일본국내 수송경로 경비
▪정보교환</td></tr>
<tr><td>통신</td><td>▪미일 양국 관계기관간의 통신을 위한 주파수(위성통신용 포함) 확보 및 기재 제공</td></tr>
<tr><td>기타</td><td>▪미국 선박 출입항에 대한 지원
▪자위대 시설 및 민간공항·항만에 있는 물자하역
▪미군시설·구역 오수처리, 급수, 급전 등
▪미군시설·구역 종업원의 일시 증원</td></tr>
<tr><td rowspan="3">운용 면에서의 미일 협력</td><td colspan="2">경계감시</td><td>▪정보교환</td></tr>
<tr><td colspan="2">기뢰제거</td><td>▪일본영역 및 일본주위의 공해상 기뢰제거 및 정보의 교환</td></tr>
<tr><td colspan="2">해·공역 조정</td><td>▪일본영역 및 일본주변 해역의 교통량 증대에 대응한 해상운항 조정
▪일본영역 및 일본주변 공역에 있는 항공교통관제 및 공역 정비</td></tr>
</table>

되는데, 그와 같이 확대된 영역에서의 효과적 활동을 위하여 일본은 미일 양국의 관계기관 즉, 미일 안전보장협의위원회(SCC)·방위협력소위원회(SDC)·공동계획검토위원회(BPC)·관계 중앙부서 국장급회의(의장: 내각관방 부의장) 등이 참여하는 '포괄적 메커니즘'을 설치하여 '공동작전계획'(일본 유사시) 및 '상호협력계획'(일본주변 유사시)을 구체적으로 수립하게 되었다. 아울러 미일 합동위원회, 미일 정책위원회, 합동조정그룹, 미일 공동조정소 등 4개 기관으로 구성된 '미일 조정메커니즘'을 구축함으로써 일본주변 긴급사태시의 활동—작전, 정보활동, 후방지원 등—에 관한 미일 간의 효율적 조정작업을 평시부터 준비하게 되었다.[31)]

2) 일본주변지역 유사시 관련 3개 법안의 성립과 일본의 군사적 역할 확대의 현실화

'미일 신방위협력지침'의 제2차 중간보고안에서 제안되었던 6개 분야 40개 항목을 검토하여 〈표 7-8〉과 같은 '일본주변 유사시 협력항목'을 제시하였는데, 이와 같은 항목을 자위대가 지원하기 위해서는 일본주변지역 유사시 관련 활동법안의 정비가 필요하다.

따라서 '미일 신방위협력지침' 관련 법안의 정비는 '미일 방위협력지침' 개정의 2차 중간보고안이 발표된 직후, 《1997년도 방위백서》를 통하여 제기되었다. 이는 일본의 '방위백서'로서는 처음으로 일본 주변국가에 대한 자위대의 작전지침과 관련된 긴급대응책과 일본주변유사에

---

31) 2000년 10월에 개최된 미일 안전보장협의위원회(SCC)에서 미일 양국은 일본주변 긴급사태시의 활동에 관한 미일 간의 효율적 조정작업을 평시부터 준비하기 위하여 미일 합동위원회, 미일 정책위원회, 합동조정그룹, 미일 공동조정소 등 4개 기관으로 구성된 '미일 조정메커니즘'을 신설하는 것에 합의하였다.

대비한 법제의 정비를 주장한 것이기도 하다.

현실적으로, '미일 신방위협력지침'이 실제상황에서 시행되려면 '자위대법', '유엔평화유지활동(PKO) 법', '해상보안청법', '항만법', '항공법' 등 최소한 20여 개의 법령을 개정하거나 제정해야 한다고 한다.[32)]

따라서 1999년 5월에 보수 연립정부는 '미일 신방위협력지침'과 관련된 3개의 법안을 성립시켰고, 이어 2000년 10월 말에는 '선박조사활동법'을 성립시켰다.

예컨대, 자민-자유 2당 연립정부는 야당 공명당과의 정책연대 아래 '북한의 미사일 운반체계 시험발사 사건' 및 '북한 공작선의 영해 침투 사건'을 계기로 일본 내 대북한 위협인식이 상당히 제고되는 분위기를 활용하여 '미일 신방위협력지침' 관련 3개 법안, 즉 〈표 7-9〉와 같은 내용의 '주변사태법', '자위대법 개정안', '미일 물품역무 상호제공협정(ACSA) 개정안'을 1999년 5월 24일에 최종적으로 성립시켰다. 그리고 자민-공명-보수 3당 연립정부는 2000년 10월 30일에 '주변사태법'에서 삭제된 '선박조사활동법'을 성립시켰다.[33)]

이로써 일본주변지역의 유사시에 자위대는 주일미군의 병참지원 등 '미일 신방위협력지침'에 제시되어 있는 40개의 항목 등을 지원할 수 있게 되었다. 즉, 일본주변지역의 유사시에 자위대는 주일미군의 지

---

32) 예컨대 자위대법의 경우는 제 82조, 제 83조, 제 89조, 제 93조, 제 95조, 제 99조, 제 100조 6, 제 100조 7, 제 100조 8, 제 100조 9가 개정되어야 한다.

33) 원래 선박검사조항은 '주변사태법'의 원안에 포함되어 있었는데, '유엔안보리 결의 포함' 문제와 관련하여 자민 · 공명당과 자유당 간의 의견조율이 제대로 되지 않음에 따라 '주변사태법'의 원안에서 삭제되었다. 즉, 유엔안보리 상임이사국의 거부권이 발동되면, 해상자위대는 선박검사 활동을 할 수 없게 되는 문제가 발생하므로 원안에서 삭제되었다. 따라서 2000년 10월 30일에 성립된 '선박조사활동법'에서는 '기국(선박이 소속된 국가)의 동의'를 얻어 선박조사활동을 하도록 규정되어 있다.

원을 통하여 직 · 간접적 활동의 전개가 가능하게 된 것이다.

3) '테러대책 특별법'의 제정과 자위대의 해외활동범위 확대

2001년 9월 11일에 발생한 미국 뉴욕의 테러사건을 계기로 국제테러리즘, 대량살상무기 등의 확산 등은 글로벌 차원에서 새로운 안보위협으로 부각하였다.

〈표 7-9〉 '미일 신방위협력지침' 관련 3개 법안의 주요 내용

법안명	법안의 주요 내용
주변사태법	▪ 방치시 일본에 대한 직접 무력공격이 될 우려가 있는 등 주변지역에서 일본의 평화 · 안전에 중요한 영향을 미치는 사태(周邊事態)에 대응하여 일본이 실시하는 조치 · 절차 등을 규정해 미일 안보조약의 효율적 운용에 기여(1조) ▪ 총리는 주변사태시 후방지역 지원, 수색 · 구조활동에 대해 종류 · 내역 · 범위 등을 명시하는 기본계획을 마련(4조)하고 방위청장관은 동 계획에 의거 대응조치 실시(6 · 7 · 8조) ▪ 총리는 자위대가 실시하는 후방지역 지원, 수색 · 구조활동을 국회에 사전승인을 받고 긴급시 사후승인 인정(5조) ▪ 관계 행정기관장은 법령 및 기본계획에 의거, 지방공공단체장에게 필요한 협력을 요구(9조) ▪ 주변사태 종료 후 정부는 대응조치결과를 국회에 보고(10조)
자위대법 개정안	▪ 유사시, 외국거주 자국인 수송을 위해 정부전용기만 사용할 수 있는 규정(100조 8항)을 자위대 선박 및 선박에 탑재된 헬리콥터까지 사용가능하도록 개정 ▪ 자위대 수송활동시, 자위대원 및 자국인 생명 · 신체보호를 위해 필요최소한의 무기사용이 가능하다는 조항 신설
미일 ACSA 개정안	▪ 평시로 한정되었던 자위대와 미군 간 물품 · 서비스 상호제공 의무를 주변사태시까지 확대적용 ▪ 무기 · 탄약의 공급은 제외

따라서 고이즈미 연립정부는 2001년 10월 '테러대책 특별법'을 제정하였고,[34] 같은 해 11월 '대미지원 기본계획'을 마련하였다.

〈표 7-10〉과 같은 내용의 '테러대책 특별법'의 제정 및 '대미지원 기본계획'이 작성됨에 따라, 일본 자위대는 분쟁지역에서도 활동을 전개할 수 있게 되었다. 즉, 고이즈미 연립정부는 미국의 대테러전 지원을 위해 중동·파키스탄지역으로 자위대를 파병함과 더불어 테러응징 지원 외교활동을 적극적으로 전개하고 있다.

또, 고이즈미 총리의 지시에 따라 일본정부는 연립 3여당과 야당 민주당의 협력 아래 2001년 12월 7일에 자위대의 무기사용 제한완화, UN 평화유지군(PKF) 참가허용 등을 핵심내용으로 하는 'PKO 협력법'의 개정법안을 최종 가결, 성립시켰다.[35]

요컨대, 테러·대량살상무기 등 새로운 위협에 대응하기 위해 미일의 전략적 협력은 글로벌 차원에서 확대되고 있고, 따라서 미일 안전보장체제는 자위대의 해외활동 범위의 확대와 더불어 양적·질적으로 강화되는 것이다.

---

34) '테러대책 특별조치법안'은 2001년 10월 18일 중의원에서 가결된 뒤, 같은 해 10월 29일 참의원에서 최종 통과됨으로써 성립되었다(《朝日新聞》, 2001. 10. 18, 10. 19, 10. 29 및 10. 30).

35) 1992년 6월에 제정된 'PKO협력법'은 'PKO 5원칙', 즉 ① 정전합의, ② 당사국의 일본 참가 동의, ③ 중립성 유지, ④ 이상 3원칙 미충족시 철수, ⑤ 자위대원의 생명·신체보호의 필요시만 무기사용 등 파병요건 및 활동범위를 제한하였다.

〈표 7-10〉'테러대책 특별법'의 주요 내용

항 목	내 용
목적	▪ 테러공격에 의한 위협제거에 노력함으로써 UN헌장의 목적달성에 기여하는 미군 등 외국군대의 활동에 대해 일본이 실시할 조치 규정 ▪ UN결의 혹은 UN의 요청에 입각하여 일본이 인도적 정신에 입각한 각종 조치 규정
기본원칙	▪ 협력지원, 수색구조활동, 난민구원활동 등 대응조치를 통해 국제테러 방지와 근절을 위해 국제사회의 대책에 일본이 적극적이고 주체적으로 기여함으로써 국제사회의 평화와 안전확보에 노력 ▪ 대응조치는 무력에 의한 위협 혹은 무력행사여서는 안 됨 ▪ 활동영역 -일본영역 -전투가 일어나지 않는 공해 및 상공, 해당국의 동의가 있을 시 외국의 영역
활동내역	▪ 협력지원활동 -물자와 용역제공, 편의제공 -자위대 등 관계기관이 실시 -자위대의 물자용역의 제공은 보급, 수송, 수리, 정비, 의료, 통신, 공항 및 항만업무, 기지업무 등(단 무기/탄약보급, 전투행위를 위해 발진중인 항공기에 대한 급유와 정비 제외) ▪ 수색구조활동 -전투요원 중 조난자(비전투요원 조난자 포함) -자위대 부대 담당 -보급, 수송, 수리, 정비, 의료, 통신, 숙박, 소독 등 ▪ 재난구원활동 -테러 관련 UN결의 혹은 UN 요청시 식량, 의료, 의약품 등 제공 -자위대 및 행정기관 ▪ 기타 필요조치 -일본인 구출시 외국인 수송 -자위대 및 행정기관
물자제공 조건	▪ 무상제공
테러대책시 무기사용	▪ 신체 및 생명보호시 불가피한 경우 합리적인 선에서 무기사용 가능 ▪ 상급자 동행시 상급자의 명령에 의하며, 정당방위 혹은 긴급피난에 상당하는 경우에 무기사용

4) 미일 양국 공통의 전략적 목표설정과 미일 안전보장체제의 전략적 협력의 심화 · 확대

미일 안전보장체제의 전략적 협력은 '미일 공동작전계획 5050'(2002) 등에서 가시화되어 나타났는데, 앞에서 언급하였듯이 2005년 2월 19일의 미일 안전보장협의위원회의 공통의 전략적 목표설정을 통하여 한층 심화 · 확대되어 나타나고 있다.

미일 안전보장협의위원회는 국제테러, 대량살상무기의 확산 등의 새로운 위협, 아시아 · 태평양지역의 불투명성 · 불확실성의 지속 및 전력 현대화 등에 관한 공통인식을 바탕으로 미일동맹의 세계화를 지향하였고, 아울러 글로벌 차원 및 지역차원에서 전략적 협력을 심화 · 확대시키는 〈표 7-2〉와 같은 내용의 "공통전략목표에 관한 공동성명"을 발표하였다. 즉, 미일 양국은 글로벌 차원 및 지역차원에서 새로운 안보위협에 대한 공통의 전략적 목표를 설정하게 되면서 '미일 일체화'를 추구하는 전략적 협력을 심화 · 확대하게 된 것이다.

이는 미일동맹의 세계화와 더불어 글로벌 차원에서 미일 안전보장체제의 전략적 협력활동이 전개될 것임을 의미하는 것이며, 아울러 자위대의 활동이 양적 · 질적으로 강화되고 있음을 의미하는 것이다.

다시 말해, 주일미군과 자위대는 미일 공통의 전략적 목표를 수행하기 위한 전략의 일환으로 〈표 7-5〉와 같은 미일연합군 유사체제를 지향한 주일미군 재편 · 재배치를 추구하고 있고, 아울러 자위대의 전력증강과 함께 그 활동도 양적 · 질적으로 확대 · 강화되고 있다.

제 8 장
안보전략과 안보개혁

1. 군사력 정비계획과 안보전략

일본은 '일본열도의 비전장화'라는 전략적 목적에 따라 해상방공체제, 미사일 방공(MD)체제, 테러 등의 특수전 및 IT혁명 대비체제 등을 추구하고 있고, 아울러 확대된 군사활동을 위한 원거리 작전능력의 보강 등을 추진하고 있다.

즉, 1980년대 일본은, ① SEA LANE 방위와 3해협 봉쇄를 위한 미일 전략적 역할분담, ② 섬나라라는 지정학적 요소 등을 고려한 전략적 판단에 따라 제공권·제해권의 확보를 위하여 해상방공체제의 확립을 지향하였는데, 그와 같은 해·공군력의 증강에 역점을 두는 일본의 전략적 군사력 정비는 계속해서 지속되고 있고, 21세기에 들어오면서, ① 확대된 군사활동을 위한 원거리 작전능력의 보강 등에 중점을 둔 군사력의 질적 증강이 이루어지고 있으며, 특히 ② 9·11 테러 이후에는 미사일 방공체제의 확립, 테러 등의 특수전 및 IT혁명 대처능력 강화 등에 역점을 둔 군사력의 질적 증강이 이루어지고 있다.

일본의 군사력 정비계획의 분석을 통하여 안보전략과 그에 따른 군사력의 질적 증강에 대해 보다 구체적으로 살펴보기로 한다.

1) '1991 중기 방위력 정비계획'(1991～1995)

1990년대 전반의 군사력 정비계획인 '1991 중기 방위력 정비계획'(1991～1995)은 국제환경의 일반적 변화에 그다지 영향을 받지 않고, 1980년대의 군사력 정비계획인 '1981 중기 방위력 정비계획'(1981～1985)이나 '1986 중기 방위력 정비계획'(1986～1990)에서 추진했던 것과 마찬가지로, 해상방공체제를 지향하여 해·공의 군사력 증강에 역점을 둔다는 기본방침을 견지하면서, 정보·지휘·통신능력 등 후방체제 강화에 역점을 두는 것이었다. 22조 1,770억 엔의 경비가 소요된 '1991 중기 방위력 정비계획'에 나타난 군사력 정비의 방향성은 21세기를 향하여 1990년대에 전개된 일본 군사전략의 특징을 나타내는 것인데, 특히 주목되는 것은 무기의 하이테크화와 더불어 첨단기술에 의한 군사력의 질적 증강을 추구한다는 점이다.[1] 예컨대, 다연장로켓시스템(MLRS) 및 C3I(*Command, Control, Communications and Intelligence*)를 위한 대형 프로젝트의 추진, 최신 이지스구축함의 건조, 공중경계관제기(AWACS)의 구입, F2의 미일 공동개발 등은 일본이 경제력과 기술력을 바탕으로 군사력의 질적 증강을 꾀하였음을 나타내주는 대표적 예이다.

---

1) 배정호, "신국제질서기 일본의 정치대국화와 국가전략," 이기택 외, 《전환기의 국제정치이론과 한반도》(서울: 일신사, 1996), pp. 299～320.

2) '1995 방위계획대강'

경제력을 바탕으로 군사력의 질적 증강을 추구하는 일본 안보정책의 기조는 1995년 11월 28일의 각료회의에서 결정된 '1995 방위계획대강'에도 그대로 나타났다.

'1995 방위계획대강'은 1976년에 '방위계획대강'이 발표된 이후 19년 만에 개정되었는데, '1991 중기 방위력 정비계획'의 검토, 총리의 사적 자문기관인 '방위문제간담회'의 정책보고서인 〈일본의 안전보장과 방위력의 존재방식—21세기를 향한 전망〉(1994. 8) 등을 바탕으로 작성되었다.

그리고 '1995 방위계획대강'에서 제시된 군사체제의 수준을 달성하기 위하여 '1996 중기 방위력 정비계획'(1996~2000년)과 '2001 중기 방위력 정비계획'(2001~2005년)이 추진되었다.

(1) 〈일본의 안전보장과 방위력의 존재방식—21세기를 향한 전망〉의 주요 내용과 특징

호소카와 총리는 1994년 2월 '방위계획대강'을 대신하는 방위계획의 틀을 마련하기 위해 총리 직속의 자문기관으로서 '방위문제간담회'를 설치하였다. '방위문제간담회'는 그후 20회에 걸친 모임을 가진 후, 1994년 6월 30일 취임한 무라야마〔村山〕 총리에게 같은 해 8월 12일 안보정책을 제언하며, 정책보고서인 〈일본의 안전보장과 방위력의 존재방식—21세기를 향한 전망〉을 제출하였다.

동 보고서는 냉전종결에 따른 안보환경의 질적 변화를 분석하였고, 이를 기반으로 예상되는 네 가지 형태의 위험을 제시하였다. 즉, ① 강대국간의 협조상실에 따른 글로벌 차원에서 안보환경의 급격한 악화의 위험성, ② 국지적 규모의 빈번한 무력충돌 발생과 무력분쟁의 복잡성, ③ 국지적 무력충돌의 원인이자 결과인 무기와 군사관련 기술의 확산 위험성, ④ 국지적 무력충돌의 원인으로서 경제적 빈곤과 사회적 불만, 그리고 이와 관련된 국가의 통치능력 상실 등의 위험을 제시하였다.

나아가 동 보고서는 안보환경의 현실적 기초가 되는 것은 군사력의 형태와 평화유지를 위한 국제적 제도라는 인식 아래, ① 미국을 중심으로 한 다각적 협력, ② 협력적 안전보장기구로서 UN의 역할 등을 중시하였다.

그리고 동 보고서는 일본 안보정책의 기본입장으로서, ① 능동적이고 건설적인 안보정책의 추구 및 정합성 있는 종합적 안전보장정책의 구축, ② 다각적 안전보장 능력의 확보와 이를 위한 협력적 안전보장정책의 다각적 추구, ③ 미일 안전보장 협력관계의 기능충실, ④ 신뢰성 높은 효율적 방위력의 유지 및 운용 등을 제언하였다.

요컨대, 〈일본의 안전보장과 방위력의 존재방식—21세기를 향한 전망〉은 냉전적 방위전략에서 다각적 안전보장전략으로의 전환을 주장하였고, 나아가 협력적 안전보장기구로서 UN의 역할을 중시하면서, 자위대의 평화유지활동을 향후 일본 안보정책의 중요한 축의 하나로 제언하였다.

(2) '1995 방위계획대강'의 주요 내용과 특징

① 국제정세에 관한 인식

'1995 방위계획대강'은 탈냉전시대의 국제정세에 관해, ① 냉전의 종결과 함께 동서 군사대립의 구도가 해체되고, 세계적 규모의 무력분쟁이 발생할 가능성은 줄어들고 있으나, ② 각종 영토문제, 종교적 대립, 민족문제 등에 기인한 대립은 현재화되고 있어, 복잡하고 다양한 지역분쟁이 발발하고 있으며, 아울러 ③ 핵을 비롯한 대량살상무기(WMD)나 미사일 등의 확산이라는 새로운 위험이 증대되고 있다는 인식을 나타냈다. 즉, '1995 방위계획대강'은 탈냉전시대의 국제정세에 관해 불투명 · 불확실한 요소를 내포한 특징을 가졌다.

다른 한편에서, '1995 방위계획대강'은 국가간의 상호의존관계가 증대되는 가운데, 정치 · 경제 등의 각 분야에서 국제적 협력이 추진되어 국제관계의 안정화를 공고화하기 위한 노력이 다양하게 전개되는 점을 중시하는 인식을 나타냈다. 즉, '1995 방위계획대강'은 각종 불안정 요인이 국제문제로 비화되지 않도록 미연에 방지하는 것을 중시하는 차원에서 지역적 안전보장 틀의 활용, 다자간 및 양자간 대화의 확대를 위한 노력의 진행 등을 강조한 것이다.

② 군사력의 증강방향

'1995 방위계획대강'은, ① 일본 자신이 힘의 공백이 되어 일본주변지역에서의 불안정 요인이 되지 않도록 노력하되, 미일 안전보장체제를 기반으로 일본의 안전 및 주변지역의 평화와 안정을 도모한다는 인식 아래 이른바 '기반적 방위력 구상'을 답습한다는 입장을 표명하면서도, 다른 한편에서는 ② 탈냉전시대 국제환경의 변화에 대응하기 위한 군사력의 질적 증강을 강조하였다.

즉, 탈냉전시대 일본이 추구해야 할 안보정책의 방향성을 제시한 '1995 방위계획대강'의 기본 전략구도는, ① 육 · 해 · 공의 자위대 병력을 20% 감축[2] 하는 대신, ② 다양한 사태에 유효하게 대응할 수 있도록 합리화, 효율화, 컴팩트화, 기능의 충실과 질적 향상, 탄력성 확보 등을 추구하여 군사력을 질적으로 증강시키고, 아울러 ③ 정보 · 지휘 · 통신능력을 강화하는 것이다.

일본은 '1995 방위계획대강'에서 제시한 군사체제의 정비를 지향하

2) 육상자위대의 경우는 사단과 여단의 개편과 더불어 18만 명에서 16만 명으로 삭감된다. 즉, 육상자위대는 상설자위관 14만 5천 명, 즉응예비자위관 1만 5천 명으로 구성된다(《1997年度 防衛白書》).

여 24조 2천 3백억 엔[3]의 경비가 소요되는 '1996 중기 방위력 정비계획'(1996~2000년)을 수립·추진하였다.

(3) '1996 중기 방위력 정비계획'(1996~2000년)

'1996 중기 방위력 정비계획'(1996~2000년)은 '1995 방위계획대강'에서 제시한 군사력의 수준을 지향하여 합리화, 효율화, 컴팩트화, 군사력의 기능충실 및 질적 향상, 군사력의 탄력성 확보, 미일 안전보장체제의 신뢰성 향상, 절도 있는 방위력 정비 등에 역점을 두고 수립되었는데, 주요 내용 및 특징은 〈표 8-1〉과 같다.

〈표 8-1〉 '1996 중기 방위력 정비계획'의 주요 내용

분야	내용
1. 방공능력	▪요격전투기 F-15 활용 ▪지대공미사일(패트리어트) 능력향상 ▪지대공유도탄(호크)의 개선용 장비품(III형) 정비
2. 주변해역의 방공능력 및 해상교통의 안전확보능력	▪호위함·잠수함·심해정·미사일정 건조 ▪초계 헬리콥터 SH-60 정비 ▪고정익 초계기 P-3C의 후속기 검토
3. 착륙 및 상륙 침공 대처 능력	▪최신예 지원전투기 F-2의 정비 ▪지대공유도탄(SSM-1) 정비 ▪대전차 헬리콥터(AH-1S) 정비
4. 수송력 및 기동력	▪수송함·수송헬리콥터 CH-47 등 정비 ▪수송기 C-1 후속기 검토
5. 정보·지휘·통신능력	▪조기경계관제기의 운용태세 정비 ▪주변 해·공역 감시태세 충실 ▪경계관제부대의 효율화·합리화 강구

출처: 《1996年度 防衛白書》.

3) '1996 중기 방위력 정비계획'의 예산은 1995년 12월 책정당시에는 25조 1천 5백억 엔이었으나, 1997년 12월 10일에 열린 각의에서 9천 2백억 엔이 삭감되었다('內閣官房長官談話', 1997. 12. 19).

'1996 중기 방위력 정비계획'(1996~2000년)의 추진결과, 자위대는 군사력의 상당한 질적 증강을 이루게 되었다. 즉, 항모급 상륙함 '오스미'(8천 톤급), 조기경보기(E2C) 13대, 최고의 전함 AEGIS[4] 4척을 보유하기에 이르렀고, 조기경계관제기인 AWACS 4대를 운용하게 되었으며,[5] 최신예 지원전투기 F2의 미일 공동개발의 완료 및 실전배치를 시도하게 되었다.

이외에 일본은 1998년 8월의 '북한의 미사일 운반체계 시험발사 사건'의 영향을 받아 첩보위성을 독자적으로 개발하게 되었고,[6] '전역 미사일 방어체제(TMD)'를 미국과 공동연구하게 되었다.[7] 즉, 일본은 1995년 2월 미국 측이 제의한 '전역 미사일 방어체제'의 공동연구에 참여한다는 기본방침을 결정한데 이어, 1998년 9월에 '미일 안전보장 협의위원회'에서 '해상 전역 미사일 방어체제(*Navy Theater Wide Defense*: NTWD) 분야의 기술을 개발하는 것에 합의하였고,[8] 1999년 8

---

4) AEGIS함은 미국의 RCA사가 1969년에 개발한 미국의 주력함으로서 360도 3차원 탐지・요격능력을 갖추고 있다. 1척당 가격은 7억 달러이다.

5) 방위백서 등에는 아직 구체적으로 언급되고 있지 않지만, 일본 방위청의 관련 관료들의 설명에 따르면, 일본은 1997년부터 AWACS의 시험비행을 시작하였다.

6) 일본의 집권여당인 자민당은 4~5년 내에 군사시설의 정찰이 가능한 첩보위성 및 관련기술을 도입하여 방공체제(防空體制)를 강화해야 한다고 주장하고, 나아가 이를 일본정부에 권고하였다. 따라서 1998년 11월 일본정부는 이를 토대로 각료회의에서 2002년까지 첩보위성 4기를 개발할 것을 결정하였다.

7) TMD 공동연구 기간은 2년간을 목표로 하고 있으나, 각서의 유효기간이 5년간이므로 기간연장이 가능하도록 되어 있다(《朝日新聞》, 1999. 8. 15).

8) NTWD는 이지스함에서 미사일을 발사하여 대기권 밖에서 적의 미사일을 격추시키는 방어체제이다. TMD 유형에는 NTWD 이외에 '지상배치 전역 고고도 방어체제'(THAAD), 대기권 미사일 요격(저층방어) 체제로 '패트리어트 미사일・해상배치 방어체제'(NAD) 등이 있다.

월에는 미국과 미사일 방어체계의 연구·개발을 위한 5개년 협정에 서명하였다.[9]

일본이 TMD에 참가하는 전략적 목적은, ① 북한 미사일뿐만 아니라 중국 미사일에 대응하는 방공망을 확충하기 위함이고, ② 핵무기를 보유하지 않은 상태에서 핵무기·생화학무기 등의 대량살상무기에 대한 억지력을 확보하기 위함이며, ③ '지도력의 분담'을 지향하여 미일 동맹을 한층 더 강화하기 위함이라고 지적할 수 있다.

(4) '2001 중기 방위력 정비계획(2001~2005년)

2001년부터 일본은 '1995 방위계획대강'에서 제시한 군사체제의 완성을 위하여 〈표 8-2〉와 같은 '2001 중기 방위력 정비계획'(2001~2005년)을 추진하였다.

'2001 중기 방위력 정비계획'은 '미일 신방위협력지침'에 명시된 주변사태 대응체제의 구축을 본격화하고, 자위대의 행동지평을 확장시키는 전략적 목적에 따라 군사력의 질적 증강을 추구하려는 계획이다.[10]

즉, 방위청은 '2001 중기 방위력 정비계획'을 통하여 원거리 작전능력의 보강, 테러 등 특수전에 대한 대처능력의 강화, IT혁명에 대한 대처능력의 강화 등에 역점을 두면서 군사력의 질적 증강을 추구하려

---

9) 미일은 SM-III 미사일, NTWD에 사용되는 요격미사일의 개량과 미사일 탐지기술, Advanced Kienetic Warhead, 미사일 노즈콘(*Nose Cone*)의 경량화, 2색 적외선 탐지기 등 주로 해상층 방어체계에 초점을 맞추고 연구개발을 진행시키고 있다. 미일은 1999년에 각각 3천6백만 달러와 8백만 달러의 예산을 배정하였다. 손영환·김종국, 《이스라엘/일본의 미사일 방어구상 연구》(서울: 한국국방연구원, 1998); Robert Wall, "U.S., Japan Agree on Cooperative Missile Defense," *Aviation Week and Space Technology* (August 23, 1999); 전성훈, 《미일의 TMD구상과 한국의 전략적 선택》(서울: 통일연구원, 2000).

10) 西元徹也, "新中期防衛力整備計劃への期待," 《デイフェンス》(2000年 秋季号).

〈표 8-2〉'2001 중기 방위력 정비계획'의 주요 내용

분 야	대 응
1. 방공능력	▪ F15 JD 개량 ▪ 패트리어트 미사일 성능개량
2. 주변해역 방위능력 및 해상교통로 안전확보 능력	▪ 미사일 호위함(DDG)은 대공능력 충실화 도모 ▪ 헬리콥터 탑재 호위함(DDH)은 지휘통신 기능 및 헬리콥터 운용능력 충실 ▪ P-3C 대잠초계기 개량, 초계헬리콥터(SH-60J 및 SH-60J의 개량), 신형 소해기, 수송헬리콥터 정비
3. 착륙 및 상륙 대처능력	▪ 해상 및 연안 격파능력 향상을 위해 지원전투기(F-2) 정비 ▪ 대전차 헬리콥터(AH-1S)의 후속기로서 신형 대전차 헬리콥터 정비
4. 게릴라 공격 등 다양한 공격형태에의 대처능력	▪ NBC(생화학무기)에 의한 공격 대비 탐지, 방호, 제염(除染), 방역, 구출, 치료활동을 위해 인력, 장비 확보
5. 정보능력	▪ 정찰기(RF-4), 전자전 자료 수집기(EP-3)의 개량 착수 ▪ 정보 수집, 처리, 분석, 배포 등 정보능력 강화
6. 경계감시 능력	▪ 조기경보기(E-2C)의 개량 추진 ▪ 함정, 항공기에 의한 경계감시태세 유지강화
7. 기동력 및 수송능력	▪ 기동력 및 수송능력 향상을 위해 수송헬리콥터(CH-47J) 지속적 정비
8. 구난체제	▪ 구난 비행정(US-1A 및 US-1A 개량형) ▪ 구난 헬리콥터(UH-60J), 구난 수색기(U-125A) 지속 도입
9. 기술연구개발	▪ 고정익 초계기(P-3C)와 수송기(C-1)의 후속기, 후속 전차, 각종 지휘통제 시스템 등의 장비와 기자재에 대한 연구개발 추진
10. 기타	▪ 탄도미사일 방위(BMD)를 위해 해상 배치형 상층시스템에 대해 미국과 공동연구 지속 추진

출처: 《2001年度 防衛白書》.

하였다.

따라서 방위청은 '2001 중기 방위력 정비계획' 기간중에 최신예 지원전투기 F2 47대를 실전배치하였고,[11] 전투기의 작전반경을 확대하기 위해 공중급유기 4기를 도입하였으며,[12] 또 UN 평화유지활동 및 국제긴급구조활동 등의 목적을 위해 항속거리 5천~7천Km의 장거리 수송기의 자체개발을 추진하였다.

아울러 방위청은 대양해군을 지향하고 해상경비체제를 강화한다는 전략적 목적에 따라 호위함·수송함의 대형화 계획과 미사일 고속정 증강배치계획을 수립하여 2003년까지 신형 고속정 6척를 동해기지에 배치하였고,[13] 5천 톤급 호위함 4척을 1만 톤급으로 교체함과 더불어 1만 톤급 항공모함 헬리콥터 호위함 2척의 건조를 추진하였으며, 비상사태시 미군에 대한 해상보급능력의 향상을 위해 13,500톤여급 대형 수송함의 자체건조를 추진하였다. 그리고 일본정부는 '2001 중기 방위력 정비계획'의 중점 추진목표 중의 하나로 제시된 게릴라·생화학전 대응태세 구축을 '9·11 뉴욕 테러사건'을 계기로 한층 강화시키고 있다. 즉, 2001년 11월 일본정부는 중앙정부 14개 부처 국장급으로 구성

---

11) 1995년 12월 14일 일본 각료회의는 F2 130기의 국산 생산계획을 결정하였다. 즉, 일본은 최신예 지원전투기 130기를 실전배치하게 되는 것이다.

12) 《朝日新聞》, 2000.12.16 및 《讀賣新聞》, 2000.12.16. 공중급유기 도입 문제는 그동안 일본 정계 내에서 전수방위원칙 위배 여부를 놓고 정치쟁점이 되었던 사안인데, 2000년 12월 15일 일본정부는 1대당 238억 엔의 공중급유기를 '2001 중기 방위력 정비계획' 기간중에 4대 도입하기로 결정하였다.

13) 신형 고속정은 최고시속 44노트(80km)의 200톤급으로서 대함 유도미사일, 76밀리·12.7밀리 소형 기관포 및 야간 적외선 투시경을 탑재하였다. 일본 해상자위대는 이 신형 고속정을 3척 1개 편대로 마이루즈·사세보기지에 배치시킴으로써 현재의 홋카이도 편대와 함께 3개 편대 운영체제를 갖추게 되었다. 일본 방위청은 2001년부터 2척씩 건조하는 계획에 따라 1999년도부터 매년 방위예산에 190억 엔을 배정하였다.

되었던 '핵 · 생화학 테러대처협의회'를 장관급 협의회로 격상시켰고, 나아가 '생화학 테러대응 기본방침'을 결정하는 등 게릴라 및 생화학전 대응능력의 강화를 추구하고 있다.

3) '2004 방위계획대강'의 주요 내용과 특징

고이즈미 총리의 사적 자문기관인 '안전보장과 방위력에 관한 간담회'는 '2004 방위계획대강'의 내용이 구체화된 시점인 2004년 7월 27일에 〈표 8-3〉과 같은 '2004 방위계획대강을 위한 논점'을 정리 · 발표하였다.

이어 2004년 12월 10일 각료회의에서는 향후 10년간 안보정책의 지침이 되는 새로운 '2004 방위계획대강'을 결정하였다. 즉, 9 · 11테러

〈표 8-3〉 '안전보장과 방위력에 관한 간담회'의 '2004 방위계획대강의 논점' 요지

위협인식	▪ 대량살상무기의 확산 및 국제테러 등 새로운 위협에 대한 대응이 중요
동아시아의 전략환경	▪ 동북아시아에는 북한의 존재가 있고, 전통적 안보문제와 새로운 안보문제가 병존하고 있음 ▪ 중국은 국방비와 국방정책이 불투명함 -민족주의의 고양 -방위선의 전진
미일 안전보장체제	▪ 전통적 위협이 강한 동아시아지역에는 미일동맹을 바탕으로 한 억지력이 중요함 ▪ 미군의 재편은 일본에게는 미일 전략적 대화의 기회임
산업 · 기술기반 (무기수출 3원칙 포함)	▪ 미사일 방위(MD)를 미국과 함께 추진하고 있고, 미국 이외의 국가와 공동으로 장비개발을 하는 것은 '죽음의 상인'이 되는 것과 다름 ▪ 1976년 미키 내각에서 일체의 무기수출을 전면금지한 것은 불합리함

이후 안보환경의 변화에 대응하기 위해 '2004 방위계획대강'을 결정한 것이다.

(1) '2004 방위계획대강'의 주요 내용

① 안보환경에 대한 인식

최근의 안보환경은 9·11 테러에서 볼 수 있듯이, 국가간의 군사적 대립뿐만 아니라, 국제테러조직 등 비국가 주체가 중대한 위협으로 부각되고 있다.

따라서 '2004 방위계획대강'에서는 대량살상무기 및 탄도미사일의 확산 진전·국제테러조직 등의 활동을 포함한 새로운 위협이나, 평화와 안전에 영향을 미치는 다양한 사태에 대한 대응이 국제사회의 당면 과제가 되고 있음을 강조하면서, 종래의 억지방법으로서는 국제테러조직에 대해 유효하게 기능하기 어려움을 지적하였다.

아울러 '2004 방위계획대강'은 일본주변의 동북아 안보환경에 관해, ① 러시아의 군사력은 양적으로는 대폭 삭감되었지만, 여전히 핵전력을 포함한 대규모 군사력의 전력 현대화를 추구하면서 존재하고 있고, ② 한반도 및 대만해협의 안보환경에는 불투명·불확실성이 잠재되어 있다는 인식을 표명하면서, ③ 북한의 대량살상무기 및 탄도미사일의 개발·배치·확산과 특수부대 등에 따른 지역안보의 불안정성, ④ 중국의 핵·미사일 전력과 해·공군의 전력 현대화의 추진, 그리고 해양활동 범위의 확대추구 등에 대해 주목해야 할 필요성 등을 강조하였다.

② 일본 안전보장의 목표와 기본방향

'2004 방위계획대강'에서는 〈표 8-4〉에 제시되어 있는 바와 같이, ① 일본에 대한 직접적 위협의 사전 억제, 사후 배제 및 피해의 최소화, ② 국제안보환경의 개선에 의한 일본에 대한 위협요인 제거 등을

〈표 8-4〉 일본 안전보장의 목표

제 1목표	일본에 대해 직접적 위협이 미치는 것을 사전에 억제하고, 나아가 위협이 미쳤을 때는 그것의 배제와 더불어 피해를 최소화함
제 2목표	국제안보환경을 개선하고, 일본에 위협이 미치지 않도록 함

안전보장의 목표로 삼았다. 그리고 '2004 방위계획대강'은 이를 위하여 새로운 위협이나 다양한 사태에 신속하고도 효과적으로 대응·대비가 가능하도록 일본정부의 종합적 노력의 추구와 더불어 미국과의 긴밀한 협력 아래 국제평화협력활동에 주체적이고도 적극적으로 참가할 것임을 명백히 하였으며, 아울러 일본의 안전에 필요 불가결한 미일안전보장체제를 한층 전략적으로 강화시켜 나갈 것임을 강조하였다.

③ 일본 군사력의 역할 및 강화방향

'2004 방위계획대강'은 새로운 위협 및 다양한 사태에 대한 대응으로서 탄도미사일 공격에 대한 대응, 도서부(島嶼部)에 대한 침략 대응, 주변 해·공역의 경계감시 및 영공침범 대처, 무장공작선에 대한 대응, 대규모 재해에 대한 대응 등을 열거하면서, 이를 위해 일본의 군사력은 즉응성·기동성·유연성·다목적성을 지향해야 하며, 나아가 첨단군사기술·정보능력을 바탕으로 한 다기능적이고 탄력적이며 실효성이 있는 능력을 갖추어야 한다고 강조하였다.

따라서 2004년 12월 10일에 '2004 방위계획대강'과 함께 발표된 '2005 중기 방위력 정비계획'(2005~2009)은, ① 제도적 차원에서는 통합운용능력의 강화, 육상자위대의 기동성 강화, 해상자위대의 호위함부대·잠수함부대 등의 재구성, 항공자위대의 공중급유·수송부대의 신설 등을 추구하고, 나아가 ② 장비강화의 차원에서는 이지스함의 미사일 방어(MD) 능력 강화, 패트리어트의 능력향상, 미사일 탐지·

추격능력의 강화, 구난 헬리콥터의 공중급유를 위한 C130 수송기의 공중급유기능 부착, 생화학무기의 공격에 대한 대처능력의 강화, P3C 초계기 및 F4 전투기의 후속기 정비 등을 추진하는 계획을 담고 있다. 아울러 '2005 중기 방위력 정비계획'(2005~2009)에서는 미사일 방어체제의 구축에 최역점을 둘 것임을 명백히 하였다.

일본의 미사일 방어구상은 첫 단계에서 스탠더드 미사일(SM3)을 발사하여 대기권 밖에서 탄도미사일을 요격하고, 그것이 실패했을 때는 두 번째 단계에서 패트리어트 3(PAC3)으로 근거리에서 탄도미사일을 격추시키는 구상이다.

이를 위하여 '2004 방위계획대강'은 미사일 방어구축을 차기 '2005 중기 방위력 정비계획'(2005~2009)의 근간으로 삼고, 이지스시스템을 탑재한 호위함 4척을 지대공(地對空) 요격미사일인 패트리어트 3개 부대를 미사일 방어구축에 투입하며, 대신 육상자위대 정원의 5천 명 감원(16만 명→15만 5천 명), 재래식 무기의 감축 등을 단행한다는 것이다. 다만 중국의 해군력에 대처하기 위해 잠수함은 16척을 그대로 유지하는 것으로 알려졌다.

(2) '2004 방위계획대강'의 특징

국제정세와 군사력의 관점에서 '1976 방위계획대강', '1995 방위계획대강', '2004 방위계획대강'을 비교해 보면 〈표 8-5〉와 같은데, '2004 방위계획대강'의 특징에 관해서는 다음과 같이 지적할 수 있다.

첫째, '2004 방위계획대강'은 안보환경에 관한 인식에서, ① 글로벌 차원에서는 대량살상무기 및 탄도미사일의 확산 진전·국제테러조직 등의 활동을 포함한 새로운 위협 및 다양한 사태에 대한 대응을 강조하면서, ② 동북아지역 차원에서는 북한과 중국의 군사동향을 안보불안 요인으로 지적하였다. 즉, '방위계획대강'으로서는 러시아에 이어 처음으로 중국과 북한을 안보불안 요인으로 추가·지목하여 언급한 것이다. 이는 '2004 방위계획대강'의 가장 큰 특징으로 지적되는 부분이기도 하다.

둘째, '2004 방위계획대강'은 일본방위에 이어 국제안보환경의 개선을 새로운 안보목표로 제시하고 있다. 이는 자위대의 국제협력 중시와 더불어 21세기 국제지도국을 지향한 국제사회에서 일본의 안보역할 확대를 더욱 적극적으로 추구하려는 것을 의미한다.

〈표 8-5〉 '2004 방위계획대강'의 특징

	국제정세	방위력
'1976 방위계획의 대강'	▪ 미소를 중심으로 한 동서대립의 구도 ▪ 일본주변에는 미소의 세력균형과 미일 안보체제가 일본에 대한 침략방지에 중요한 역할	▪ 기반적 방위력 구상을 바탕으로 한정적이고 소규모 침략에 대해 원칙적으로 자력으로 대처함 ▪ 자력대처가 곤란한 경우, 미국으로부터 지원을 받아 대처함
'1995 방위계획의 대강'	▪ 냉전의 종결에 따른 동서 군사대립 구도의 해체 ▪ 세계적 규모의 무력분쟁이 발발할 가능성은 낮고, 대량살상무기·미사일 등의 확산에 따른 새로운 위협이 증대함 ▪ 불투명·불확실성	▪ 기반적 방위력 구상을 답습하고, 스스로 '힘의 공백'을 만들지 않음 ▪ 일본주변지역에서 일본의 평화와 안전에 중요한 영향을 미치는 사태가 발생했을 경우, 미일안전보장체제의 효과적 운용을 통하여 적절하게 대응함
'2004 방위계획의 대강'	▪ 대량살상무기·탄도미사일의 확산 진전, 국제테러조직의 활동 등 새로운 위협에 대한 대응은 국제사회의 당면과제 ▪ 북한은 지역안전보장의 중대한 불안정 요인 ▪ 중국은 군 현대화와 함께 해양활동 범위의 확대를 도모하고 있으므로, 금후 주목할 필요가 있음	▪ 일본방위에 이어, 국제안보환경의 개선을 새로운 목표로 추구함 ▪ 새로운 위협과 다양한 사태에 대비하여 국제평화협력활동에 주체적이고 적극적으로 참가함 ▪ 일본 군사력의 다기능·탄력성·실효성을 추구함

셋째, '2004 방위계획대강'은 다양한 사태에 대한 대처로서 도서부의 침략에 대한 대처를 언급하고 있다. 이는 일본의 전략적 방위가 미러의 관계개선과 더불어 홋카이도에서 해상교통로 및 해양자원의 보호를 지향한 남서군도(南西群島)로 이동하고 있음을 의미하며, 아울러 장차 대만해협에서 무력충돌의 가능성을 염두에 둔 우려에서 나온 전략적 의미를 내포한 언급일 수도 있다.

넷째, '2004 방위계획대강'은 일본의 군사력은 첨단군사기술·정보능력을 바탕으로 한 다기능·탄력성·실효성을 지향해야 한다고 역설하고 있다. 이는 일본의 군사력 정비구상이 종래의 '필요 최소한'과 '절도'를 중시하는 '기반적 방위력 구상'의 유효한 부분을 계승하면서도 다기능·탄력적 군사력 구상으로 중점을 옮겼다는 것을 의미하는 것이다. 즉, '2004 방위계획대강'에서는 전수방위를 넘어선 능력을 추구한다는 것을 시사하는 것이다.

다섯째, '2004 방위계획대강'은 새로운 위협에 대한 대응으로서 탄도미사일에 대한 대응을 중시하고 있다. 따라서 '2004 방위계획대강'의 틀 내에서 전개되는 '2005 중기 방위력 정비계획'(2005~2009)이 미사일 방어체제의 구축에 최역점을 둔 것이 주목된다. 이는 미일동맹의 전략적 협력이 한층 강화될 것임을 시사하는 것이기도 하다.

여섯 번째, 미사일 방어체제의 구축과 관련하여 일본정부는 '무기수출 3원칙의 완화'에 관한 관방장관의 담화를 통하여 미사일 방어구축을 위한 미국과의 무기 공동개발·생산은 예외로 하기로 밝혔다. 즉, 일본정부는 미사일 방어구축을 계기로 제한적이나마 '무기수출 3원칙의 완화' 조치를 취하기 시작하였는데, 미일 방위사업의 협력이 한층 강화될 것으로 전망된다.

(3) '2004 방위계획대강'과 한반도

'2004 방위계획대강'에서는 북한의 대량살상무기, 탄도미사일의 개발·배치·확산, 특수부대 등을 동북아 지역안보의 불안정 요인으로 지적하면서 한반도의 안보환경에 불투명·불확실성이 잠재되어 있음을 언급하고 있다.

이처럼 '2004 방위계획대강'의 수립에 한반도 안보상황이 구체적으로 반영된 것은 한반도 급변사태를 상정한 미일의 공동작전계획을 참고로 했기 때문이다. 즉, '2004 방위계획대강'이 한반도 안보상황과 관련해서는 이른바 '미일 공동작전계획 5055'을 전제로 했다는 것이다.[14]

1997년 9월 '미일 신방위협력지침'의 제정과 더불어 미일의 군사협력이 일본 본토중심에서 주변지역 유사시까지 탄력적으로 확대되면서, 미일 양국은 한반도 급변사태, 북한의 핵·미사일 등에 대해 공조체제를 이루며 대응하게 되었고,[15] 따라서 미일은 2002년에 한반도 급변사태를 상정한 '미일 공동작전계획 5055'을 수립하였다.

'미일 공동작전계획 5055'은 한반도 정세가 급변할 가능성이 있다는 우려에서 수립되었는데, 한반도 유사시에 북한 특수부대 및 게릴라의 공격과 북한 공작원 수백 명의 일본 상륙 및 수도권 침투를 상정하면서, 공작선 경계, 원자력발전소 등 주요 시설 보호, 한반도-큐슈 북부지역을 연결하는 해상수송 루트 확보, 조기경보기에 의한 정보수집, C130 수송기에 의한 한반도 피난민의 수송지원, 공격받은 미군에 대한 직접적 지원, 주일미군기지의 안전확보 등을 주요 내용으로 하고 있다.[16]

또 '2004 방위계획대강' 및 '2005 중기 방위력 정비계획'(2005~2009)이 최역점을 두고 추진하려는 미사일 방어체제의 구축도 북한과

---

14) 《朝日新聞》, 2004. 12. 12.

15) 배정호, 《일본의 국가전략과 한반도》(서울: 통일연구원, 2001).

16) 《朝日新聞》, 2004. 12. 12.

적지 않은 관계가 있다.

북한이 사정거리 1,300Km의 노동미사일을 일본을 향해 발사할 경우 약 11분 만에 도달하게 되는데, 미사일 방어체제가 구축되면 이지스함이 미사일을 탐지하는 데 약 3분, 방위청에 데이터를 송신하는 데 약 1분이 걸린다고 한다. 즉, 미사일 방어체제에 의해 북한의 미사일 공격으로부터 일본열도를 충분히 보호할 수 있다는 것이다.

이처럼 '2004 방위계획대강'은 한반도 유사시의 여러 가지 상황, 즉 한반도 급변사태시 주일미군의 직·간접적 지원, 북한 게릴라 및 특수부대의 일본열도 공격 및 상륙, 북한 미사일의 일본열도 공격 등을 상정하면서 수립된 것이다.

2. 안보개혁과 제도적 정비

21세기 일본의 군사력 증강노력은, ① 일본의 군사전략이 조기경계 및 전방대처를 위하여 전략지정학적 차원에서 해상방공체제의 강화와 더불어 미사일 방공체제의 구축을 추구하고 있음을 나타내는 것이고, ② 테러 등 특수전 및 IT혁명 등에 대처할 수 있는 능력을 강화하기 위함이며, ③ 미일 안전보장체제의 확대·발전에 따른 일본의 역할증대를 충분히 수행할 수 있는 역량을 갖추기 위함이다. 아울러 ④ 독자적 영역의 확대를 추구할 수 있을 정도로 일본의 군사적 역량을 제고하기 위함이다.

따라서 일본정부는 군사력의 질적 증강이라는 '하드파워'의 증강뿐만 아니라 법적·제도적 정비 등 '소프트 파워'의 강화를 추구하고 있다. 즉, 일본정부는 정치공간의 신보수화 성향, 보수 대연합에 의해 강화된 국정운영기반 등의 전략적 활용을 꾀하면서 법적·제도적 정비를 추진하고 있다.

1) 조직 정비

국제사회에서 군사-정치적 역할의 확대와 관련, 일본정부의 조직정비 노력은 먼저 국가정보기관의 역량강화 작업에서 나타났다. 일본정부는 1997년 1월 20일 종합정보기관인 '통합정보본부'를 창설하였고, 1998년 12월 28일에는 '방위정보회의'를 설치하였으며, 1999년 1월 11일에는 '내각정보회의'를 발족시켰다.

그리고 2001년 1월 6일 중앙부처의 개편을 계기로 정보기관의 조직개편을 단행하였다. 즉, 1999년 7월 '정부조직개편법'의 성립과 더불어 2001년 1월부터 총리의 국정주도권 및 내각기능이 강화됨에 따라 독자적 정보능력의 제고를 위한 군사위성 정보처리 능력의 강화, 내각정보조사실의 지위격상, 외무성의 국제정보국의 역량강화 등이 추진되었다. 예컨대, 일본정부는 1999년 4월 내각관방 산하에 군사첩보위성의 활용강화를 위한 '첩보수집추진위원회'를 발족시킨 데 이어 2002년부터 보유하게 될 첩보위성 수집정보의 분석·관리를 위한 '위성정보센터'를 신설하였고, 아울러 총리 직할의 내각정보조사실을 지위격상시켜 국가정보 네트워크의 정점기관으로서 중추적 기능을 담당토록 하였으며,[17] 외무성 국제정보국의 정보수집·분석기능의 강화를 위해 대폭적으로 인원을 확충시켰다.

나아가 안보정책 분야의 통합관리를 위해 방위청을 방위성 또는 국방성으로 승격하는 작업이 추진되고 있다. 일본의 연립정권 내 보수세

---

17) 국가정보관리체계의 일원화 작업과 관련, 내각조사실은 국가정보 네트워크의 정점기관으로서 지위격상이 이루어졌다. 즉, 내각정보조사실의 영어 명칭이 Cabinet Information Research Office에서 Cabinet Intelligence & Research Office로 변경됨과 더불어, '내각조사실장'의 명칭도 '내각정보관'으로 변경되었고, 직급도 차관보에서 차관급으로 격상되었다. 따라서 내각정보관은 공안조사청, 외무성의 정보조사국 등 각 정보기관의 수집내용을 종합하여 총리에게 보고하는 역할을 담당하게 되었다.

력들은 2000년 8월 8일에 참의원 내에 '방위성 설치추진 의원연맹'을 발족한 데 이어 같은 해 11월 28일 자민·공명·보수 3당간 '성(省) 승격 간담회' 설치에 합의하였으며, 2005년 11월 29일에는 연립여당인 공명당의 간자키 다케노리〔神崎武法〕 대표는 한 강연회를 통해 방위청의 방위성으로의 승격에 전향적 태도를 표명하였다.

방위청이 방위성으로 승격될 경우, 수장이 '장관'에서 '대신'으로 명칭이 승격되고, 아울러 독자적으로 법안 등을 내각의 의결기구인 각료회의에 제출할 수 있어 위상과 권한이 강화된다. 즉, 방위성은 외무성(국제안보협력·조약), 통산성(방위예산), 내각안보회의(위기관리) 등의 여타 기관에 분산되어 있는 안보정책 분야 업무의 통합관리가 가능하게 된다.

(1) 내각부의 내각정보조사실

1952년 4월 발족된 내각정보조사실은 일본의 경우에 국가단위의 중앙정보기관이 없으므로, 총리를 직접 보좌하는 내각관방 내 5개의 실 가운데 하나이다. 즉, 내각정보조사실은 총리의 정보참모 역할을 수행하고 있다.

내각정보조사실의 조직은 경찰청·자위대·외무성·공안조사청·재무성 등 각 부처에서 파견된 직원으로 구성되어 정보네트워크 시스템을 이루고 있고, 그 기능은 각 부처 및 산하기관을 통해 수집한 해외 및 국내정보 등을 분석하여 총리에게 주 1회 정기보고 및 수시보고를 하는 것이다. 예컨대, 종합분석된 보고서는 내조실장→내각관방장관→총리의 채널을 통하여 주 1회 정기보고 및 필요시의 수시보고가 이루어진다.

일본정부는 21세기 국가개혁을 위해 1999년 7월 '정부조직개편법'을 마련하였고, 이를 바탕으로 총리의 국정주도권 및 내각기능의 강화를 전개하였으며, 나아가 총리직할의 정보기제 강화를 추구하였다.

일본정부는 각 부서별로 분산된 정보수집 · 분석업무를 일원화하여 외교 · 안보 등 국가안전에 관한 정보를 공유하고, 이를 집약 및 분석 · 평가하기 위해 관방장관을 의장으로 하는 내각정보회의[18]를 1998년 10월에 발족시켰다. 아울러 총리 직할의 내각정보조사실을 지위격상시켜 국가정보 네트워크의 정점기관으로서 중추적 기능을 담당토록 하였다.

내각정보조사실은 영어명칭이 Cabinet Information Research Office에서 Cabinet Intelligence & Research Office로 변경됨과 더불어, '내각조사실장'의 명칭도 '내각정보관'으로 변경되었으며, 직급도 차관보에서 차관급으로 직급 격상되었다.

따라서 내각정보실은 공안조사청, 외무성의 정보조사국 등 각 정보기관의 수집내용을 분석 · 집약하여 총리에게 보고하는 역할 및 기능을 한층 강화하고 있으며, 아울러 한반도와 관련된 정보의 집약 · 분석 · 평가 · 보고에도 중추적 역할을 수행하고 있다.

(2) 외무성의 국제정보총괄관

외무성은 국제정보의 수집 · 분석기능 강화를 위한 개혁의 일환으로 국제정보국을 2004년 8월 1일부로 폐지 · 개편하고, 국제정보총괄관을 신설하였다. 국제정보총괄관은 국제정보국의 기능 가운데 특히 안보분야의 기능을 강화한 것으로 알려지고 있다.

국제정보국에 관해 살펴보면, 국제정보국은 1993년 8월 외무성 차원의 정보수집 및 분석, 축적 및 관리, 제공 등을 위하여 설립되었고, 1999년 7월 '정부조직개편법'의 성립과 더불어 2001년 1월부터 총리의 국정주도권 및 내각기능이 강화되면서 대폭적인 인적 충원이 이루어졌다.

국제정보국의 조직은 국제정보과, 분석 제 1과, 분석 제 2과, 조사

18) 관방장관을 의장으로 관방부장관, 내각정보조사실장, 경찰청장관, 공안조사청장관, 외무성 · 방위청 사무차관 등이 참석한다.

실 등으로 구성되어 있고, 5개의 지역국 및 4개의 기능국의 정보수집 및 분석기능과는 다른 각도에서 정보업무를 다루고 있다. 예컨대, 5개의 지역국 및 4개의 기능국이 일일 안건처리 및 정책판단에서 정보를 다루고 있는데 비해, 국제정보국은 중장기적이고 횡적 차원에서 종합적 정보분석 및 판단을 추구하고 있다.

국제정보국의 부서 가운데 한반도와 관련된 부서는 국제정보과 및 분석 제2과이고, 분석 제1과도 미국의 동북아 정책 및 대북정책을 통하여 북미관계를 중심으로 한반도 정세를 분석하고 있다. 국제정보국의 국제정보총괄관으로의 조직개편과 더불어 과장직은 국제정보관으로 개칭되었다.

(3) 방위청의 통합정보본부 및 방위정보회의

국제사회에서의 군사-정치적 역할의 확대와 관련, 일본정부는 군사관련 정보기관의 역량을 강화하였다. 즉, 일본정부는 1997년 1월 20일 종합정보기관인 '통합정보본부'를 창설하였고, 1998년 12월 28일에는 '방위정보회의'를 설치하였다.

통합정보본부는 '1995년 방위계획대강'의 수립을 계기로 통합막료회의(한국의 합동참모본부에 해당) 산하에 설치되었는데, 정보수집 및 분석의 일원화를 위하여 방위청의 내국, 통합막료회의, 육·해·공 자위대의 정보부문 등 기존의 정보조직을 하나로 통합시킨 '미 국방정보국'(DIA)과 유사한 기관이다.

방위청의 '방위정보회의'는 '북한의 미사일 운반체계 시험발사 사건'에 신속하게 대응하지 못했다는 비판에 따라 발족하였는데, 위기발생시 '통합정보본부'에서 수집·분석한 동북아 전략정보를 중점적으로 검토하여 총리에게 자위대 출동여부를 신속하게 건의하는 기능을 수행하고 있다.

2) 법적 정비

일본정부는 자위대의 대내외적 활동강화를 위해 법적 정비를 추진하고 있다. 즉, 일본정부는 '미일 신방위협력지침' 관련 일본주변지역 유사법제의 정비, '테러대책 특별법'의 제정, PKO 협력법의 개정, 일본 유사법제 등을 성립시켰고, 집단자위권 행사를 위한 헌법개정 등을 추진하고 있다.

일본의 안보관련 법안은 고이즈미 연립정부의 등장과 더불어 안보개혁 차원에서 적극적으로 전개되고 있다. 고이즈미 연립정부는 2001년 9월에 발생한 미국 뉴욕의 테러사건을 계기로 같은 해 10월 '테러대책 특별법'을 제정하였고, 같은 해 11월 '대미지원 기본계획'을 마련하였다. 〈표 7-10〉과 같은 내용의 '테러대책 특별법'의 제정 및 '대미지원 계획'의 작성과 더불어 일본 자위대는 분쟁지역에서도 활동을 전개할 수 있게 되었다.

또 고이즈미 총리의 지시에 따라 일본정부는 연립 3여당과 야당 민주당의 협력 아래 같은 해 12월 7일에 자위대의 무기사용 제한완화, UN평화유지군(PKF) 참가허용 등을 핵심내용으로 하는 'PKO 협력법'의 개정법안을 최종 가결, 성립시켰다.

그리고 고이즈미 연립내각은 1999년 5월에 성립된 '미일 신방위협력지침'과 관련된 일본주변지역 유사법제의 제정에 이어 '일본 유사'에 대비하는 3개 법안을 2003년 6월 6일에 성립시켰다. 일본은 일본 유사시 및 주변지역 유사시에 대응할 수 있는 법제를 갖추게 된 것이다.

이처럼 일본은 신보수세력의 주도 아래 국제사회에서의 역할확대를 위해 군사력의 질적 증강이라는 '하드파워'의 증강뿐만 아니라 안보개혁의 차원에서 법적·제도적 정비 등 '소프트 파워'의 강화를 추구하고 있고, 이와 같은 전략적 맥락에서 헌법개정도 추진하고 있다.

(1) 유사법제의 정비

① 추진 경위

유사법제는 일본이 공격받을 경우에 자위대의 원활한 부대이동, 진지구축 및 필요한 토지사용, 물자사용, 인력동원 등을 가능케 하는 관계법령이다. 전후 금기시 되었던 유사법제가 1970년대부터 2003년 6월 성립되기까지 추진된 경위는 다음과 같다.

1970년대 중·후반 미일 군사협력이 질적·양적으로 강화되면서 1978년 11월 '미일 방위협력지침'이 작성되었고, 이를 뒷받침하는 법적 정비가 필요하게 되었다. 따라서 1977년에 후쿠다 내각에서는 방위청 주관 아래 유사법제의 연구·검토를 착수하였으나, 야권이 '전시동원체제'라고 강력하게 반발함에 따라 입법화는 지연되고 사실상 무산되었다.

이후, 1996년 4월 '미일 신안보공동선언'에 의한 미일 안전보장체제의 확대·발전과 더불어 1997년 9월에 '미일 신방위협력지침'이 개정되면서 유사법제의 정비가 재차 부각되었다. 즉, '미일 신방위협력지침'과 관련된 법안정비는 '미일 방위협력지침' 개정의 2차 중간보고안이 발표된 직후, 《1997년도 방위백서》를 통하여 제기되었다. 이는 일본의 '방위백서'로서는 처음으로 일본 주변국가에 대한 자위대의 작전지침과 관련된 긴급대응책과 일본주변유사에 대비한 법제의 정비를 주장한 것이기도 하다.

따라서 1999년 5월에 오부치 연립정부는 보수 대연합을 통한 권력기반의 강화를 바탕으로 '미일 신방위협력지침'과 관련된 3개의 법안을 성립시켰고, 이어 2000년 10월 말에는 '선박조사활동법'을 성립시켰다. 즉, 자민-자유 2당 연립정부는 야당 공명당과의 정책연대 아래 '북한의 미사일 운반체계 시험발사 사건' 및 '북한 공작선의 영해 침투 사건'을 계기로 일본 내 대북한 위협인식이 상당히 제고되는 분위기를 활용하여 '미일 신방위협력지침' 관련 3개 법안, 즉 〈표 7-9〉와 같은 내용의 '주변사태법', '자위대법 개정안', '미일 물품역무 상호제공협정(ACSA) 개정안'을 1999년 5월 24일에 최종적으로 성립시켰다. 나아가, 자민-공명-보수 3당 연립정부는 2000년 10월 30일에 '주변사태법'에서 삭제된 '선박조사활동법'을 성립시켰다. 이로써 일본주변지역의 유사시에 자위대는 주일미군의 병참지원 등 '미일 신방위협력지침'에 제시되어 있는 40개의 항목 등을 지원할 수 있게 되었다.

일본정부는 '일본주변지역의 유사시'에 자위대 활동을 보장하는 법제를 정비한 데 이어, '일본 유사시'에 자국 영토 내에서 자위대의 활동이 원활하게 전개될 수 있도록 유사법제의 정비에 박차를 가하였다.

2000년 4월 모리 요시히로 전 총리는 총리로서는 처음으로 '국회 시정연설'을 통하여 유사법제의 입법화 의지를 천명하였고, 《1999년도 방위백서》, 《2000년도 방위백서》, 《2001년도 방위백서》에서는 유사법제 정비의 필요성을 지속적으로 강조하였다. 따라서 2001년 4월에 개혁을 기치로 등장한 고이즈미 총리는 정치공간의 보수화, 보수 대연합에 의해 강화된 국정운영 능력 및 권력기반의 강화, 국민들의 안보위기의식 증대 등의 전략적 활용을 꾀하면서 안보개혁 차원에서 '일본 유사'와 관련된 법제의 정비를 추구하였다.

고이즈미 총리는 2001년 5월 내각관방 산하에 외무·총무·국토교통성 및 방위청 관계자 15명으로 구성된 '유사법제 검토팀'을 구성한 뒤 구체적 작업을 진행시켰으며, 나아가 2002년 4월 16일 각료회의에서 '무력공격사태법안', '자위대법 개정안', '안전보장회의 설치법 개정안' 등 3개의 유사법제 관련법안을 결정함과 더불어 4월 17일 국회에 일괄적으로 제출하였다. 그러나 국회논의 과정에서 '무력공격사태법안', '자위대법 개정안', '안전보장회의 설치법 개정안' 등 3개의 법안은, ① 유사법제의 정의가 모호해 정부의 자의적 해석 우려, ② 긴급사태시 국민의 강제협력 의무만을 명시한 채 국민보호 관련법제 누락 등의 이유로 야권이 반발하게 되면서 심의는 공전되고 '2003년 정기국회'(1. 20~6. 18)로 이월되었다.

따라서 고이즈미 내각은 '2003년 정기국회'(1. 20~6. 18)에서 3개 법안의 성립을 위해 제1야당인 민주당의 수정요구를 대폭 수용하는 한편, 북핵·미사일 개발문제 등으로 고조된 국민들의 안보위기감을 전략적으로 활용하며 대야권 설득에 주력하였다.

그 결과 유사법제 관련 3개 법안은 2003년 5월 15일 중의원 본회의에서 통과된 데 이어 6월 6일 참의원에서 최종적으로 가결되고 성립되었다.[19)]

② 일본 유사시에 대비한 3개 법안의 주요 내용 및 특징

일본 유사시에 대비한 법안은 2003년 6월 6일에 '무력공격사태법안', '자위대법 개정안', '안전보장회의 설치법 개정안' 등 3개의 관련 법안으로 성립되었다. 구체적으로 살펴보면, 3개 법안의 주요 내용 및 특징은 〈표 8-6〉과 같다.

'무력공격사태법안'은 3개의 법안 가운데 유사법제의 기본방향을 제시하는 법안으로서, 자위대의 출동요건인 '무력사태'의 정의 및 전쟁수행에 필요한 동원체제를 규정하고 있는 것이 핵심내용이다. 즉, '무력공격사태법안'은 자위대의 출동요건인 '무력사태'의 정의에 관해 '무력공격 발생·임박사태'뿐만 아니라 '무력공격 예측사태'로까지 확대·규정하였고, 아울러 유사시 방위소집 등 대응방침 마련·대책본부 설치·총리의 지방자치체 및 공공기관에 대한 명령권 등 국민협력의무 강제 등 전쟁수행에 필요한 동원체제를 규정하였다. 그리고 민주당이 민영

19) '일본 유사'에 대비하는 3개의 유사법안은 노무현 대통령의 방일 첫날에 참의원을 통과하였는데, 일본정부는 한국의 여야 정치권으로부터 '외교적 폭거', '외교적 결례'라는 비난을 받아야 했음은 물론, 동아시아 주변국들로부터는 경고, 경계의 비판을 받아야 했다.

방송국의 공공기관 지정제외 및 국민보호 규정마련을 요구한 것에 대해서는 '보도표현의 자유를 손상하지 않는다'는 규정과 더불어 유사시 국민피난조치 등 국민보호법제의 1년 내 정비를 명백히 하면서 테러 게릴라 대책관련법, 미군행동관련법 등 향후 정비할 유사법제도 적시하였다.

'자위대법 개정안'은 '방위출동 명령의 발동 후'에만 허용되는 자위대의 진지구축 · 무기사용, 토지 · 식량 강제수용 등을 '방위출동 명령이

〈표 8-6〉 '일본 유사' 관련 3개 법안과 주요 내용

	주요 내용
무력공격사태법 제정안	▪ 유사법제의 기본방향 제시 ▪ 무력사태의 범위를 자위대 방위출동 요건인 "무력공격이나 우려가 있는 경우"를 넘어 "무력공격이 예측되는 사태"로까지 확대 ▪ 유사시 신속대응을 위해 지자체 및 방송국 등 공공기관에 대한 총리의 지시권 부여 및 국민의 협력의무 적시 ▪ 유사시 국민피난조치 등 국민보호법제의 1년 내 정비를 포함하여 테러 · 게릴라 대책관련법, 미군행동관련법 등 향후 정비할 유사법제도 적시
자위대법 개정안	▪ 방위출동 명령(76조)이 예상되는 경우에도 자위대의 사전 진지구축 및 무력사용을 허용 -자위대 임무수행에 필요한 토지 · 식량 등의 강제수용 가능 ▪ 자위대의 방위출동시, 부대이동 · 토지이용 · 위생의료 등 군사행동이 신속 · 원활하게 이루어지도록 하기 위해 도로 · 하천 · 산림법 등 20여 개의 일반법에 자위대의 행동이 우선시될 수 있도록 특수조항을 신설함.
안보회의 설치법 개정안	▪ 안보회의의 산하에 '전문위원회'(위원장: 관방장관)를 신설함 -평시부터 위기관리 대책을 연구

예상'될 경우에도 실시가 가능하도록 개정되었다. 이와 같은 '자위대법 개정안'에는 자위대의 방위출동시, 부대이동 · 토지이용 · 위생의료 등 군사행동이 신속 · 원활하게 이뤄질 수 있도록 도로 · 하천 · 산림법 등 20여 개의 일반법에 자위대의 행동을 우선시하는 특수조항도 신설되었다.

'안전보장회의 설치법 개정안'은 안보회의(총리 등 각료 8명 참석)를 안보기구로서의 기능을 보강하기 위해 산하에 평상시부터 위기관리 대책을 연구 · 제언하는 전문위원회를 신설하도록 한 것이 주요 내용이다.

이상과 같은 내용의 '무력공격사태법안', '자위대법 개정안', '안전보장회의 설치법 개정안' 등은 유사시 총리에게 권한을 집중시킴과 더불어 신속한 대응체제의 구축을 도모하면서, 자위대의 원활한 군사활동을 위해 개인 재산권의 침해 등 기본권 제한도 가능케 한 점이 특징으로 지적할 수 있다.

(2) 헌법개정 논의

1999년 7월 29일에는 '헌법조사회'를 설치하자는 '개헌추진연맹'의 '국회법 개정안'이 가결됨에 따라, 2000년 1월부터 중 · 참 양원에서 헌법개헌에 관한 논의가 이루어졌다. 즉, 중 · 참의원 양원에 설치된 '헌법조사회'가 2000년 1월부터 활동을 개시하면서 헌법개헌에 관한 논의가 활발하게 전개되었다.

미일동맹의 강화에 따라 미일 안보협력의 적용범위가 확대되고 있고, 이에 자위대의 국제공헌 역할확대 등을 명분으로 헌법 제 9조 1항의 '전쟁포기', 2항의 '전력 불보유 및 교전권 부인'에 대한 개정의 필요성이 지속적으로 제기되고 있다.[20]

---

20) 헌법 제 9조의 개정은 일본정치의 우경화 맥락에서 주변국의 우려와 비판 및 반발을 초래할 것이고, 헌법 개정과정에도 상당한 진통이 수반될 것으로 예상된다.

이와 같은 상황에서, 헌법조사회는 2005년 4월 최종보고서를 발표하였고, 같은 해 8월 1일 자민당은 헌법개정 시안을 마련하여 발표하였다.

헌법조사회 최종보고서에서는, ① 제 9조 1항의 개정에 대해서는 부정적 견해가 나타났고, 개별자위권은 인정하는 견해가 나타났으며, 아울러 ② 집단적 자위권에 대해서는 의견이 3분되어 나타났으나, 전체로 보면 인정하는 경향으로 기울어지는 견해가 나타났다.[21)]

그리고 자민당 헌법개정 시안에서는, ① 제 9조 1항은 유지하고, ② 2항은 삭제하며, ③ 집단적 자위권은 헌법에 명기치 않고 해석을 통해 허용한다는 방침이 나타났다. 즉, ① "국제분쟁의 해결수단으로서 전쟁과 무력행사는 영구히 행하지 않는다"는 현행 제 9조 1항은 유지하고, 그 대신 ② 2항을 삭제하여 자위와 국제평화·안전확보를 위한 '자위군' 보유를 명문화하며, ③ 집단적 자위권은 자위에 포함된 당연한 권리로 간주한다는 것이다.

---

21) 중의원 보고서(2005. 4. 15)에서는 불인정, 조건부 인정, 전면적 인정으로 3분되어 나타났고, 참의원 보고서(2005. 4. 20)에서는 불인정, 제한적 인정, 인정으로 3분되어 나타났다.

부록

Reference 1.

Japan-United States Joint Declaration on Security: Alliance for the 21st Century (Unofficial Translations)

(Tokyo, 17 April 1996)

1. Today, the Prime Minister and the President celebrated one of the most successful bilateral relationships in history. The leaders took pride in the profound and positive contribution this relationship has made to world peace and regional stability and prosperity. The strong Alliance between Japan and the United States helped ensure peace and security in the Asia-Pacific region during the Cold War. Our Alliance continues to underlie the dynamic economic growth in this region. The two leaders agreed that the future security and prosperity of both Japan and the United States are tied inextricably to the future of the Asia-Pacific region.

The benefits of peace and prosperity that spring from the Alliance are due not only to the commitments of the two governments, but also to the contributions of the Japanese and American people who have shared the burden of securing freedom and democracy. The Prime Minister and the President expressed their profound gratitude to those who sustain the Alliance, especially those Japanese communities that host U.S Forces, and those Americans who, far from home, devote themselves to the defense of peace and freedom.

2. For more than a year, the two governments conducted an intensive review of the evolving political and security environment of the Asia-Pacific region and of various aspects of the Japan-U.S. security relationship. On the basis of this review, the Prime Minister and the President reaffirmed their commitment to the profound common values that guide our national policies: the maintenance of freedom, the pursuit of democracy, and respect for human rights. They agreed that the foundations for our cooperation remain firm, and that this partnership will remain vital in the twenty-first century.

The Regional Outlook

3. Since the end of the Cold War, the possibility of global armed conflict has receded. The last few years have seen expanded political and security dialogue among countries of the region. Respect for democratic principles is growing. Prosperity is more widespread than at any other time in history, and we are witnessing the emergence of an Asia-Pacific community. The Asia-Pacific region has become the most dynamic area of the globe.

At the same time, instability and uncertainty persist in the region. Tensions continue on the Korean Peninsula. There are still heavy concentrations of military force, including nuclear arsenals. Unresolved territorial disputes, potential regional conflicts, and the proliferation of weapons of mass destruction and their means of delivery all constitute sources of instability.

The Japan-United States Alliance and the Treaty of Mutual Cooperation and Security

4. The Prime Minister and the President underscored the importance of promoting stability in this region and dealing with the security challenges facing both countries.

In this regard, the Prime Minister and the President reiterated the significant value of the Alliance between Japan and the United States. They reaffirmed that the Japan-United States security relationship, based on the Treaty of Mutual Cooperation and Security between Japan and the United States of America, remains the cornerstone for achieving common, security objectives, and for maintaining a stable and prosperous environment for the Asia-Pacific region as we enter the twenty-first century.

(a) The Prime Minister confirmed Japan's fundamental defense policy as articulated in its new National Defense Program Outline adopted in November 1995, which underscored that the Japanese defense capabilities should play appropriate roles in the security environment after the Cold War. The Prime Minister and the President agreed that the most effective framework for the defense of Japan is close defense cooperation between the two countries. This cooperation is based on a combination of appropriate defense capabilities for the Self-Defense Forces of Japan and the Japan-U.S. Security Arrangements. The leaders again confirmed that

U.S. deterrence under the Treaty of Mutual Cooperation and Security remains the guarantee for Japan's security.

(b) The Prime Minister and the President agreed that continued U.S. military presence is also essential for preserving peace and stability in the Asia-Pacific region. The leaders shared the common recognition that the Japan-United States security relationship forms an essential pillar which supports the positive regional engagement of the United States. The President emphasized the U.S. commitment to the defense of Japan as well as to peace and stability in the Asia-Pacific region. He noted that there has been some adjustment of U.S. Forces in the Asia-Pacific region since the end of the Cold War. On the basis of a thorough assessment, the United States reaffirmed that meeting its commitments in the prevailing security environment requires the maintenance of its current force structure of about 100,000 forward deployed military personnel in the region, including about the current level in Japan.

(c) The Prime Minister welcomed the U.S. determination to remain a stable and steadfast presence in the region. He reconfirmed that Japan would continue appropriate contributions for the maintenance of U.S. Forces in Japan, such as through the provision of facilities and areas in accordance with the Treaty of Mutual Cooperation and Security and Host Nation Support. The President expressed U.S. appreciation for Japan's contributions, and welcomed the conclusion of the new Special Measures Agreement which provides financial support for U.S. Forces stationed in Japan.

Bilateral Cooperation under the Japan-United States Security Relationship

5. The Prime Minister and the President, with the objective of enhancing the credibility of this vital security relationship, agreed to undertake efforts to advance cooperation in the following areas.

(a) Recognizing that close bilateral defense cooperation is a central element of the Japan-United States Alliance, both governments agreed that continued close consultation is essential. Both governments will further enhance the exchange of information and views on the international situation, in particular the Asia-Pacific region. At the same time, in response to the changes which may arise in the international security environment, both governments will continue to consult closely on defense policies and military postures, including the U.S. Force structure in Japan, which will best meet their requirements.

(b) The Prime Minister and the President agreed to initiate a review of the 1978 Guidelines for Japan-United States Defense Cooperation to build upon the close working relationship already established between Japan and the United States. The two leaders agreed on the necessity to promote bilateral policy coordination, including studies on bilateral cooperation in dealing with situations that may emerge in the areas surrounding Japan and which will have an important influence on the peace and security of Japan.

(c) The Prime Minister and the President welcomed the 15 April 1996 signature of the Agreement Between the Government of Japan and the Government of the United States of America Concerning Reciprocal Provision of Logistic Support, Supplies and Services Between the Self-Defense Forces of Japan and the Armed Forces of the United States of America, and expressed their hope that this Agreement will further promote the bilateral cooperative relationship.

(d) Noting the importance of interoperability in all facets of cooperation between the Self-Defense Forces of Japan and the U.S. Forces, the two governments will enhance mutual exchange in the areas of technology and equipment, including bilateral cooperative research and development of equipment such as the support fighter (F-2).

(e) The two governments recognized that the proliferation of weapons of mass destruction and their means of delivery has important implications for their common security. They will work together to prevent proliferation and will continue to cooperate in the ongoing study on ballistic missile defense.

6. The Prime Minister and the President recognized that the broad support and understanding of the Japanese people are indispensable for the smooth stationing of U.S. Forces in Japan, which is the core element of the Japan-U.S, Security Arrangements. The two leaders agreed that both governments will make every effort to deal with various issues

related to the presence and status of U.S. Forces. They also agreed to make further efforts to enhance mutual understanding between U.S. Forces and local Japanese communities.

In Particular, with respect to Okinawa, where U.S. facilities and areas are highly concentrated, the Prime Minister and the President reconfirmed their determination to carry out steps to consolidate, realign, and reduce U.S. facilities and areas consistent with the objectives of the Treaty of Mutual Cooperation and Security. In this respect, the two leaders took satisfaction in the significant progress which has been made so far through the Special Action Committee on Okinawa (SACO), and welcomed the far-reaching measures outlined in the SACO Interim Report of 15 April 1996. They expressed their firm commitment to achieve a successful conclusion of the SACO process by November 1996.

Regional Cooperation

7. The Prime Minister and the President agreed that the two governments will jointly and individually strive to achieve a more peaceful and stable security environment in the Asia-Pacific region. In this regard, the two leaders recognized that the engagement of the United States in the region, supported by the Japan-U.S. security relationship, constitutes the foundation for such efforts.

The two leaders stressed the importance of peaceful resolution of problems in the region. They emphasized that it is extremely important for the stability and prosperity of the region that China play a positive and constructive role, and, in this context, stressed the interest of both countries in furthering cooperation with China. Russia's ongoing process of reform contributes to regional and global stability, and merits continued encouragement and cooperation. The leaders also stated that full normalization of Japan-Russia relations based on the Tokyo Declaration is important to peace and stability in the Asia-Pacific region. They noted also that stability of the Korean Peninsula is vitally important to Japan and the United States and reaffirmed that both countries will continue to make every effort in this regard, in close cooperation with the Republic of Korea.

The Prime Minister and the President reaffirmed that the two governments will continue working jointly and with other countries in the region to further develop multilateral regional security dialogues and cooperation mechanisms such as the ASEAN Regional Forum, and eventually, security dialogues regarding Northeast Asia.

Global Cooperation

8. The Prime Minister and the President recognized that the Treaty of Mutual Cooperation and Security is the core of the Japan-U.S. Alliance, and underlies the mutual confidence that constitutes the foundation for bilateral cooperation on global issues.

The Prime Minister and the President agreed that the two governments will strengthen their cooperation in support of the United Nations and other international organizations through activities such as peacekeeping and humanitarian relief operations.

Both governments will coordinate their policies and cooperate on issues such as arms control and disarmament, including acceleration of the Comprehensive Test Ban Treaty (CTBT) negotiations and the prevention of the proliferation of weapons of mass destruction and their means of delivery. The two leaders agreed that cooperation in the United Nations and APEC, and on issues such as the North Korean nuclear problem, the Middle East peace process, and the peace implementation process in the former Yugoslavia, helps to build the kind of world that promotes our shared interests and values.

Conclusion

9. In concluding, the Prime Minister and the President agreed that the three legs of the Japan-U.S. relationship-security, political, and economic-are based on shared values and interests and rest on the mutual confidence embodied in the Treaty of Mutual Cooperation and Security. The Prime Minister and the President reaffirmed their strong determination, on the eve of the twenty-first century, to build on the successful history of security cooperation and to work hand-in-hand to secure peace and prosperity for future generations.

Reference 2.

National Defense Program Outline in and after FY 1996

(Decision by the Security Council of Japan and the Cabinet on 28 November 1995)

Ⅰ. Purpose

1. In order to preserve its independence and peace, Japan, under its Constitution, has been making efforts to secure stability in the international community through diplomatic activities, including efforts to prevent and settle conflicts, to establish a sound basis for security through domestic political stability, to maintain firmly the Japan-U.S. Security Arrangements and to build up appropriate defense capabilities.

2. In 1976, under these policies, Japan formulated the National Defense Program Outline (adopted by the National Defense Council and by the Cabinet on 29 October 1976, hereinafter cited as "the Outline"). The Outline was drafted on the premise that the international situation, in which efforts for stabilization were being continued, the international political structure of the surrounding regions and Japan's own domestic situation would not undergo any major changes for some time judging that the existence of the Japan-U.S. Security Arrangements would continue to play a major role in maintaining the stability of international relations. Since then, Japan has developed its defense capability according to the Outline, and the steady defense efforts, in conjunction with the existence of the Japan-U.S. Security Arrangements and the efforts made to ensure the smooth and effective implementation of these arrangements, have both prevented any aggression against Japan and contributed to the maintenance of peace and stability in the surrounding region.

3. Herein, a new set of guidelines for Japan's defense capability is laid forth, taking into consideration that almost two decades have passed since the adoption of the Outline; that during this time the international situation has undergone significant changes, including the demise of the structure of military confrontation between the East and the West, led

respectively by the Soviet Union and the United States, brought on by the end of the Cold War; and that expectations for the role of the Self-Defense Forces have been increased in such functions as providing aid in cases of large-scale disasters and contributing to building a more stable security environment through participation in international peace cooperation activities, in addition to their principal mission of defending Japan.

4. Japan, abiding by its Constitution, following the guidelines set forth herein and paying due attention to enhancing the credibility of the Japan-U.S. Security Arrangements, will strive to ensure its own national defense and contribute to the peace and stability of the international community by appropriately upgrading, maintaining and employing its defense capability.

Ⅱ. International Situation

The following trends in the international situation were considered in the drafting of these new guidelines.

1. With the end of the Cold War, which led to the demise of the structure of military confrontation between East and West, backed by overwhelming military capabilities, the possibility of a global armed conflict has become remote in today's international community. At the same time, various unresolved territorial issues remain, and confrontations rooted in religious and ethnic differences have emerged more prominently. Complicated and diverse regional conflicts have been taking place. Furthermore, new kinds of dangers, such as the proliferation of weapons of mass destruction, including nuclear arms and missiles, are on the increase. Thus, unpredictability and uncertainty persist in the international community.

2. On the other hand, as interdependence among nations intensifies, efforts are underway in various areas, such as political, economic spheres to promote international cooperation and to further stabilize international relations. An emphasis has been placed on preventing destabilizing factors from escalating into serious international problems, In the area of security, continued progress is being made in arms control and disarmament, based

on agreements within the United States and Russia and within Europe. Efforts are also being made toward enhancing regional security frameworks, expanding multilateral and bilateral dialogues and promoting the role of the United Nations.

Major countries are making active efforts to reorganize and streamline their military capabilities, which used to be aimed at countering large-scale aggression, and taking account of their respective strategic environments, to secure adequate capability to properly respond to regional conflicts and various other situations. These efforts constitute important factors toward the establishment of a more stable security environment, in combination with the initiatives based on international cooperation, including those launched by the United Nations. In this context, the United States, with its great power, continues to play a significant role in world peace and stability.

3. In areas surrounding Japan, the end of the Cold War and the collapse of the Soviet Union have brought about a reduction of the military force level and changes in the military posture in Far East Russia. At the same time, there still remain large-scale military capabilities including nuclear arsenals, and many countries in the region are expanding or modernizing their military capabilities mainly against the background of their economic development. There remain uncertainty and unpredictability, such as in the continued tensions on the Korean Peninsula, and a stable security environment has not been fully established. Under these circumstances, the possibility of a situation in this region, which could seriously affect the security of Japan, cannot be excluded. At the same time, various activities are being pursued to deepen cooperative relations among nations and to achieve regional stability, such as promotion of bilateral dialogues and the search for a regional security framework.

The close cooperative relationship between Japan and the United State, based on the Japan-U.S. Security Arrangements, will help to create a stable security environment, provide the foundation for securing the engagement of the United State and the U.S. military presence, which are necessary for peace and stability in this region, and thus will continue to play a key role for the security of Japan, as well as the stability of the international community.

Ⅲ. Security of Japan and Roles of Defense Capabilities

Security of Japan and the basic defense policy

1. Japan, under its Constitution, while promoting diplomatic efforts and establishing a sound basis for security through domestic political stability, has moderately built up its defense capability on its own initiative, in accordance with the fundamental principles of maintaining an exclusively defense-oriented policy, not becoming a military power that might pose a threat to other countries, upholding civilian control, adhering to the three non-nuclear principles, and maintaining the Japan-U.S. Security Arrangements. Japan is determined to maintain those basic defense policies.

Defense capability as it ought to be

2. Japan has built its defense capability in accordance with the Outline, which incorporates the concept of a basic and standard defense capability, defined as possessing the minimum necessary defense capability for an independent nation so that it would not become a source of instability in the surrounding region by creating a vacuum of power rather than building a capability directly linked to a military threat to Japan. The defense capability defined in the Outline aims to possess the assorted functions required for national defense, while retaining a balanced posture in terms of organization and deployment, including logistical support. This capability was derived from relevant factors such as the strategic environment, geographical characteristics, and other aspects of Japan's position.

It is considered appropriate that Japan continue to adhere fundamentally to this concept of a basic and standard defense capability based on a recognition that various efforts for the stabilization of international relations will continue to be pursued while there remain uncertainty and unpredictability in the international situation, and that the Japan-U.S. Security Arrangements continue to play a key role for the security of Japan and for the peace and stability in the surrounding region Japan.

At the same time, in terms of the defense capability which Japan should maintain, it is necessary to review the specific content so as to seek the most efficient and appropriate capability, taking into account the reduction of military force level and changes in military posture by some of Japan's neighboring countries following the end of the Cold War, as well as the diversification of situations that should be addressed from the security point of view, including the outbreak of regional conflicts and the proliferation of weapons of mass destruction. This review needs to reflect such factors as recent advances in science and technology, a decreasing proportion of young people and increasingly severe economic and fiscal conditions.

Furthermore, while the principal mission of the Self-Defense Forces continues to be the defense of Japan, the Self-Defense Forces, taking into account changes in domestic and international circumstances and Japan's position in the international community, will also have to be prepared for various situations, such as large-scale disasters which can have a significant impact on our highly developed and diversified society and play an appropriate role in a timely manner in the Government's active efforts to establish a more stable security environment.

From this perspective, it is appropriate that Japan's defense capability be restructured, both in scale and functions by streamlining, making it more efficient and compact, as well as enhancing necessary functions and making qualitative improvements to be able to effectively respond to a variety of situations and simultaneously ensure the appropriate flexibility to smoothly deal with the development of the changing situations.

Japan-U.S. Security Arrangements

3. The security arrangements with the United States are indispensable to Japan's security and will also continue to play a key role in achieving peace and stability in the surrounding region of Japan and establishing a more stable security environment.

From this perspective, in order to enhance the credibility of the Japan-U.S. Security Arrangements and ensure their effective implementation, it is necessary to make efforts (1) to promote exchange of information and policy consultation; (2) to establish an effective posture for cooperation in operational areas including joint studies, exercises and training, as well as enhancement of mutual support in those areas; (3) to enhance broad mutual exchange in the areas of equipment and technology; and (4) to implement various measures to facilitate smooth and effective stationing of U.S. forces in Japan.

Additionally, this close cooperative bilateral relationship, based on the Japan-U.S. Security Arrangements, facilitates Japanese efforts for the peace and stability of the international community, including the promotion of regional multilateral security dialogues and cooperation, as well as support for various United Nations activities.

Role of defense capability

4. It is necessary that the roles of Japan's defense capability be appropriately fulfilled in the respective areas described below in accordance with the aforementioned concepts.

(1) National defense

(a) Prevent aggression against Japan together with the Japan-U.S. Security Arrangements by possessing a defense capability of an appropriate scale which includes the functions required for defense consistent with Japan's geographical characteristics, taking account of the military capabilities of neighboring countries by ensuring a posture to fully utilize the capability, and by clearly showing the nation's will to defend itself.
Against the threat of nuclear weapons, rely on the U.S. nuclear deterrent, while working actively on international efforts for realistic and steady nuclear disarmament aiming at a world free from nuclear weapons.

(b) Should indirect aggression or any unlawful military activity which might lead to aggression against this nation occur, take immediate responsive action at an early stage in order to settle the situation in an early stage.
Should direct aggression occur, take immediate responsive action by conducting an integrated and systematic operation of its defense capabilities, in appropriate cooperation with the United States, in order to repel such aggression at the earliest possible stage.

(2) Response to large-scale disasters and various other situations

(a) In the case of large-scale disasters, disasters caused by acts of terrorism, or other situations which require the protection of lives or assets, and, for example, upon a request for assistance from related organizations, take necessary measures in an appropriate and timely manner, including provisions of disaster relief, in close cooperation with related organizations, thereby contributing to public welfare.

(b) Should a situation arise in the areas surrounding Japan, which will have an important influence on national peace and security, take appropriate response in accordance with the Constitution and relevant laws and regulations, for example, by properly supporting United Nations activities when needed, and by ensuring the smooth and effective implementation of the Japan-U.S. Security Arrangements.

(3) Contribution to creation of a more stable security environment

(a) Contribute to efforts for international peace through participation in international peace cooperation activities, and contribute to the promotion of international cooperation through participation in international disaster relief activities.

(b) Continue to promote security dialogue and exchanges among defense authorities to enhance mutual confidence with countries, including neighboring countries.

(c) Cooperate with efforts of the United Nations and other international organizations in the areas of arms control and disarmament for the purpose of preventing the proliferation of weapons of mass destruction and missiles, as well as controlling and regulating conventional weapons, including landmines.

Ⅳ. Contents of Japan's Defense Capability

As the basis for fulfilling the roles for defense capability outlined in section III, the Ground, Maritime and Air Self-Defense Forces will maintain structures as described in paragraph 1 , and assume the postures suggested in paragraphs 2 and 3.

1. Ground, Maritime and Air Self-Defense Force Structures

(1) The Ground Self-Defense Force (GSDF)

(a) The GSDF, in order to be capable of rapid and effective systematic defense operations from the outset of aggression in any part of Japan, must deploy its divisions and brigades in a balanced manner that conforms to Japan's geographical and other characteristics.

(b) The GSDF must possess at least one functional unit of each of the various types of forces used mainly for mobile operations.

(c) The GSDF must possess ground-to-air missile units capable of undertaking the air defense of divisions and other units, as well as vital areas.

(d) The GSDF, in order to maintain a high level of proficiency and to rapidly counter aggressions and other situations, must, in principle, staff its units with regular Self-Defense personnel, while, when organizing, some units may be staffed by Self-Defense Force Reserves personnel capable of being quickly mobilized.

(2) Maritime Self-Defense Forces (MSDF)

(a) The MSDF must possess one fleet escort force as a mobile operating ship unit in order to quickly respond to aggressive action and such situations at sea. The fleet escort force must be able to maintain at least one escort flotilla on alert at all times.

(b) The MSDF must possess, as ship units assigned to coastal surveillance and defense, at least one escort ship division in each specified sea district.

(c) The MSDF must maintain submarine units, patrol helicopter and minesweeping units, providing the capability for surveillance and defense missions, as well as minesweeping at important harbors and straits as necessary.

(d) The MSDF must maintain fixed-wing patrol aircraft units to provide a capability for surveillance, patrol and other operations in nearby seas.

(3) Air Self-Defense Force (ASDF)

(a) The ASDF must possess aircraft control and warning units capable of vigilance and surveillance throughout Japanese airspace on a continuous basis, as well as performing warning and control functions as necessary.

(b) The ASDF must possess fighter units and ground-to-air missile units for air defense to provide the capability of maintaining continuous alert, to take immediate and appropriate steps against violations of Japan's territorial airspace and air incursions.

(c) The ASDF must possess units capable of engaging in the interdiction of airborne or amphibious land invasions and air support for land forces as necessary

(d) The ASDF must possess units capable of operational strategic support including air reconnaissance, air transport and other operations as necessary.

2. Necessary postures to be maintained

In maintaining the following postures, special attention must be paid to achieving joint and integrated operations among each Self-Defense Force through enhancement of the Joint Staff Council's function, and promoting integrated cooperative relationships with related organizations so that the Self-Defense Forces can quickly and effectively carry out their missions.

(1) Setup for countering aggression or similar situations

(a) In the case of direct aggression, Japan's defense structure must be able to respond immediately in accordance with the type and scale of the aggression, and exert its capability effectively by integrating its assorted defense functions and by maintaining and enhancing the credibility of the Japan-U.S. Security Arrangements through various bilateral studies, joint exercises and training.

(b) Japan's defense structure must be capable of responding immediately and taking appropriate actions should an indirect act of aggression or unlawful military action occur.

(c) Japan's defense structure must be capable of taking immediate and appropriate actions to cope with aircraft invading or threatening to invade its territorial airspace.

(2) Setup of disaster-relief operations

Japan's defense structure must be capable of taking timely and appropriate disaster relief activities in any area of Japan in response to large-scale disasters or other situations which require protection of lives and assets.

(3) Setup of international peace cooperation activities and others

The Self-Defense Forces must be capable of participating in international peace cooperation activities and international disaster relief activities in a timely and appropriate manner to contribute to the maintenance of peace and stability in the international community.

(4) Setup of warning, intelligence, and command and communication

Japan's defense structure must be capable of conducting warning and surveillance on a continuous basis to detect any changes in circumstances as soon as possible, so as to utilize this information for quick decision-making. It must be capable of high-level intelligence gathering and analysis, including strategic intelligence, through possession of diversified intelligence-gathering means and mechanisms, and highly able intelligence specialists.

Additionally, it must possess a sophisticated command and communication capability and be able to quickly and effectively conduct integrated defense operations from a joint perspective.

(5) Setup of logistic support

Japan's defense structure must be capable of carrying out necessary functions in each area of logistic support, such as transportation, search and rescue, supply, maintenance and medical and sanitary affairs, so that reponses to various situation can be effectively conducted.

(6) Setup of personnel affairs, and education and training

Japan's defense structure must be capable of exerting its full potential as an organization by forming an appropriate personnel structure, maintaining strict discipline, and being composed of individuals with high morale and capability and broad perspective. For training personnel, it is necessary to promote personnel exchange programs within the Self-Defense Forces, as well as with other ministries and the private sector. It must be capable of recruiting, treating, educating and training its personnel in appropriate ways, while paying attention to the smooth execution of international peace cooperation activities.

3. Maintenance of flexible defense capability

As a result of the revision of the scale and functions of Japan's defense capability, Japan's defense structure must possess adequate flexibility, so that a smooth response can be made to changing situations by maintaining in education and training sections personnel and equipment which require long training or acquisition time periods and by retaining Self-Defense Force Reservists with a high level of readiness.

The specific scales of key organizations and equipment are given in the attachment.

V. Points to Note in Upgrading, Maintaining and Operating the Defense Capability

1. The following points should be noted in upgrading, maintaining and operating the defense capabilities in accordance with the outlines described in section IV, including the structure of each of the Self-Defense Forces.

Decisions on the major items in annual defense development programs will be submitted to the Security Council.

(1) The upgrading, maintenance and operation of Japan's defense capability will be conducted in harmony with other national policies, taking into account economic, fiscal and other situations. In light of the increasingly tight fiscal situation, special attention will be given to making appropriate budgetary allocations from a medium-and long-term

perspective so that Japan's defense capability can smoothly and thoroughly carry out its functions as a whole.

(2) Necessary steps will be taken to promote the effective maintenance and development, as well as the smooth consolidation and reduction of defense facilities with the close cooperation of relevant local governments, and to facilitate further harmonization with surrounding areas.

(3) Equipment acquisition programs will be effectively implemented with overall consideration of such factors as speedy emergency resupply, easier education and requirement training, and cost-effectiveness including future obligatory expenditures accompanying the introduction of equipment, and with special attention on developing a procurement and supply mechanism which helps reduce procurement costs.

Attention will also be given to maintaining defense production and technology foundations through the appropriate promotion of domestic productions.

(4) Efforts will be made to enhance technical research and development that contributes to maintaining and improving of the qualitative level of Japan's defence capability to keep up with technological advances.

2. If such an important change of situations occurs in the future that is considered necessary to reexamine Japan's defense capability, another review will be initiated based on the circumstances at that time.

Annexed Table

Ground Self-Defense Force	SDF Personnel Regular Personnel Reserve Personnel with high level of readiness		160,000 145,000 15,000
	Major Units	Regionally Deployed Units	8 Divisions 6 Brigades
		Mobile Operation Units	1 Armored Division 1 Airborne Brigade 1 Helicoper Brigade
		Ground-to-Air Missile Units	8 Anti-Aircraft Artillery Groups
	Main Equipment	Battle Tanks Artillery	Approx. 900 Approx. 900
Maritime Self-Defense Force	Major Units	Destroyer Units (for mobile Operations) Destroyer Units (Regional District Units) Submarine Units Minesweeping Units Land-based Patrol Aircraft Units	4 Flotillas 7 Divisions 6 Divisions 1 Flotilla 13 Squadrons
	Main Equipment	Destroyer Units Submarines Combat aircraft	Approx. 50 16 Approx. 170
Air Self-Defense Force	Major Units	Aircraft Control and Warning Units Interceptor Units Support fighter Units Air Reconnaissance Units Air Transport Units Ground-to-Air Missile Units	8 Groups 20 Squadrons 1 Squadron (Airborne Early Warning Squadron) 9 Squadrons 3 Squadrons 1 Squadron 3 Squadrons 6 Groups
	Main Equipment	Combat Aircraft Fighters(Included among Combat Aircraft)	Approx. 400 Approx. 300

Reference 3.

Guidelines for Japan-U.S. Defense Cooperation
(23 September 1997)

Ⅰ. The Aim of the Guidelines

The aim of these Guidelines is to create a solid basis for more effective and credible Japan-U.S. cooperation under normal circumstances, in case of an armed attack against Japan, and in situations in areas surrounding Japan. The Guidelines also provide a general framework and policy direction for the roles and missions of the two countries and ways of cooperation and coordination, both under normal circumstances and during contingencies.

Ⅱ. Basic Premises and Principles

The Guidelines and programs under the Guidelines are consistent with the following basic premises and principles.

1. The rights and obligations under the Treaty of Mutual Cooperation and Security between the United States of America and Japan (the Japan-U.S. Security Treaty) and its related arrangements, as well as the fundamental framework of the Japan-U.S. alliance, will remain unchanged.

2. Japan will conduct all its actions within the limitations of its Constitution and in accordance with such basic positions as the maintenance of its exclusively defense-oriented policy and its three non-nuclear principles.

3. All actions taken by Japan and the United States will be consistent with basic principles of international law, including the peaceful settlement of disputes and sovereign equality, and relevant international agreements such as the Charter of the United Nations.

4. The Guidelines and programs under the Guidelines will not obligate either Government to take legislative, budgetary or administrative measures. However, since the objective of the Guidelines and programs under the Guidelines is to establish an effective framework for bilateral cooperation, the two Governments are expected to reflect in an appropriate way the results of these efforts, based on their own judgments, in their specific policies and measures. All actions taken by Japan will be consistent with its laws and regulations then in effect.

Ⅲ. Cooperation under Normal Circumstances

Both Governments will firmly maintain existing Japan-U.S. Security Arrangements. Each Government will make efforts to maintain required defense postures. Japan will possess defense capability within the scope necessary for self-defense on the basis of the "National Defense Program Outline." In order to meet its commitments, the United States will maintain its nuclear deterrent capability, its forward deployed forces in the Asia-Pacific region, and other forces capable of reinforcing those forward deployed forces.

Both Governments, based on their respective policies, under normal circumstances will maintain close cooperation for the defence of Japan as well as for the creation of a more stable international security environment.

Both Governments will under normal circumstances enhance cooperation in a variety of areas. Examples include mutual support activities under the Agreement between the Government of Japan and the Government of the United States of America concerning Reciprocal Provision of Logistic Support, Supplies and Services between the Self-Defense Forces of Japan and the Armed Forces of the United States of America; the Mutual Defense Assistance Agreement between the United States of America and Japan; and their related arrangements.

1. Information Sharing and Policy Consultations

Recognizing that accurate information and sound analysis are at the foundation of security, the two Governments will increase information and intelligence sharing, and the exchange of views on international situations of mutual interest, especially in the Asia-Pacific region. They will also continue close consultations on defense policies and military postures.

Such information sharing and policy consultations will be conducted at as many levels as possible and on the broadest range of subjects. This will be accomplished by taking advantage of all available opportunities, such as SCC and Security Sub-Committee (SSC) meetings.

2. Various Types of Security Cooperation

Bilateral cooperation to promote regional and global activities in the field of security contributes to the creation of a more stable international security environment.

Recognizing the importance and significance of security dialogues and defense exchanges in the region, as well as international arms control and disarmament, the two Governments will promote such activities and cooperate as necessary.

When either or both Governments participate in United Nations Peace-Keeping Operations or international humanitarian relief operations, the two sides will cooperate closely for mutual support as necessary. They will prepare procedures for cooperation in such areas as transportation, medical services, information sharing, and education and training.

When either or both Governments conduct emergency relief operations in response to requests from governments concerned or international organizations in the wake of large-scale disasters, they will cooperate closely with each other as necessary.

3. Bilateral Programs

Both Governments will conduct bilateral work, including bilateral defense planning in case of an armed attack against Japan, and mutual cooperation planning in situations in areas surrounding Japan. Such efforts will be made in a comprehensive mechanism involving relevant agencies of the respective Governments, and establish the foundation for bilateral cooperation.

Bilateral exercises and training will be enhanced in order not only to validate such bilateral work but also to enable smooth and effective reponses by public and private entities of both countries, starting with The Self-Defense Forces and U.S. Forces. The two Governments will under normal circumstances establish a bilateral coordination mechanism involving relevant agencies to be operated during contingencies.

Ⅳ. Actions in Response to an Armed Attack Against Japan

Bilateral actions in response to an armed attack against Japan remain a core aspect of Japan-U.S. defense cooperation.

When an armed attack against Japan is imminent, the two Governments will take steps to prevent further deterioration of the situation and make preparations necessary for the defense of Japan. When an armed attack against Japan takes place, the two Governments will conduct appropriate bilateral actions to repel it at the earliest possible stage.

1. When an Armed Attack Against Japan is Imminent

The two Governments will intensify information and intelligence sharing and policy consultations, and initiate at an early stage the operation of a bilateral coordination mechanism. Cooperating as appropriate, they will make preparations necessary for ensuring coordinated responses according to the readiness stage selected by mutual agreement. Japan will establish and maintain the basis for U.S. reinforcements. As circumstances change, the two Governments will also increase intelligence gathering and surveillance, and will prepare to respond to activities, which could develop into an armed attack against Japan.

The two Governments will make every effort, including diplomatic efforts, to prevent further deterioration of the situation.

Recognizing that a situation in areas surrounding Japan may develop into an armed attack against Japan, the two Governments will be mindful of the close interrelationship of the two requirements: preparations for the defense of Japan and responses to or preparations for situations in areas surrounding Japan.

2. When an Armed Attack Against Japan Takes Place

(1) Principles for Coordinated Bilateral Actions

(a) Japan will have primary responsibility immediately to take action and to repel an armed attack against Japan as soon as possible. The United States will provide appropriate support to Japan. Such bilateral cooperation may vary according to the scale, type, phase, and other factors of the armed attack. This cooperation may include preparations for and execution of coordinated bilateral operations, steps to prevent further deterioration of the situation, surveillance, and intelligence sharing.

(b) In conducting bilateral operations, The Self-Defense Forces and U.S. Forces will employ their respective defense capabilities in a coordinated, timely, and effective manner. In doing this, they will conduct effective joint operations of their respective Forces' ground, maritime and air services. The Self-Defense Forces will primarily conduct defensive operations in Japanese territory and its surrounding waters and airspace, while U.S. Forces support Self-Defense Forces' operations. U.S. Forces will also conduct operations to supplement the capabilities of the Self-Defense Forces.

(c) The United States will introduce reinforcements in a timely manner, and Japan will establish and maintain the basis to facilitate these deployments.

(2) Concept of Operations

(a) Operations to Counter Air Attack against Japan

The Self-Defense Forces and U.S. Forces will bilaterally conduct operations to counter air attack against Japan.

The Self-Defense Forces will have primary responsibility for conducting operations for air defense.

U.S. Forces will support Self-Defense Forces' operations and conduct operations, including those, which may involve the use of strike power, to supplement the capabilities of the Self-Defense Forces.

(b) Operations to Defend Surrounding Waters and to Protect Sea Lines of Communication

The Self-Defense Forces and U.S. Forces will bilaterally conduct operations for the defense of surrounding waters and for the protection of sea lines of communication.

The Self-Defense Forces will have primary responsibility for the protection of major ports and straits in Japan, for the protection of ships in surrounding waters, and for other operations.

U.S. Forces will support Self-Defense Forces' operations and conduct operations, including those, which may provide additional mobility and strike power, to supplement the capabilities of the Self-Defense Forces.

(c) Operations to Counter Airborne and Seaborne Invasions of Japan

The Self-Defense Forces and U.S. Forces will bilaterally conduct operations to counter airborne and seaborne invasions of Japan.

The Self-Defense Forces will have primary responsibility for conducting operations to check and repel such invasions.

U.S. Forces will primarily conduct operations to supplement the capabilities of the Self-Defense Forces. The United States will introduce reinforcements at the earliest possible stage, according to the scale, type, and other factors of the invasion, and will support Self-Defense Forces' operations.

(d) Responses to Other Threats

(i) The Self-Defense Forces will have primary responsibility to check and repel guerrilla-commando type attacks or any other unconventional attacks involving military infiltration in Japanese territory at the earliest possible stage. They will cooperate and coordinate closely with relevant agencies, and will be supported in appropriate ways by U.S. Forces depending on the situation.

(ii) The Self-Defense Forces and U.S. Forces will cooperate and coordinate closely to respond to a ballistic missile attack. U.S. Forces will provide Japan with necessary intelligence, and consider, as necessary, the use of forces providing additional strike power.

(3) Activities and Requirements for Operations

(a) Command and Coordination

The Self-Defense Forces and U.S. Forces, in close cooperation, will take action through their respective command-and-control channels. To conduct effective bilateral operations, the two Forces will establish, in advance, procedures which include those to determine the division of roles and missions and to synchronize their operations.

(b) Bilateral Coordination Mechanism

Necessary coordination among the relevant agencies of the two countries will be conducted through a bilateral coordination mechanism. In order to conduct effective bilateral operations, the Self-Defense Forces and U.S. Forces will closely coordinate operations, intelligence activities, and logistics support through this coordination mechanism including use of a bilateral coordination center.

(c) Communications and Electronics

The two Governments will provide mutual support to ensure effective use of communications and electronics capabilities.

(d) Intelligence Activities

The two Governments will cooperate in intelligence activities in order to ensure effective bilateral operations. This will include coordination of requirements, collection, production, and dissemination of intelligence products. Each Government will be responsible for the security of shared intelligence.

(e) Logistics Support Activities

The Self-Defense Forces and U.S. Forces will conduct logistics support activities efficiently and properly in accordance with appropriate bilateral arrangements.

To improve the effectiveness of logistics and to alleviate functional shortfalls, the two Governments will undertake mutual support activities, making appropriate use of authorities and assets of central and local Government agencies, as well as private sector assets. Particular attention will be paid to the following points in conducting such activities:

(i) Supply

The United States will support the acquisition of supplies for systems of U.S. origin while Japan will support the acquisition of supplies in Japan.

(ii) Transportation

The two Governments will closely cooperate in transportation operations, including airlift and sealift of supplies from the United States to Japan.

(iii) Maintenance

Japan will support the maintenance of U.S. Forces' equipment in Japan; the United States will support the maintenance of items of U.S. origin which are beyond Japanese maintenance capabilities. Maintenance support will include the technical training of maintenance personnel as required. Japan will also support U.S. Forces' requirement for salvage and recovery.

(iv) Facilities

Japan will, in case of need, provide additional facilities and areas in accordance with the Japan-U.S. Security Treaty and its related arrangements. If necessary for effective and efficient operations, the Self-Defense Forces and U.S. Forces will make joint use of Self-Defense Forces facilities and U.S. facilities and areas in accordance with the Treaty and its related arrangements.

(v) Medical Services

The two Governments will support each other in the area of medical services such as medical treatment and transportation of casualties.

V. Cooperation in Situations in Areas Surrounding Japan that Will Have Important Influence on Japan's Peace and Security (Situations in Areas Surrounding Japan)

Situations in areas surrounding Japan will have an important influence on Japan's peace and security. The concept, situations in areas surrounding Japan, is not geographic but situational. The two Governments will make every effort, including diplomatic efforts, to prevent such situations from occurring. When the two Governments reach a common assessment of the state of each situation, they will effectively coordinate their activities. In responding to such situations, measures taken may differ depending on circumstances.

1. When a Situation in Areas Surrounding Japan is Anticipated

When a situation in areas surrounding Japan is anticipated, the two Governments will intensify information and intelligence sharing and policy consultations, including efforts to reach a common assessment of the situation.

At the same time, they will make every effort, including diplomatic efforts, to prevent further deterioration of the situation, while initiating at an early stage the operation of a bilateral coordination mechanism, including use of a bilateral coordination center. Cooperating as appropriate, they will make preparations necessary for ensuring coordinated responses according to the readiness stage selected by mutual agreement. As circumstances change, they will also increase intelligence gathering and surveillance, and enhance their readiness to respond to the circumstances.

2. Responses to Situations in Areas Surrounding Japan

The two Governments will take appropriate measures, to include preventing further deterioration of situations, in response to situations in areas surrounding Japan. This will be done in accordance with the basic premises and principles listed in Section Ⅱ above and based on their respective decisions. They will support each other as necessary in accordance with appropriate arrangements.

Functions and fields of cooperation and examples of items of cooperation are outlined below, and listed in the Annex.

(1) Cooperation in Activities Initiated by Either Government

Although either Government may conduct the following activities at its own discretion, bilateral cooperation will enhance their effectiveness.

(a) Relief Activities and Measures to Deal with Refugees

Each Government will conduct relief activities with the consent and cooperation of the authorities in the affected area. The two Governments will cooperate as necessary, taking into account their respective capabilities.

The two Governments will cooperate in dealing with refugees as necessary. When there is a flow of refugees into Japanese territory, Japan will decide how to respond and will have primary responsibility for dealing with the flow; the United States will provide appropriate support.

(b) Search and Rescue

The two Governments will cooperate in search and rescue operations. Japan will conduct search and rescue operations in Japanese territory; and at sea around Japan, as distinguished from areas where combat operations are being conducted. When U.S. Forces are conducting operations, the United States will conduct search and rescue operations in and near the operational areas.

(c) Noncombatant Evacuation Operations

When the need arises for Japanese and U.S. noncombatants to be evacuated from a third country to a safe haven, each Government is responsible for evacuating its own nationals as well as for dealing with the authorities of the affected area. When both governments deem it appropriate, they will coordinate in planning and cooperate in carrying out such evacuations, including matters that affect the securing of means of transportation and the use of transportation and facilities, using their respective capabilities in amutually supplementary manner. Should a similar need arises with regard to noncombatants other than of Japanese or U.S. nationality, the respective countries may consider extending, on their respective terms, evacuation assistance to third country nationals.

(d) Activities for Ensuring the Effectiveness of Economic Sanctions for the Maintenance of International Peace and Stability

Each Government will contribute to activities for ensuring the effectiveness of economic sanctions for the maintenance of international peace and stability. Such contributions will be made in accordance with each Government's own criteria.

Additionally, the two Governments will cooperate with each other as appropriate, taking into account their respective capabilities. Such cooperation includes information sharing, and cooperation in inspection of ships based on United Nations Security Council resolutions.

(2) Japan's Support for U.S. Forces Activities

(a) Use of Facilities

Based on the Japan-U.S. Security Treaty and its related arrangements, Japan will, in case of need, provide additional facilities and areas in a timely and appropriate manner, and ensure the temporary use by U.S. Forces of Self-Defense Forces facilities and civilian airports and ports.

(b) Rear Area Support

Japan will provide rear area support to those U.S. Forces that are conducting operations for the purpose of achieving the objectives of the Japan-U.S. Security Treaty. The primary aim of this rear area support is to enable U.S. Forces to use facilities and conduct operations in an effective manner. By its very nature, Japan's rear area support will be provided primarily in Japanese territory. It may also be provided on the high seas and international airspace around Japan which are distinguished from areas where combat operations are being conducted.

In providing rear area support, Japan will make appropriate use of the authority and capacity of central and local Government agencies, as well as private sector capacity. The Self-Defense Forces, as appropriate, will provide such support consistent with their mission for the defense of Japan and the maintenance of public order.

(3) Japan-U.S. Operational Cooperation

As situations in areas surrounding Japan have an important influence on Japan's peace and security, the Self-Defense Forces will conduct such activities as intelligence gathering, surveillance and minesweeping, to protect lives and property and to ensure navigational safety. U.S. Forces will conduct operations to restore the peace and security affected by situations in areas surrounding Japan.

With the involvement of relevant agencies, cooperation and coordination will significantly enhance the effectiveness of both Forces' activities.

Ⅵ. Bilateral Programs for Effective Defense Cooperation under the Guidelines

Effective bilateral cooperation under the Guidelines will require Japan and the United States to conduct consultative dialogue throughout the spectrum of security conditions: normal circumstances, an armed attack against Japan, and situations in areas surrounding Japan. Both sides must be well informed and coordinate at multiple levels to ensure successful bilateral defense cooperation. To accomplish this, the two Governments will strengthen their information and intelligence sharing and policy consultations by taking advantage of all available opportunities, including SCC and SSC meetings, and they will establish the following two mechanisms to facilitate consultations, coordinate policies, and coordinate operational functions.

First, the two Governments will develop a comprehensive mechanism for bilateral planning and the establishment of common standards and procedures, involving not only the Self-Defense Forces and U.S. Forces but also other relevant agencies of their respective Governments.

The two Governments will, as necessary, improve this comprehensive mechanism. The SCC will continue to play an important role in presenting policy direction for the work to be conducted by this mechanism. The SCC will be responsible for presenting policy, validating the progress of work, and issuing directives as necessary. The SDC will assist the SCC in bilateral work.

Second, the two Governments will also establish, under normal circumstances, a bilateral coordination mechanism that will include relevant agencies of the two countries for coordinating respective activities during contingencies.

1. Bilateral Work for Planning and the Establishment of Common Standards and Procedures

Bilateral work listed below will be conducted under a comprehensive mechanism involving relevant agencies of the respective Governments in a deliberate and efficient manner. Progress and results of such work will be reported at significant intervals to the SCC and the SDC.

(1) Bilateral Defense Planning and Mutual Cooperation Planning

The Self-Defense Forces and U.S. Forces will conduct bilateral defense planning under normal circumstances to take coordinated actions smoothly and effectively in case of an armed attack against Japan. The two Governments will conduct mutual cooperation planning under normal circumstances to be able to respond smoothly and effectively to situations in areas surrounding Japan.

Bilateral defense planning and mutual cooperation planning will assume various possible situations, with the expectation that the results of this planning work will be appropriately reflected in the plans of the two Governments. The two Governments will coordinate and adjust their plans in light of actual circumstances. The two Governments will be mindful that bilateral defense planning and mutual cooperation planning must be consistent so that appropriate responses will be ensured when a situation in areas surrounding Japan threatens to develop into an armed attack against Japan or when such a situation and an armed attack against Japan occur simultaneously.

(2) Establishment of Common Standards for Preparations

The two Governments will establish under normal circumstances common standards for preparations for the defense of Japan. These standards will address such matters as intelligence activities, unit activities, movements and logistics support in each readiness stage. When an armed attack against Japan is imminent, both Governments will agree to select a common readiness stage that will be reflected in the level of preparations for the defense of Japan by U.S. Forces, the Self-Defense Forces and other relevant agencies.

The two Governments will similarly establish common standards for preparations of cooperative measures in situations in areas surrounding Japan so that they may select a common readiness stage by mutual agreement.

(3) Establishment of Common Procedures

The two Governments will prepare in advance common procedures to ensure smooth and effective execution of coordinated U.S. Forces and Self-Defense Forces operations for the defense of Japan. These will include procedures for communications, transmission of target information, intelligence activities and logistics support, and prevention of fratricide. Common procedures will also include criteria for properly controlling respective unit operations. The two Forces will take into account the importance of communications and electronics interoperability, and will determine in advance their mutual requirements.

2. Bilateral Coordination Mechanism

The two Governments will establish under normal circumstances a bilateral coordination mechanism involving relevant agencies of the two countries to coordinate respective activities in case of an armed attack against Japan and in situations in areas surrounding Japan.

Procedures for coordination will vary depending upon items to be coordinated and agencies to be involved. They may include coordination committee meetings, mutual dispatch of liaison officers, and designation of points of contact. As part of such abilateral coordination mechanism, the Self-Defense Forces and U.S. Forces will prepare under normal circumstances a bilateral coordination center with the necessary hardware and software in order to coordinate their respective activities.

Ⅶ. Timely and Appropriate Review of the Guidelines

The two Governments will review the Guidelines in a timely and appropriate manner when changes in situations relevant to the Japan-U.S. security relationship occur and if deemed necessary in view of the circumstances at that time.

(Annex omitted: see Diagram 5-6)

Reference 4.

National Defense Program Guidelines, FY 2005 ~

(Approved by the Security Council and the Cabinet on December 10, 2004)

I. Purpose

In order to ensure the peace and safety of Japan and peace and stability of the international community, given the current security environment surrounding our country, the Security Council and Cabinet of the Government of Japan approved the "National Defense Program Guidelines, FY 2005 ~." The Guidelines builds on the December 19, 2003 Security Council and Cabinet decision, "On Introduction of Ballistic Missile Defense System and Other Measures."

II. Security Environment Surrounding Japan

1. The 9-11 terrorist attacks on the United States demonstrated that, in addition to such traditional problems as inter-state military confrontations, non-state actors such as international terrorist organizations have emerged as a dire threat in today's security environment.

Against a backdrop of increased interdependence and growing globalization, the international community is facing urgent new threats and diverse situations to peace and security, including the proliferation of weapons of mass destruction and ballistic missiles, as well as international terrorist activities (hereinafter "new threats and diverse situations"). We need to bear in mind that conventional forms of deterrence may no longer work effectively against international terrorist organizations, which have neither states nor citizens to protect.

Ten years have passed since the end of the Cold War. Mutual cooperation and interdependence among major countries have deepened, as exemplified by the growing trust between the United States and the Russian Federation. Since a stable international environment serves the interests of all nations, greater efforts at international coordination and cooperation on security issues have taken root in the international community, including those within the framework of international organizations such as the United Nations.

In this context, the United States, as the sole superpower, continues to contribute significantly to international peace and stability by taking active measures to combat terrorism and to prevent proliferation of weapons of mass destruction.

In the meantime, the use of military force now plays a broader role in the international community than simply deterring or responding to armed conflict: Military force is also used for a variety of purposes, including the prevention of conflict and the reconstruction assistance.

2. As a result of the further expansion and deepening of interdependence among the nations in recent years, greater efforts are also being made to promote and strengthen bilateral and multilateral coordination and cooperation in the Asia-Pacific region. However, although Russia has drastically reduced its armed forces in the Far East since the end of the Cold War, massive military might, including nuclear arsenals, continue to exist in the region, and a number of countries are pouring in efforts to modernize their military forces. The situation on the Korean Peninsula is unpredictable and cross-Taiwan Strait relations remain uncertain.

North Korea is engaged in the development, deployment and proliferation of weapons of mass destruction and ballistic missiles, and it maintains a large number of special operations forces. Such military activities by North Korea constitute a major destabilizing factor to regional and international security, and are a serious challenge to international non-proliferation efforts.

China, which has a major impact on regional security, continues to modernize its nuclear forces and missile capabilities as well as its naval and air forces. China is also expanding its area of operation at sea. We will have to remain 3 attentive to its future actions. The close and cooperative relationship between Japan and the United States, based on the Japan-U.S. Security Arrangements, continues to play an important role for the security of Japan as well as for peace and stability in the Asia-Pacific region.

3. In light of the security environment surrounding our country, as outlined above, even though a full-scale invasion against Japan is increasingly unlikely, Japan must now deal with new threats and diverse situations in addition to regional security issues.

4. In considering Japan's security, we have to take into account vulnerabilities resulting from: limited strategic depth; long coast lines and numerous small islands; a high population density; the concentration of population and industry in urban areas; and a large number of important facilities in coastal areas, in addition to frequent natural disasters due to Japan's geological and climatic conditions, and the security of sea lines of communication which are indispensable to the country's prosperity and growth.

III. Basic Principles of Japan's Security Policy

1. Basic Principles

The first objective of Japan's security policy is to prevent any threat from reaching Japan and, in the event that it does, repel it and minimize any damage.

The second objective is to improve the international security environment so as to reduce the chances that any threat will reach Japan in the first place. Japan will achieve these objectives by both its own efforts as well as cooperative efforts with the United States, Japan's alliance partner, and with the international community.

To this end, Japan will: support United Nations activities for international peace and security; make diplomatic efforts to promote cooperative relationships with other countries; further develop its close cooperative relationship with the United States, based on the Japan-U.S. Security Arrangements; establish a basis for national security by preserving domestic political stability; and, develop efficient defense forces.

Based on the Constitution of Japan, and the ideas of maintaining the exclusively defensive defense policy by not becoming a military power that might pose a threat to other countries, Japan will continue to uphold the fundamental principles of developing modest defense forces of its own under civilian control and will continue to adhere to the three non-nuclear principles.

To protect its territory and people against the threat of nuclear weapons, Japan will continue to rely on the U.S. nuclear deterrent. At the same time, Japan will play an active role in creating a world free of nuclear weapons by taking realistic step-by-step measures for nuclear disarmament and non-proliferation. Japan also will play an active role in international disarmament and non-proliferation efforts regarding other types of weapons of mass destruction and their delivery means, such as missiles.

2. Japan's Own Efforts

(1) Basic Ideas

Based on the premise that any country's security depends first and foremost on its own efforts, Japan will utilize all appropriate means to prevent any threat from reaching the country. In addition, based on the principle of acting closely with the international community and its alliance partner-the United States-Japan will engage in diplomatic and other activities to improve the international security environment so as to prevent the emergence of any new threats.

(2) Japan's Integrated Response

In the event that these efforts fail to prevent a threat from reaching Japan, the Government of Japan will take an integrated response by swiftly making appropriate decisions through mechanisms such as the Security Council, and bringing together all relevant organizations. To this end, the Government will improve its ability to collect and analyze information which serves as the basis of the Government's decision-making. The Self-Defense Forces, police, Japan Coast Guard and other relevant organizations will improve their close cooperation through increased intelligence sharing, joint exercises, and other activities, while
5 appropriately sharing their roles, and improve their overall performances. In addition, the Government will establish national protection systems including those for responding to different types of disasters, by quickly issuing warning signals and promoting mutual cooperation between the central and local governments.

(3) Japan's Defense Forces

Japan's defense forces are the ultimate guarantee of its national security, representing Japan's will and ability to repel any threat that might reach its shores.

Japan has developed its defense forces in accordance with the "National

Defense Program Guidelines, FY 1996～" (The Security Council and Cabinet decision on November 28, 1995) which incorporated the key elements of the Basic Defense Force Concept. The Basic Defense Force Concept espouses the idea that, rather than preparing to directly counter a military threat, Japan, as an independent state, should maintain the minimum necessary basic defense forces lest it becomes a destabilizing factor in the region by creating a power vacuum.

Combined with the Japan-U.S. Security Arrangements, this concept has been successful in preventing an armed invasion from occurring. Given the new security environment, however, future defense forces should be capable of effectively responding to new threats and diverse situations while maintaining those elements of the Basic Defense Force Concept that remain valid.

Because the peace and stability of Japan is inextricably linked to that of the international community, Japan should voluntarily and actively participate in activities that nations of the world cooperatively undertake to enhance the international security environment (hereinafter "international peace cooperation activities").

In developing Japan's defense forces, we have to take into account the fact that while the roles that our defense forces have to play are multiplying, the number of young people in Japan is declining as a result of the low birth rate, and fiscal conditions continue to deteriorate.

From this standpoint, Japan will develop multi-functional, flexible, and effective defense forces that are highly ready, mobile, adaptable and multi-purpose, and are equipped with state-of-the-art technologies and intelligence capabilities measuring up to the military-technological level of other 6 major countries.

In building such a defense force, without expanding its size, the Government of Japan will rationalize and streamline personnel, equipment, and operations so as to attain greater results with the limited resources that are available.

3. Japan-U.S. Security Arrangements

The Japan-U.S. Security Arrangements are indispensable in ensuring Japan's security. In addition, the U.S. military presence is critically important to peace and stability in the Asia-Pacific region, where unpredictability and uncertainty continue to persist.

Close cooperative relations between Japan and the United States, based on the Japan-U.S. Security Arrangements, play an important role in facilitating international efforts to prevent or to respond to new threats and diverse situations, such as terrorism and ballistic missiles attacks.

Japan will proactively engage in strategic dialogue with the United States on wide-ranging security issues such as role-sharing between the two countries and U.S. military posture, including the structure of U.S. forces in Japan, while working to harmonize our perceptions of the new security environment and appropriate strategic objectives.

In doing so, the Government of Japan will bear in mind the need to reduce the excessive burden that the existence of U.S. military bases and facilities places on local communities, while maintaining the deterrent that the U.S. military presence in Japan provides.

In addition, Japan will continue to strengthen the Japan-U.S. Security Arrangements by actively promoting such measures as: intelligence exchange; operational cooperation, including in "situations in areas surrounding Japan"; cooperation on ballistic missile defense; equipment and technology exchange; and, efforts to make the stationing of U.S. forces in Japan smoother and more efficient.

4. Cooperation with the International Community

In order to improve the international security environment and help maintain security and prosperity of Japan, the Government of Japan will actively engage in diplomatic efforts, including the strategic use of Official Development Assistance (ODA).

Based on the recognition that the destabilization of the international community by events such as regional conflicts, proliferation of weapons of mass destruction, and international terrorist attacks would directly affect its own peace and security, Japan will, on its own initiative, actively participate in international peace cooperation activities as an integral part of its diplomatic efforts.

In particular, stability in the region spreading from the Middle East to East Asia is critical to Japan. Japan traditionally has close economic ties with this region, its sea lines of communication run through the region, and Japan depends almost entirely on energy and natural resources from overseas. In this context, Japan will strive to stabilize the region by promoting various cooperative efforts in conjunction with other countries sharing common security challenges.

In order to enable the international community to effectively address the range of new issues in the twenty-first century, measures must be taken to reform the world's only global and comprehensive international organization-the United Nations-to make it more effective and reliable. Japan will actively pursue this goal.

In the Asia-Pacific region, multilateral frameworks for regional security, such as the ASEAN Regional Forum (ARF), as well as multilateral efforts to deal with common agendas such as counter-terrorism and counter-piracy are taking root.

By continuing to support these positive developments, Japan will continue to play an appropriate role, together with the cooperation with the United States, to promote a stable security environment in the region.

IV. Future Defense Forces

1. Role of the Defense Forces

Based on the recognition described above, Japan will develop and maintain, in an efficient manner, the necessary Self-Defense Forces posture to effectively carry out missions in the following areas:

(1) Effective Response to the New Threats and Diverse Situations

Japan will deal effectively with the new threats and diverse situations by developing highly responsive and mobile defense force units capable of responding properly to various different situations and by deploying them appropriately in accordance with Japan's geographical characteristics. Should such a situation emerges, the defense forces will respond quickly and appropriately in smooth and close collaboration with the police and other relevant organizations, thereby providing a seamless response to the situation in accordance with circumstances and designated roles.

Japan's Self-Defense Forces posture to address the key elements of the new threats and diverse situations will be as follows:

(a) Response to Ballistic Missile Attacks

We will respond to ballistic missile attacks by establishing necessary defense force structure, including the introduction of ballistic missile defense systems, to deal effectively with ballistic missile attacks. We will adequately respond to the threat of nuclear weapons by doing so, in addition to relying on U.S. nuclear deterrence.

(b) Response to Guerrillas and Special Operations Forces Attacks

We will maintain necessary defense force structure to respond effectively to attacks carried out by guerrillas and special operations forces. We will also enhance readiness and mobility of the defense force units, and deal with such attacks in a flexible manner.

(c) Response to the Invasion of Japan's Offshore Islands

We will maintain necessary defense force structure to respond effectively to the invasion of Japan's offshore islands, improve and strengthen capabilities to transport and deploy forces, and deal with the invasion in a flexible manner.

(d) Patrol and Surveillance in the Sea and Airspace Surrounding Japan, and Response to the Violation of Japan's Airspace and the Intrusion of Armed Special-Purpose Ships and Other Similar Vessels

We will maintain necessary defense force structure, including ships, aircraft and other assets, to carry out around-the-clock patrol and surveillance in the sea and airspace surrounding Japan. We will also maintain fighter aircraft units to respond instantly to the violation of our territorial airspace, as well as combatant ships and other assets in order to respond to armed special-purpose ships operating in waters surrounding Japan, submerged foreign submarines operating in Japan's territorial waters, and other similar vessels.

(e) Response to Large-Scale and/or Special-Type (Nuclear, Biological, Chemical, and Radiological) Disasters

To deal effectively with large-scale and/or special-type (nuclear, biological, chemical, and radiological) disasters, where protection of life and property is desperately needed, we will maintain an adequate force structure with defense force units, as well as specialized capabilities and expertise to conduct disaster relief operations in any part of Japan.

(2) Preparations to Deal with Full-Scale Invasion

Since in our judgment, the likelihood of full-scale invasion of Japan has declined and is expected to remain modest in the foreseeable future, we will modify our current defense force building concept that emphasized Cold War-type anti-tank warfare, anti-submarine warfare and anti-air warfare, and will significantly reduce the personnel and equipment earmarked for a full-scale invasion. However, because the original role of our defense forces is to cope with full-scale invasion and reconstructing these forces can not be accomplished in a short period of time, Japan will continue to maintain the most basic capabilities of its defense forces, while also taking into account developments in neighboring countries and making use of technological progress.

(3) Proactive Efforts to Improve the International Security Environment

In order to engage actively in international peace cooperation activities, we will take the following measures: develop education and training systems, highly responsive force posture for relevant units, and transport and other required capabilities; establish necessary infrastructure to quickly dispatch defense force units overseas and to carry out missions continuously; and, make necessary arrangements to include the promotion of international peace cooperation activities in the Self-Defense Forces mission priorities.

We will strongly promote activities for international peace and stability, including security dialogue and defense exchanges, bilateral and multilateral training and exercises, and arms control and disarmament efforts carried out by international organizations such as the United Nations.

2. Critical Elements of Our Defense Capabilities

Following are the critical elements for developing defense forces capable of carrying out the missions described above.

(1) Enhancing Joint Operation Capabilities

In order to have three services of the Self-Defense Forces work integrally and to enable them to execute their missions swiftly and effectively, we will employ them jointly whenever possible. We will create a central organization to facilitate joint operations, and establish infrastructure for training and education as well as intelligence and communications. In doing so, we will reexamine existing organizations so as to enhance their efficiency.

(2) Strengthening Intelligence Capabilities

In order to employ our defense forces successfully to respond effectively to the new threats and diverse situations, it is imperative for the Government to be able to identify events at the earliest possible time and to collect, analyze, and share intelligence promptly and accurately. For this purpose, we will strengthen our diversified intelligence collection capability and enhance our comprehensive analysis and assessment capability, keeping in mind the changes in the security environment and technological trends. We will also strengthen the Self-Defense Forces' intelligence structure, including the Defense Intelligence Headquarters, that supports our capabilities. In this way, we will build a sophisticated intelligence capability.

(3) Incorporating the Progress in Science and Technology into Our Defense Forces

We will incorporate the outcome of science and technological progress, in such areas as information and communications technologies, into our defense forces.

In particular, we will develop the command and control systems and agile intelligence sharing systems that are indispensable for joint operations, in tune with information and communication technologies available at home and overseas.

In addition, we will create advanced systems for command and communications and a network for information and communications, with sufficient protection against possible cyber attacks, to enhance operational and organizational efficiency.

(4) Utilizing Human Resources More Efficiently

We will take various measures to maintain high morale and firm discipline within the Self-Defense Forces. We will recruit, cultivate, train and educate high quality personnel to meet the challenge of the diversification and internationalization of Self-Defense Forces missions, and the need to properly operate rapidly advancing high-tech equipment.

In addition, we will promote activities related to research and education on security issue, and develop human resources. The defense force level required to fulfill missions described above is indicated in the attached table.

V. Additional Elements for Consideration

1. In developing, maintaining, and operating the defense forces as described in section IV, the following elements will be taken into consideration.

(1) Mindful of increasingly severe fiscal conditions, we will restrict defense expenditures by further rationalizing and streamlining defense forces. We will also work to make our defense forces successful in carrying out their missions by harmonizing their operations with other measures taken by the Government.

(2) We will make procurement and research and development (R&D) more effective and efficient by taking the following measures: curbing life-cycle cost, including purchase price, of defense equipment; actively using cutting-edge technologies developed by private enterprises, universities, and governmental organizations in carrying out R&D as well as by allocating R&D resource in a more focused manner; and, appropriately and timely reviewing various R&D projects. At the same time, we will work to establish defense production and technological base, especially in core technological areas indispensable for our national security.

(3) In order to efficiently develop and maintain defense-related facilities, the Government of Japan will, in close cooperation with relevant local authorities, take various measures to make those facilities coexist more harmoniously with local communities.

2. This National Defense Program Guidelines provides the vision for our defense forces for the next decade. However, five years from now or in case there is a significant change in the international situation, we will review and, if necessary, revise the Guidelines in light of the security environment, technological progress, and other relevant factors at the

time.

Attached Table

The following posture will be established in order to make Japan's new defense forces multi-functional, flexible and effective, and able to undertake diverse roles as discussed above (IV).

Ground Self-Defense Force
Personnel 155,000
Regular 148,000
Reserve (Ready Reserve Personnel) 7,000
Major Units
Regionally Deployed Units 8 divisions
6 brigades
Mobile Operation Units 1 armored division
Central Readiness Group
Surface-to-Air Guided Missile Units 8 anti-aircraft artillery groups
Major Equipment
Tanks approx. 600
Main Artillery approx. 600
Maritime Self-Defense Force
Major Units
Destroyer Units (for mobile operations) 4 flotillas (8 divisions)
Destroyer Units (regional district units) 5 divisions
Submarine Units 4 divisions
Minesweeper Unit 1 flotilla
Patrol Aircraft Units 9 squadrons
Major Equipment
Destroyers 47
Submarines 16
Combat Aircraft approx. 150
Air Self-Defense Force

Reference 5.

Joint Statement of the U.S.-Japan Security Consultative Committee

1. United States Secretary of State Condoleezza Rice and Secretary of Defense Donald Rumsfeld hosted Japan's Foreign Minister Nobutaka Machimuraand minister of state for defense and Defense Agency Director General Yoshinori Ono in a meeting of the Security Consultative Committee in Washington on February 19, 2005. They addressed security and alliance issues facing the United States and Japan, as well as other aspects of the relationship.

Working Together on Challenges Facing the World Today

2. The ministers noted the excellent state of cooperative relations between the United States and Japan on a broad array of security, political, and economic issues. They looked to expand that cooperation, recognizing that the U.S.-Japan alliance, with the U.S.-Japan security arrangements at its core, continues to play a vital role in ensuring the security and prosperity of both the United States and Japan, as well as in enhancing regional and global peace and stability.

3. The ministers underscored the importance of U.S. and Japanese leadership in providing international assistance to Afghanistan, Iraq, and the broader Middle East-efforts that are already producing results. The ministers lauded the successful cooperation between the United States and Japan with other countries in extending wide-ranging assistance to those who suffered from the earthquake and the subsequent tsunami disaster in the Indian Ocean.

4. The ministers recognized that cooperation and consultation between the United States and Japan have been pivotal in promoting nonproliferation, particularly through the Proliferation Security Initiative. They welcomed the success of multinational interdiction exercises hosted by the United States and Japan and by others.

5. The ministers expressed their confidence that ballistic missile defense (BMD) enhances our ability to defend against and deter ballistic missile attacks and dissuade other parties from investing in ballistic missiles. Taking note of achievements in missile defense cooperation, such as Japan's decision to introduce ballistic missile defense systems and its recent announcement on its Three principles on arms export, the ministers reaffirmed their commitment to close cooperation on policy and operational matters and to advancing U.S.-Japan cooperative research in BMD systems, with a view to possible cooperative development.

Common Strategic Objectives

6. The Ministers discussed the new security environment in which new and emerging threats, such as international terrorism and proliferation of weapons of mass destruction (WMD) and their means of delivery, have surfaced as common challenges. They recognized that deepening interdependence among nations in a global community means that such threats can affect the security of nations worldwide, including the United States and Japan.

7. While noting that these threats are also emerging in the Asia-Pacific region, the Ministers also emphasized that persistent challenges continue to create unpredictability and uncertainty. Moreover, they noted that modernization of military capabilities in the region also requires attention.

8. The Ministers strongly urged North Korea to return to the Six-Party Talks expeditiously and without preconditions, and to commit itself to complete dismantlement of all its nuclear programs in a transparent manner subject to verification.

9. Based on this understanding of the international security environment, the Ministers concurred that both Governments need to work closely together to pursue common strategic objectives through their respective efforts, implementation of the U.S.-Japan security arrangements, and other joint efforts based on the alliance. Both sides decided to hold regular consultations to coordinate policies in accordance with these common strategic objectives and to update these objectives as the security environment requires.

10. In the region, common strategic objectives include:

- Ensure the security of Japan, strengthen peace and stability in the Asia-Pacific region, and maintain the capability to address contingencies affecting the United States and Japan.
- Support peaceful unification of the Korean Peninsula.
- Seek peaceful resolution of issues related to North Korea, including its nuclear programs, ballistic missile activities, illicit activities, and humanitarian issues such as the abduction of Japanese nationals by North Korea.
- Develop a cooperative relationship with China, welcoming the country to play a responsible and constructive role regionally as well as globally.
- Encourage the peaceful resolution of issues concerning the Taiwan Strait through dialogue.
- Encourage China to improve transparency of its military affairs.
- Encourage Russia's constructive engagement in the Asia-Pacific region.
- Fully normalize Japan-Russia relations through the resolution of the Northern Territories issue.
- Promote a peaceful, stable, and vibrant Southeast Asia.
- Welcome the development of various forms of regional cooperation, while stressing the importance of open, inclusive, and transparent regional mechanisms.
- Discourage destabilizing sales and transfers of arms and military technology.
- Maintain the security of maritime traffic.

11. Global common strategic objectives include:

- Promote fundamental values such as basic human rights, democracy, and the rule of law in the international community.
- Further consolidate U.S.-Japan partnership in international peace cooperation activities and development assistance to promote peace, stability, and prosperity worldwide.
- Promote the reduction and nonproliferation of weapons of mass destruction (WMD) and their means of delivery, including through improved reliability and effectiveness of the Non-Proliferation Treaty, the International Atomic Energy Agency, and other regimes, and

initiatives such as the Proliferation Security Initiative.
- Prevent and eradicate terrorism.
- Coordinate efforts to improve the effectiveness of the United Nations Security Council by making the best use of the current momentum to realize Japan's aspiration to become a permanent member.
- Maintain and enhance the stability of the global energy supply.

Strengthening of U.S.-Japan Security and Defense Cooperation

12. The Ministers expressed their support and appreciation for each other's efforts to develop their respective security and defense policies. Japan's new National Defense Program Guidelines (NDPG) emphasize Japan's capability to respond effectively to new threats and diverse contingencies, Japan's active engagement to improve the international security environment, and the importance of the Japan-U.S. Alliance. As a central component of its broad defense transformation effort, the United States is reorienting and strengthening its global defense posture to provide it with appropriate, strategy-driven capabilities in an uncertain security environment. The Ministers confirmed that these efforts will ensure and strengthen effective security and defense cooperation as both countries pursue common strategic objectives.

13. In this context, the Ministers underscored the need to continue examining the roles, missions, and capabilities of Japan's Self-Defense Forces and the U.S. Armed Forces required to respond effectively to diverse challenges in a well-coordinated manner. This examination will take into account recent achievements and developments such as Japan's NDPG and new legislation to deal with contingencies, as well as the expanded agreement on mutual logistical support and progress in BMD cooperation. The Ministers also emphasized the importance of enhancing interoperability between U.S. and Japanese forces.

14. The Ministers concurred that this examination should contribute to these consultations on realignment of U.S. force structure in Japan. They decided to intensify these consultations in a comprehensive effort to strengthen the alliance as the bedrock of Japan's security and the anchor of regional stability. In this context, both sides confirmed their commitment to maintaining deterrence and capabilities of U.S. forces in Japan while reducing the burden on local communities, including those

in Okinawa. The Ministers directed their staffs to report expeditiously on the results of these consultations.

15. The Ministers also stressed the importance of continued efforts to enhance positive relations between local communities and U.S. forces. They emphasized that improved implementation of the Status of Forces Agreement (SOFA), including due attention to the environment, and steady implementation of the Special Action Committee on Okinawa (SACO) Final Report are important to the stable presence of U.S. forces in Japan.

16. The Ministers, noting that the current Special Measures Agreement (SMA) will expire in March 2006, decided to start consultations on future arrangements to provide appropriate levels of host nation support, bearing in mind the significant role of the SMA in supporting the presence of U.S. forces in Japan.

■ 참고문헌

1. 단행본

구영록(1995). 《한국의 국가이익》, 법문사.
김현우(2004). 《일본 현대정치사》, 아카넷.
배정호(2001). 《일본의 국가전략과 한반도》, 통일연구원.
______(2000). 《21세기 한국의 국가전략과 안보전략》, 통일연구원.
______(1999). 《탈냉전기 일본의 국내 정치변동과 대외정책》, 통일연구원.
배정호 외(2003). 《통일정책 추진체계 실태 연구》, 통일연구원.
______(2003). 《21세기 미·일·중·러의 한반도 정책과 한국의 대응방안》, 통일연구원.
______(2002). 《미국의 MD체제 추진실태와 국제사회의 반응: 동북아지역에 미치는 영향을 중심으로》, 통일연구원.
윤정석(1998). 《일본의 국가전략》, 나남출판.
이기택 외(1996). 《전환기의 국제정치이론과 한반도》, 일신사.
이춘근(1998). 《동아시아 해양분쟁과 해군력 증강 현황》, 한국해양전략연구소.
이형철 역(1990). 《국가와 사회》, 나남출판.
전웅 편역(1999). 《지정학과 해양세력》, 한국해양전략연구소.
정광하(1989). 《일본방위정책의 이상과 현실》, 경남대학교 극동문제연구소.
정진위 외(1998). 《새로운 동북아질서와 한반도》, 법문사.
정호섭(2001). 《해양력과 미일 안보관계》, 해양전략연구소.
현대일본학회(1983). 《일본정치론》.

加瀨俊一(1967). 《吉田茂の遺言》, 東京: 讀賣新聞社.
岡崎久彦(1983). 《戰略的思考とは何か》, 東京: 中央公論社.
高坂正堯(1968). 《宰相 吉田茂》, 東京: 中央公論社.
公文俊平(1986). 《轉換期の國家の役割》, 東京: PHP研究所.
廣瀨善男(2000). 《21世紀日本の安全保障》, 東京: 明石書店.
橋本龍太郎(1993). 《VISION OF JAPAN》, 東京: KKベストセラーズ.
______(1993). 《政權奪回論》, 東京: 講談社.

國際體制研究會編(1982).《國際關係の爭點と新秩序の要請》, 東京: 財團法人 世界情報サービス.

宮澤喜一(1956).《東京-ワシントンの密談》, 東京: 實業之日本社.

大獄秀夫(1991).《戰後日本防衛問題資料集》第一卷, 東京: 三一書房.

______(1991).《戰後日本防衛問題資料集》第二卷, 東京: 三一書房.

渡辺昭夫(1970).《戰後日本の政治と外交》, 東京: 複村出版.

渡辺昭夫編(1985).《戰後日本の對外外交》, 東京: 有斐閣.

東京大學社會科學研究所(1975).《戰後改革 1 課題と視覺》, 東京: 東京大學出版會.

______(1975).《戰後改革 2 國際政治》, 東京: 東京大學出版會.

______(1975).《戰後改革 3 政治過程》, 東京: 東京大學出版會.

______(1975).《戰後改革 5 勞動改革》, 東京: 東京大學出版會.

______(1975).《戰後改革 6 農地改革》, 東京: 東京大學出版會.

______(1975).《戰後改革 7 經濟改革》, 東京: 東京大學出版會.

木津 徹編(1998).《海上自衛隊ハンドブック》, 東京: 海人社.

木村昌人(1996).《日本の安全保障とは何か》, 東京: PHP研究所.

藤島宇內(1992).《軍事化する日米技術協力》, 東京: 未來社.

防衛研究會編(1996).《防衛廳・自衛隊》, 東京: かや書房.

防衛問題懇談會(1994).《日本の安全保障と防衛力のあり方—21世紀へ向けての展望》.

防衛協力小委員會(1997).《日米防衛協力のための指針の見直しに關する中間とりまとめ》, ホノルル.

瀨端孝夫(1998).《防衛計劃の大綱と日米ガイドライン》, 東京: 木鐸社.

兵頭二十八(1995).《日本の防衛力再考》, 東京: 銀河出版.

福島新吾(1981).《日本の防衛政策》, 東京: 東京大學出版會.

北村兼一(1988).《いま、なぜシーレーン防衛か》, 東京: 進學出版.

寺島實郎(1998).《國家の論理と企業の論理》, 中公新書.

山內敏弘(1999).《日米新ガイドラインと周邊事態法》, 東京: 法律文化社.

山本吉宣(1989).《國際關係の相互依存》, 東京: 東京大學出版會.

山本正・ジェラルド・カーチス(1989).《日米の責任分擔》, 東京: サイマル出版.

西原正(1988).《戰略研究の視覺》, 東京: 人間の科學社.

細川護喜(1993). 《日本新黨 責任ある變革》, 東京: 東洋經濟新報社.
船橋洋一編著(1991). 《日本戰略宣言》, 東京: 講談社.
船橋洋一(2000). 《同盟漂流》, 東京: 岩波書店.
小此木政夫・小島朋之(1997). 《東アジア危機の構圖》, 東京: 東洋經濟新報社.
小川和久(1994). 《新北朝鮮と日本》, 東京: 東洋經濟新報社.
小澤一郎(1993). 《日本改造計劃》, 東京: 講談社.
松村昌廣(2000). 《米國覇權と日本の選擇》, 東京: 勁草書房.
神谷不二(1989). 《戰後史の中の日米關係》, 東京: 新潮社.
室山義正(1992). 《日米安保體制》 上下, 東京: 有斐閣.
藥師寺泰藏(1989). 《テクノヘゲモニー》, 東京: 中央公論社.
野村總合硏究所(1977). 《國際環境およびわが國の經濟・社會の變化をふまえた總合戰略の展開》, 東京: 野村總合硏究所.
______(1977). 《國際環境の變化と日本の對應》, 東京: 野村總合硏究所.
NHK取得班(1983). 《シ-レ-ン海の防衛線》, 東京: 日本放送出版協會.
歷史學硏究會(1990). 《日本 同時代史 1 敗戰と占領》, 東京: 青木書店.
五十風武士(1999). 《日米關係と東アジア》, 東京: 東京大學出版會.
五百旗頭(1985). 《米國の日本占領政策》, 東京: 中央公論社.
眞伊藤憲一(1985). 《國家と戰略》, 東京: 中央公論社.
宇治敏彥(1983). 《鈴木政權 八六三日》, 東京: 行政問題硏究所.
日米關係と總合安全保障硏究會編(1988). 《國際システムの轉換期における日米關係と總合安全保障》, 東京: 財團法人 世界情報サービス.
猪口邦子(1989). 《戰爭と平和》, 東京: 東京大學出版會.
猪口 孝(2003). 《日本政治の特異と普遍》, 東京: NTT出版.
______(1998). 《國家と社會》, 東京: 東京大學出版會.
______(1991). 《現代日本國際政治と日本》, 東京: 筑摩書房.
______(1985). 《國際政治經濟の構圖》, 東京: 有斐閣.
田原總一朗(2005). 《小泉の日本を讀む》, 東京: 朝日新聞社.
田中明彥(1996). 《新しい中世-21世紀の世界システム》, 東京: 日本經濟新聞社.
______(1997). 《安全保障》, 東京: 讀賣新聞社.
竹前榮治(1992). 《占領前後史》, 東京: 岩波書店.

川内一 誠(1982). 《大平政權・554日》, 東京: 行政問題研究所.

淺井基文(1989). 《日本外交 反省と轉換》, 東京: 岩波書店.

草野厚・梅本哲也(1995). 《現代日本外交の分析》, 東京: 東京大學出版會.

ケナン, ジョージ・F(清水俊雄譯) (1973). 《ケナン, ジョージ・F回顧錄》(上), 東京: 讀賣新聞社.

總合安全保障硏究グループ(1980). 《總合安全保障戰略》, 東京: 大藏省.

總合安全保障硏究會(1981). 《總合安全の構圖》, 東京: 日本生產性本部.

坂本正弘(1990). 《日本の選擇》, 東京: 東洋經濟新報社.

平和問題硏究會(1985). 《國際國家日本の綜合安全保障政策》, 東京: 大藏省.

Basil H. Liddel Hart(1974). *Strategy*, New York: Signet.

Busan Barry(1983). *People, States and Fear*, Brighton Harvester.

Edward Hallet Carr(1939). *The Twenty Year's Crisis: 1919~1939*, London: Macmillan & Co. Ltd.

Car G. Jacobsen(ed.) (1990). *Strategic Power USA/USSR*, London, Macmillm.

Dennis T. Yasutomo(1986). *The Manner of Giving: Strategic Aid and Japanese Foreign Policy*, Lexington: Lexington Books.

Edward Mead Earle(ed.) (1943). *Makers of Modern Strategy*, Princeton, N. J.

Edward N. Luttwak(1987). *Strategy: The Logic of War and Peace*, Cambridge, Massachusetts: Harvard University.

Gerald L. Curtis(ed.) (1993). *Japan's Foreign Policy After the Cold War Coping with Change*, New York: An East Gate Book.

Heinz Velschera(1994). *Instrument of Cooperative Security in the CSCE Framework-Confidence Building Measures, Emergency and Conflict, Prevention*, Vienna: CSCE Secretariat.

Institute for National Strategy Studies(2000). *The Untied States and Japan: Advancing Toward a Mature Partnership*.

John. H. Makin, Donald. C. Hellman 編(1989). 《日米同盟の再構築》, 東京: 中央公論社.

John M. Collins(1973). *Grand Strategy*, Naval Institute Press.

Joseph Frankel (1973). *Contemporary International Theory and Behavior of State*, Oxford: Oxford University Press.

Joshusa S. Goldstein (1988). *Long Cycle*, New Haven and London, Yale University Press.

J. W. Chapman, R. Drifte, I. T. M. Gow (1983). *Japan's Quest for Comprehensive Security*, London, Frances Printer.

Klaus Knorr (1973). *The Power of Nations*, Basic Book.

Klaus Knorr (ed.) (1983). *Power, Strategy and Security*, Princeton, Princeton University Press.

Michael Jonathan (2001). *Japan's Reluctant Realism*, New York: Palgrave.

Mike M. Mochizuki (ed.) (1997). *Toward A True Alliance: Restructuring U.S.-JAPAN Security Relations*, Washington, D.C.: Brookings Institution Press.

Ken Booth and Russell Trood (ed.) (1999). *Strategic Culture in the Asia-Pacific Region*, New York: ST. Martin's Press, Inc.

Kent E. Calder (1996). *Pacific Defense*, New York: William Morrow and Company, Inc.

Kozo Yamamura & Yasukichi Yasuba (eds.) (1987). *The Political Economy of Japan*, Stanford: Stanford University Press.

Peter J. Katzenstein (1996). *Cultural Norms & National Security: Police and Military in Postwar Japan*, Ithace and London: Cornell University Press.

Roger Buckley (1992). *U.S.-Japan Diplomacy 1945~1990*, Cambridge: Cambridge University Press.

Robert O. Keohane (1984). *After Hegemony: Cooperation and Discord in the World Political Economy*, Princeton: Princeton University Press.

Shanghai Institute for International Studies (2000). *The Post Cold War World*, Shanghai: SIIS Publication.

Strategy and Force Planning Faculty (2000). *Strategy and Force Planning*, Newport, RI: Naval War College Press.

Takashi Inoguchi (1993). *Japan's Foreign Policy in an Era of Global Change*, New York: St. Martin's Press.

United States Department of States (1969). *Foreign Relations of the United States Diplomatic Papers, 1945*, Vol. VI, Washington, D.C.: United States Government Printing Office.

U.S. Department of Defense (1995). *United States Security Strategy for the East Asia-Pacific Region*, Washington, D.C.: Government Printing Office, February.

W. Lippmann and C. V. Crabb, Jr. (1972). *American Foreign Policy in the Nuclear Age*, New York: Harper and Row.

Weinstein, Martin E. (1971). *Japan's Postwar Defense Policy 1947~1968*, New York: Columbia University Press.

2. 논 문

김성철(2001). "미일동맹 강화와 TMD," 김성철 편, 《미일동맹외교》, 세종연구소.

김태효(1997). "일본의 소극안보정책 기원," 《한국정치학회보》 제31집 4호.

남창희(1998). "신방위협력지침에 따른 자위대의 역할확대에 관한 연구," 《국제정치논총》 Vol. 37, No. 3.

______(1996). "탈냉전기 주일미군의 역할에 관한 연구," 《국제정치논총》 Vol. 30, No. 3.

배정호(2002). "일본 안보정책의 보수화와 대내외적 요인," 《통일정책연구》 제11권 1호.

______(2001). "미일동맹외교," 김성철 편, 《미일동맹외교》, 세종연구소.

______(1998). "미·일 안전보장체제의 광역화에 따른 일본의 군사적 역할 증대와 한반도 급변사태," 《한국정치학회보》 제32집 1호.

______(1998). "신국제질서기 일본의 동북아정책," 정진위 외 지음, 《새로운 동북아질서와 한반도》, 법문사.

______(1996). "일본의 정치대국화와 국가전략," 이기택 외 지음, 《전환기의 국제정치이론과 한반도》, 일신사.

______(1995). "국가전략과 과학기술력," 《戰略硏究》 第4輯.

______(1993). "전후 일본의 방위전략," 《戰略論叢》, 第1輯.

______(1992). "국제환경의 변화와 일본의 방위전략—1980년대의 일본의 방

위전략,"《한국정치학회보》 제 26집 1호.
최선근(2001). "미국의 아・태안보전략과 신미・일방위협력지침," 김성철 편,《미일동맹외교》, 세종연구소.

加藤淳子(1998). "政權形成の理論と96年日本の選擧," *Leviathan*(春).
______(1999). "96年日本における政黨の政策と閣僚ポスト," *Leviathan*(春).
五百旗頭(1975). "米國における對日戰略政策の形成過程," Part 1,《國際外交雜誌》Vol. 74, No. 3.
武村降夫(1994). "私が政權と訣別した眞の理由,"《文藝春秋》6月号.
裵廷鎬・永野愼一郎(2005). "ポスト冷戰時代の日米關係と日本の役割,"《經濟論集》(大東文化大學), 7月号.
ピ-タ-・メア・阪野智一(1998). "日本の政界再編の方向," *Leviathan*(春).
山本剛士(1992). "日朝國交正常化の焦點,"《世界》4月号.
信田智人(1999). "橋本行革の內閣機能强化策," *Leviathan*(春).
古川純(1996). "アジアにおける平和の課題と安保條約'再定義'の意味,"《法學時報》4月号.
西元徹也(2000). "新中期防衛力整備計劃への期待,"《デイフェンス》秋季号.
西村繁樹(1984). "日本の防衛戰略を考える,"《新防衛論集》第 12卷 1号.
船橋洋一(1996). "日米安保 再定義の全解剖,"《世界》5月号.
信田智人(1999). "橋本行革の內閣機能强化策," *Leviathan*(春).
永澤勳雄(1979). "吉田・ダレスと自衛力整備問題(下),"《防衛大學紀要》第 38輯, 横須賀: 防衛大學出版局.
伊奈久喜(1995). "日米安全保障の將來展望,"《新防衛論集》第 23卷 第 1号.
佐藤行雄(1995). "日本にとってアメリカの價値を考える,"《新防衛論集》第 23卷 第 1号.
中曾根康弘(1978). "わが總合安全保障論,"《正論》9月号.

Bae Jung Ho & Lee Choon Kun(1998). "Security Cooperation between Japan and Korea in the Post Cold War," *Prospects for Cooperation between Korea and Japan in the 21st Century*, the First International Conference Co-organized by KAIS & JAIS.
Robert Wall(1999). "U.S.-Japan Agree on Gooperative Missile De-

fense," *Aviation Week and Space Technology*, 23 August.

3. 기타

《동북아와 한반도》(각 년도). 서울: 평화연구원.
《동북아 세력균형》(각 년도). 서울: 한국전략문제연구소.
《東アジアの戰略環境》(各年度). 東京: 防衛廳防衛硏究所.
《自衛隊裝備年鑑》(各年度). 東京: 朝雲新聞社.
《防衛白書》(各年度). 東京: 大藏省出版局.
《外交靑書》(各年度). 東京: 大藏省印刷局.
《アジアの安全保障》(各年度). 東京: 朝雲新聞社.
《讀賣新聞》, 《每日新聞》, 《產經新聞》, 《日本經濟新聞》, 《朝日新聞》.

찾아보기

(용 어)

ㄱ ~ ㄴ

ㄷ ~ ㄹ

ㅁ ~ ㅂ

ㅅ ~ ㅇ

ㅈ ~ ㅊ

ㅋ ~ ㅌ

찾아보기

(인 명)

저자 약력

배정호(裵廷鎬)는 연세대학 정치외교학과를 졸업한 뒤,
일본 동경대학에서 정치학 석사·박사학위를 취득했다.
동경대학 객원교수, 국방부 정책자문위원, 한일포럼 위원,
한국국제정치학회 지역연구위원장 및 무임소 이사,
한국정치학회 이사, 현대일본학회 연구이사·총무이사,
일본국제문제연구소 초빙연구원 등을 역임하였다.
연세대학 정치외교학과, 고려대학 국제대학원 등에서 강의하면서
통일연구원에서 국제관계연구실장, 통일학술정보센터 소장 등을 거쳐,
현재 통일연구원 선임연구위원으로 재직하고 있다.

주요 저서 및 논문으로는 《탈냉전시대 전환기 일본의 국내정치와 대외전략》, 《일본의 국가전략과 한반도》, 《탈냉전기 일본의 국내정치변동과 대외정책》, 《21세기 한국의 국가전략과 안보전략》, 《21세기 한국의 발전구상과 대북전략》, 《조총련계 기업의 대북투자 실태》, 《통일정책 추진체계 실태 연구》(공저), 《국제적 통일역량 강화 방안》(공저), 《21세기 미·일·중·러의 한반도 정책과 한국의 대응방안》(공저), 《미국의 MD체제 추진실태와 국제사회의 반응》(공저), 《미일동맹》(공저), 《새로운 동북아질서와 한반도》(공저), 《전환기의 국제관계이론과 한반도》(공저), 《한반도 평화체제의 모색》(공저), 《신국제질서와 주변열강의 대한반도전략》(공저), "탈냉전기 미일동맹의 강화와 일본의 군사적 역할 증대", "일본 안보정책의 보수화와 대내외적 요인", "미일안전보장체제의 광역화에 따른 일본의 군사적 역할증대와 한반도 급변사태", "국가전략과 과학기술력-일본의 발전전략과 과학기술력-", "국제환경의 변화와 일본의 방위전략-1980년대의 일본의 방위전략-", "Bilateral Relations in Emerging Asia-Pacific Regime: Japan, Korea, and the United States"(공저) 등이 있다.